U1004624

安徽师范大学
传媒视界丛书

马 梅◎著

传播的意义与使命

安徽师范大学出版社
·芜湖·

责任编辑：刘　佳　王　贤
装帧设计：丁奕奕

图书在版编目(CIP)数据

传播的意义与使命 / 马梅著. —芜湖：安徽师范大学出版社，2019.10
(安徽师范大学传媒视界丛书)
ISBN 978-7-5676-3979-9

Ⅰ.①传… Ⅱ.①马… Ⅲ.①传播学-研究 Ⅳ.①G206

中国版本图书馆CIP数据核字(2019)第051265号

本书由首批部校共建新闻学院专项经费资助出版

传播的意义与使命
CHUANBO DE YIYI YU SHIMING
马　梅　著

出版发行：安徽师范大学出版社
芜湖市九华南路189号安徽师范大学花津校区　　邮政编码：241002
网　　址：http://www.ahnupress.com/
发 行 部：0553-3883578　5910327　5910310(传真)　E-mail：asdcbsfxb@126.com
印　　刷：江苏凤凰数码印务有限公司
版　　次：2019年10月第1版
印　　次：2019年10月第1次印刷
规　　格：787 mm × 1092 mm　1/16
印　　张：18.25
字　　数：307千字
书　　号：ISBN 978-7-5676-3979-9
定　　价：55.00元

总　序

安徽师范大学新闻与传播学院成立于2010年5月，原名传媒学院，2015年1月改为现名。学院是学校应用性专业综合改革试验田，承载着创新办学模式和人才培养模式的使命。2013年，学院与中国人民大学、南京大学、武汉大学等高校新闻学院一起，入选中宣部、教育部10所部校共建新闻学院试点单位。根据部校共建新闻学院的协议精神，中共安徽省委宣传部和安徽师范大学围绕建设一流新闻学院、培养卓越新闻传播人才这一目标，共建管理体系、共商培养方案、共建核心课程、共建双师队伍、共建实验基地、共建研究平台，投入专项资金，推动新闻与传播学院加速发展成为特色鲜明、国内一流的现代化新闻与传播学院。

学院现有教职员工96人，其中专职教师（含实验系列）80人，正高职11人（含高级记者1人），副高职27人，博士（含在读）34人，博士后4人，博士生导师2人，硕士生导师34人，国家级领军人才1人、邹韬奋奖获得者1人、安徽省学术和技术带头人2人，二级教授1人，国务院特殊津贴专家2人，皖江学者特聘教授1人。学院现有新闻学、广告学、网络与新媒体、文化产业管理、摄影、动画、播音与主持艺术I、播音与主持艺术II（空乘与礼仪）等8个本科专业。其中，新闻学、动画、摄影等3个专业为安徽省特色专业，播音与主持艺术专业为安徽省综合改革试点专业。学院拥有新闻传播学、戏剧与影视学2个一级学科硕士学位授权点，新闻与传播、广播电视2个专业学位硕士授权点。建有安徽省重点人文社科基地——“创意产业发展研究中心”、安徽省青少年网络素养教育基地、安徽省校企合作实践教育基地——“传媒与艺术综合实验中心”、安徽省示范实验实训中心——“新闻与传播实验实训中心”等。

自部校共建新闻学院工作开展以来，学院依托部校共建新闻学院的平台资源，发挥省属重点师范大学学科较为齐全的传统优势，确立“人文与科学并重、理论与实践结合”的目标定位，坚持以学科建设引领专业、学位点建设的发展之路。广大师生围绕马克思主义新闻观和中国特色社会主义新闻传播理论进行系统设计，开展专题研究，撰写了系列论著；打造课程群，组建专门教学团队，建设名师工作坊，编写了系列专业教材；进行创、采、写、摄、编、播、评、管一体化实践，取得了系列创作成果。学院在此基础上，策划了“安徽师范大学传媒视界丛书”，呈现学院在部校共建新闻学院工作中科研、教学、实践方面的成果。

出版“安徽师范大学传媒视界丛书”，旨在充分发挥部校共建新闻学院的平台优势，在新闻传播、品牌传播、媒介文化、艺术传播等研究领域，促进高显示度的标志性成果产生，形成相对明确的学术格局，打造部校共建的安徽师范大学新闻与传播学院学术品牌。我们将以丛书出版为推动，强化团队建设，合理布局研究方向，突出研究的前沿性，将新闻传播学建设成省内一流、国内知名学科；不断提升团队科研能力，凝练研究方向，强化成果的学术水平，将戏剧与影视学建设成目标明晰、特色鲜明的学科；共同打造特色鲜明、优势明显的文化传播学研究团队。

根据学院规划，“安徽师范大学传媒视界丛书”分为学术成果、教材、艺术作品三个子系列。这其中既有学院特聘教授、学术骨干的精品，又有学术新锐、新传学子的力作；既有科研领域的最新探索，又有教学方面的长期思考；既有研究思考的宏观论述，又有实践育人的具体案例；既有隽永文字的深邃详述，又有优秀图片的精彩呈现……综合反映了学院师生在部校共建新闻学院建设中的理论与实务成果。

“安徽师范大学传媒视界丛书”是部校共建新闻学院“十个一工程”中重点项目之一。对此，安徽省委宣传部新闻处给予了充分肯定，并提出了指导性意见。学校领导以及相关职能部门一直关注新传学院的建设与发展，“传媒视界丛书”的出版正是他们的关心的成果之一。新传学院汇聚了新闻传播、品牌传播、艺术传播、文化传播等领域人才，展示出人文与艺术兼容、理论与实践并重的学科发展特色，呈现出“求真、至善、尚美、笃行”的学院文化风貌。学院成立了“安徽师范大学传媒视界丛书”编委会，负责进行丛书的评选等工作。第二届编委会成员由杨柏岭、张师帅、沈正赋、马梅、赵昊、丁云亮、朱晓凯、刘刚、肖叶飞组成。同时，在策划“传媒视界丛书”的过程中，得到学院师生的大力支持，保证了丛书的质量。最后，特别要感谢安徽师范大学出版社领导对这套丛书出版的高度重视，感谢责任编辑为丛书出版所付出的辛勤劳动。我们将以“传媒视界丛书”为抓手，探索学院转型发展之路，以不辜负师生对学院发展的期待。

“安徽师范大学传媒视界丛书”编委会

二〇一八年十二月

目　录

· 第三编 涉农传播与科学发展

· 第四编 技术变革与媒体发展

传播的意义与使命

我们每天都在进行信息的生产和传播。从街头巷尾的琐碎对谈、微信朋友圈的殷殷问候，到报纸、广播、电视、网站等各种专业媒体、机构媒体、平台媒体的规模化信息散播；从经过层层审核、内容真实准确的新闻，编码精美动人心弦的商业广告，到娓娓道来韵味深长的散文，甚至别有用心的谣言，都是信息在传播。

但这不代表信息可以随便传播。一种信息散播出来会影响人们的生活、思想，它甚至可能会改变一个人的心灵，它会跨越山川湖泊影响异域空间，它也会穿过时光影响未来。西美尔认为："某些种类的传播随着时间的发展而成为稳定的或固定的，因此代表着文化和社会结构。"[①]詹姆斯·凯瑞认为，"传播是对意义的探寻而不是事实的再现"[②]。

那么，既然传播有这样的多重维度的影响，它就应该遵循一定的法则。康德说："有两种东西，我们愈时常、愈反复加以思维，它们就给人心

---

① 罗杰斯.传播学史——一种传记式的方法[M].殷晓蓉，译.上海：上海译文出版社，2012：155.

② 詹姆斯·凯瑞.作为文化的传播："媒介与社会"论文集[M].丁未，译.北京：华夏出版社，2005：63.

灌注了时时在翻新、有加无已的赞叹和敬畏：头上的星空和内心的道德法则。”[①]沃尔特·威廉斯说：“我认为，广告、新闻和社论栏都应该服务于读者的最大利益；作为单一标准，有益的真相和纯洁无瑕应该主导一切；对优秀新闻事业的最高检验是衡量其公共服务。”[②]传播必须有它应该遵循的法规与伦理，它必须服从整个人类社会良性发展的需要，或者说传播的终极伦理法则应该是让世界更美好，让世界成为允许每个人全面发展、幸福生活的世界。

① 康德.实践理性批判[M].韩水法，译.北京：商务印书馆，1999：177.
② 展江，彭桂兵.媒体道德与伦理案例教学[M]北京：中国传媒大学出版社，2014：14.

第一编

信息传播与美丽世界

DI YI BIAN

XINXI CHUANBO YU
MEILI SHIJIE

媒体融合语境下的新媒体与公民社会构建

现在媒体融合已然成为当前媒体发展的主要现象，无论是媒介技术层面，还是内容、渠道、平台、经营、管理等层面，而这一现象对于社会发展又有何深刻影响呢?

一、媒体融合语境下的“新媒体”的概念界定

纵观传播史，我们可以看到，信息技术的每一次跳跃式发展，都促成信息传播的巨大变革，并影响到社会政治、经济、文化等各个方面。21世纪，我们已然进入信息的数字化和网络化传播时代，以互联网统合的新媒体无处不在。新媒体是在数字技术、互联网络技术、现代通信技术支撑体系下出现的媒体形态，对于新媒体的界定，学者们众说纷纭，至今没有定论。本文所说的新媒体是指在媒体融合语境下，以互联网、手机、电视三者相互融合而形成的新型媒体。

(一)媒体融合

自20世纪90年代后期，“媒体融合”日益成为传媒领域和学术界最常用的词汇。但是对于“究竟什么才是‘媒体融合’”这一问题的回答却因学者研究视角的不同而存在很大差异。当然，在中文语境中，存在着媒介融合与媒体融合的不同翻译，特别是在早期，一般来说媒介融合的外延更广，媒体融合主要指的是规模化的、组织化的新闻产品和媒介产品的生产机构之间的融合。当然，如今媒体融合已经被普遍使用。

从媒体的技术融合的角度来说，2006年6月，美国密苏里大学新闻学院副院长布莱恩·布鲁克斯和章于炎博士在中国人民大学新闻学院所作的关于“媒介融合”的讲座上给出了一个定义：“媒介融合”是一个新闻学上的假设，也叫媒体融合。媒体融合的核心思想就是随着媒体技术的发展和一些藩篱的打破，电视、网络、移动技术的不断进步，各类新闻媒体将融合在一起。而从多功能、数字化的产业融合的角度来看，1983年，美国麻省理工学院教授伊契尔·索勒·普尔在其著作《自由的科技》（*The Technologies of Freedom*）中提出“传播形态融合”（the—convergence of modes）的概念，他认为数码电子科技的发展是导致不同传播形态聚合的原因，其本意是指各种媒介呈现出多功能一体化的趋势。最初人们关于媒介融合的想象更多的集中于将电视、报刊等传统媒介融合在一起；强调过去不同媒体所提供的服务，如今可由一个媒体提供；过去一种媒体所提供的服务，如今可由不同的媒体提供。[①]从多媒介经营方式的角度，美国新闻学会媒介研究中心主任安德鲁·纳支森将“融合媒介”定义为“印刷的、音频的、视频的、互动性数字媒体组织之间的战略的、操作的、文化的联盟”；强调“融合媒介”最重要的不是平台的融合而是各种媒体之间的合作模式。[②]

回到“媒体融合”概念本身，从词汇上说，“媒介”（medium/media）是一种能使传播活动得以发生的中介性公共机构。具体来说，媒介就是扩展传播渠道，扩大传播范围或者提高传播速度的一项科技载体。广义上讲的说话、写作、姿势、表情、服饰、表演与舞蹈等，都可以被视为传播的媒

① 徐沁.媒介融合:新闻传播业的新趋势[J].东南传播,2008(6):71.

② 蔡雯.媒介融合发展与新闻资源开发[J].今传媒,2006(11):12.

介。[①]通常所说的媒介指的是技术意义上的媒介，特别是大众媒体。由此可以看出，布莱恩·布鲁克斯和章于炎博士、伊契尔·索勒·普尔是从前一个层面给“媒体融合”下定义的，而安德鲁·纳支森则是从第二个层面下定义的。

西方新闻学界，在“媒体融合”这个概念上，经常用Journalism代替Media，其实两者的意思差别并不大，因为在西方，Journalism是指整个“新闻业”，因此“媒体融合”和“新闻业融合”是可以互换的两个概念。

（二）三网融合

讲到媒体融合，势必要想到三网融合。所谓三网融合，就是指电信网、广播电视网和计算机通信网的相互渗透、互相兼容，并逐步整合成为全世界统一的信息通信网络。三网融合是为了实现网络资源的共享，避免低水平的重复建设，形成适应性广、容易维护、费用低的多媒体基础平台。

2010年1月13日，国务院总理温家宝主持召开国务院常务会议，决定加快推进电信网、广播电视网和互联网三网融合。会议明确了推进三网融合的时间表和阶段性目标。2010年至2012年，重点开展广播电视网和电信业务双向进入试点，探索形成保障三网融合规范有序开展的政策体系和体制机制；2013年至2015年，总结推广试点经验，全面实现三网融合发展，普及应用融合业务，基本形成适度竞争的网络产业格局，基本建立适应三网融合的体制机制和职责清晰、协调顺畅、决策科学、管理高效的新型监管体系。

如今，广播电视网能提供计算机互联网信息服务，电信网能够提供广播电视节目的传输，运用互联网尤其是移动互联网技术打电话、接收视听等各种媒体产品也比比皆是。在居民层面，三网并存已经成为常态，在媒体产品的传输与发布中，广播电视网、电信网、计算机通信网同时存在，用户可以自由选择任意渠道收听收看广播电视节目及其他视听节目，在居民家庭中往往同时拥有这三种网络及其对应的三种终端（传统的收音机电视机、接入互联网的电视机、电脑或智能手机）。

① 约翰·费斯克，等.关键概念——传播与文化研究辞典(第2版)[M].李彬，译.北京：新华出版社，2004：161-162.

（三）媒体融合语境下的新媒体的形态

“2007年全国电视观众抽样调查”分析报告显示，由于新媒体的发展，超过1/3的观众通过其他途径收看过电视节目。有24.64%的观众希望通过移动媒体随时随地点播和收看电视节目。只有6.79%的观众表示“现在就好了，对新服务没有特别要求”，3.16%的观众表示“对以上服务都不感兴趣”。但是，对新的电视媒体的接触并没有影响观众在传统电视节目收视上的时间投入，相对于没有接触过其他电视媒体的观众，他们的传统收视时间反而更多。

中国互联网络信息中心在2008年1月和2009年1月分别发布的《中国互联网络发展状况统计报告》显示，2007年中国网络影视发展速度较快，网络影视观看比例达到76.9%，1.6亿人曾经通过网络欣赏过影视节目，有40.5%的网民表示半年内下载过网络影视。相对而言，以高中和大专学历的网民最为热衷网络影视观看，学历较低或者学历较高的网民观看率则相对低一些，但总的来说，不同学历的网民观看网络影视的比例都比较高。尤其是硕士以上的网民网络观看率竟高达72.4%。网民学历越高，下载网络影视的比例也越高。

中国互联网络信息中心在2008年12月发布的《中国手机媒体研究报告》指出，手机电视（此处指的是移动网络传输模式的手机电视）的最大优势体现在移动性和互动性，并且由于移动性产生了传播速度上的优势；互联网电视相对于传统电视的优势在于其内容的互动性；传统电视的优势主要是传播范围和传播效果，它目前仍然是人们首选的电视节目载体。而美国和英国等西方国家的调查数据也纷纷显示，新型电视力量日益强大，但传统电视仍然是人们的重要选择。

如今，传统电视的重要地位已经发生改变。据CNNIC《第41次中国互联网络发展状况》统计报告显示，截至2017年12月，我国网民规模达到7.72亿，互联网普及率为55.8%，较2016年底提升2.6个百分点。其中手机上网即移动互联网使用人数达到7.53亿，移动互联网使用占互联网使用的97.5%。

美国媒介理论家莱文森说：“媒介革命的下一个阶段——第三阶段也就是最后的阶段——使我们能够在任何地方、任何时间获取一切信息，既包括真实的形象和声音，也包括抽象的语词。”[①]

从上述论述可以看出，在现有媒介技术发展背景下，学者和业界所说的媒体融合和三网融合在媒介层面实际上都主要是指电视（广播电视网）、互联网和手机（移动通信）的融合。即，至少在目前，传统广播电视和互联网、移动媒体的融合，将是媒体融合语境下新媒体的主要形态。

二、公民社会的概念界定

(一)西方“公民社会”概念的变迁

公民社会是个历史范畴。两千多年来，随着社会政治和经济关系的发展变化，公民社会概念共经历了三次大的转型。

1.公民社会的古典形态（公元前4世纪到公元17、18世纪）

“公民社会”最早出现在古希腊先哲亚里士多德的《政治学》中，指的是“城邦国家”或“自由和平等的公民在一个合法界定的法律体系之下结成的伦理——政治共同体”。公元前1世纪时，古罗马政治理论家西塞罗将其转译为拉丁文，“不仅指单个国家，而且指业已发达到出现城市的文明政治共同体的生活状况”，在保留“政治社会”含义的同时，更多的带有“文明社会”的含义。此后，一直到近代之前，包括中世纪的奥古斯丁、托马斯·阿奎那等基督教神学家在内的西方思想家，都使用此意义上的概念。

在17—18世纪期间，洛克、孟德斯鸠、卢梭等资产阶级思想家认为“公民社会”具有与自然状态相对应的含义，与“政治国家”是同义语，指的是人们生活在政府之下的一种法治的、和平的政治秩序。

2.公民社会的现代发展（18世纪中期到19世纪60、70年代自由资本主义阶段）

黑格尔和马克思应用“政治国家—市民社会”的两分法来分析社会的总体结构，把市场经济当作公民社会的核心部分，认为公民社会是相对独立于政治国家的。黑格尔认为，“市民社会，这是各个成员作为独立的单个人的联合，因而也就是在抽象普遍性中的联合。这种联合是通过成员的需要，通过保障人身和财产的法律制度和通过维护他们特殊利益和公共利益

① 保罗·莱文森.手机——挡不住的呼唤[M].何道宽,译.北京:中国人民大学出版社,2004:46.

的外部秩序而建立起来的”。在此基础上，马克思把公民社会主要理解为私人利益关系领域，“包括各个个人在生产力发展的一定阶段上的一切物质交往”，“始终标志着直接从生产和交往中发展起来的社会组织”。

3.公民社会的当代转型（20世纪以后垄断资本主义阶段）

20世纪30年代，西方马克思主义者葛兰西提出“文化领导权”思想，赋予了公民社会新鲜的文化生命，开创了从社会文化意义上研究公民社会的理论传统，启动了公民社会观念的当代转向。经过帕森斯的“社会共同体”、哈贝马斯前期的“公共领域”和后期的“生活世界”，被称为“后马克思主义者”的当代美国政治学家科亨和阿拉托提出“重建公民社会”的理论主张，认为应该把经济领域从公民社会中分离出去，把社会组织和民间公共领域当作公民社会的主体，并系统提出“政治社会—经济社会—公民社会”三分法的社会生活划分模式，从而完成了将公民社会指向社会文化领域的当代转型。

（二）中国的“公民社会”

公民社会又被称为市民社会和民间社会，是国家或政府系统及市场或企业系统之外的所有民间组织或民间关系的总和，它是官方政治领域和市场经济领域之外的民间公共领域。公民社会的组成要素是各种非政府和非企业的公民组织，包括公民的维权组织、行业协会、民间的公益组织、社区组织、利益团体、同人团体、互助组织、兴趣组织和公民的某种自发组合。它既不属于政府部门（第一部门），又不属于市场系统（第二部门），是介于政府与企业之间的第三部门。①

自改革开放以来，社会领域正经历一场广泛而深刻的历史性变革。一个相对独立的公民社会正在中国崛起。相对于政治、经济等方面的变革，公民社会领域的变革在相当长的一段时间里并不太为人关注。它的变革似乎更多是在悄然进行的，进入新世纪以后，中国公民社会迅速发展（尤其是汶川地震和北京奥运），上百万志愿者们的身影提醒人们，中国公民社会的发展已逐步形成。②

① 郁建兴，周俊.中国公民社会研究的新进展[J].马克思主义与现实，2006(3)：41-42.

② 公民社会建设：机遇和挑战同在[EB/OL](2018-12-11).http://finance.sina.com.cn/roll/20081211/01065619130.shtml.

综上所述，公民社会是公众参与构建的社会，彰显公民在社会发展过程中对知情权、表达权、参与权、监督权的拥有和行使。随着公民意识的觉醒和提升，公民对政府行政和舆论监督均有重大影响；对公权部门进行问责，要求政府信息公开化、政治民主化、政务公开化，以此，获取信息和获知真相，拥有更多的自我表达的空间和话语权。

三、媒体融合语境下新媒体在公民社会构建中能够发挥重要作用的依据

(一)理论依据:新媒体的中介场域性

1.公共领域理论下新媒体的平台地位

对公共领域理论的研究起源于哈贝马斯早期的著作《公共领域的结构转型》。所谓公共领域，哈贝马斯意指的是一种介于市民（公民）社会中日常生活的私人利益与国家权力领域之间的机构空间和实践，其中个体公民（市民）聚集在一起，共同讨论他们所关注的公共事务，形成某种接近于公众舆论的一致意见，并组织对抗武断的、压迫性的国家与公共权力形式，从而维护总体利益和公共福祉。①哈贝马斯的“公共领域”理论还和“主体间性”“交往理性”紧密地联系在一起。20世纪70年代以来，哈贝马斯在他的一系列著作中提出了自己的主体理论。在他看来，传统哲学的主体—客体模式应该转变为主体—主体模式，这就是他提出的主体间性。在哈贝马斯之前也有很多哲学家与思想家曾关注过主体间性的概念问题。然而，与前人不同的是，哈贝马斯的主体间性是指由话语交往构建的，他提出了“交往理性”（又译“交流理性”）的概念，要求“一种从过程、内容到形式，从过程到功效的合理性，它不是僵化的、绝对的，而是相对的、动态的，只有在这种理性的视域内，人们才能对抗工具理性对人生活世界的吞噬，在平等的交往基础上达成相互理解与意见一致，缔造没有暴力没有压制，自由而和谐的共同生活”②。

但是，面对纷纭复杂的全球政治，哈贝马斯努力求解的系列理论之间

① 参见哈贝马斯.公共领域的结构转型[M].曹卫东等，译.上海：学林出版社，1999；汪民安.文化研究关键词[M].南京：江苏人民出版社，2007；陆扬，王毅.大众文化与传媒[M].上海：三联书店，2000；王黑特.大众文化的中国阐释[M]//张晶.美学前沿：第2卷，北京：北京广播学院出版社，2003。

② 孟威.“合理化”的意义与实践[J].新闻与传播研究，2000(2)：14.

也存在着矛盾：一方面，哈贝马斯悲观地看待大众传媒在公共领域的结构转型中的角色，他在其《公共领域的结构转型》一书中写到："大众传媒影响了公共领域的结构，同时又统领了公共领域。于是，公共领域发展成为一个失去了权力的竞技场，其意旨在于通过各种讨论主题和文集既赢得影响，也以尽可能隐秘的策略性意图控制各种交往渠道。"①另一方面，他相信通过交往理性会有正面的结果，在他的公共领域、交往理性、主体间性等诸概念中有这样一个联系，即通过话语交流活动或对话的真正的平等和自由，实现交往理性，从而真正符合主体间性，而当这一切都切实地在公共生活中进行，那么便有可能实现真正的公共领域。而如果有这样的大众传媒，能让公众真正平等自由地进行话语交流，平等对话，那么这样的大众传媒可以称得上是公共领域的空间或平台。

学界对哈贝马斯也有不少批评和质疑。约翰·汤伯森指出，大众传媒只是重构了而不是取消了公共领域，大众传播的发展与其说是标志着公共生活的死亡，不如说是创造了新的公共性类型，并从根本上改变了人们体验公共生活、参与公共领域的条件。②

2. 场域理论下新媒体的中介性

王黑特在分析电视媒介是不是公共领域时，提到了电视媒介已经承担着政治信息的传递沟通作用，具有为双方代言的公共交流场域的性质。③王黑特所着重分析的大众传媒虽然是电视媒介，但他的这些分析同时也广泛地适用于所有大众传媒的新媒体，为新媒体在国家与社会未来发展中的作用提供了直接的学理论述。也就是说，在理论上，新媒体可以成为反映社会情况、交流社会各方面意见、解决社会问题的一种公共领域，可以通过自己的传播活动潜移默化地培养自己的受众，使他们能够发挥主体性作用。同时，他实际上把"公共领域"和"场域"两个概念用到了一起。

其实，公共领域理论和场域理论确实有可以相通的地方，尤其是它们有关对传媒作用的表述。但二者的立足点是不同的，从哈贝马斯等人的论述中，我们可以看到"公共领域"理论是从促进社会民主化这一目的来立论的，大众传媒，包括电视媒介只是介于国家权力和民众之间的一种政治

① 哈贝马斯.公共领域的结构转型[M].曹卫东等，译.上海：学林出版社，1999：15.

② 陆扬，王毅.大众文化与传媒[M].上海：三联书店，2000：104.

③ 王黑特.大众文化的中国阐释[M]//张晶.美学前沿：第2卷，北京：北京广播学院出版社，2003：351.

性的第三领域。而场域理论虽然也对大众传媒包括电视媒介有所论述，但是它论述的不仅仅是政治，而是整个社会生活，它考察的是社会结构的动力关系及其社会运作状况，据此，该理论将社会各个层面都看成是一个个“场域”，有政治场域、经济场域、文学场域、艺术场域、科学场域、法律场域、数学场域等。这些场域在不同的历史时代和社会条件下，都有它自己特殊的运作系统，它们各自具有内在逻辑结构，在其内部各方为不同的利益和目的存在着冲突和斗争，同时它们相互之间又有着错综复杂的关系，相互影响。

场域的概念是当代法国著名社会学家布尔迪厄（又译“布迪厄”）在20世纪60年代开始提出的。这个概念一开始就同布尔迪厄的其他重要概念，例如“实践”“生存心态”（有的译者又译为“惯习”或“习性”）、“策略”“资本”“文化再生产”“语言象征性权力”等密切地联系在一起。

布尔迪厄也对电视媒介建构的新闻场域进行了分析，在其《关于电视》的演讲中，他说：“为了不仅仅限于对电视演播台上所发生的一切进行描述——不管描述得多么详尽——而要再进一步，力图弄清能阐释新闻工作者实践活动的机制，那就必须引入一个‘新闻场’的概念。”“新闻场与政治场和经济场一样，远比科学场、艺术场甚至司法场更受制于市场的裁决，始终经受着市场的考验，而这是通过顾客直接的认可或收视率间接的认可来进行的。”①

可以看出，通过对公共领域理论和场域理论的分析，不仅有助于我们了解新媒体传播的现状，也有助于考察新媒体传播在国家和社会发展中的角色与地位，还能给予我们提供关于新媒体传播发展策略的分析以诸多理论支持。

（二）现实基础：新媒体已经成为主流媒体

早在20世纪80年代初，美国传播学家施拉姆就曾作过如下预言：现行的点对面的大众传播体制将会被一种新的点对点的传播体制所取代，信息时代的一个发展趋势将是更多地注重点对点而不是点对面的传播，将是个人越来越大地使用媒体而不是为媒介所利用。②从今天网络与新兴媒体的发

① 布尔迪厄.关于电视[M].许钧，译.沈阳：辽宁教育出版社，2000：14、87.

② 雷跃捷，辛欣.网络新闻传播概论[M].北京：北京广播学院出版社，2003：2.

展趋势来看，我们能切身体会到施拉姆这一预言的高瞻远瞩性。

当下，在我国，一方面党和国家、地方政府对网络媒体高度重视，社会对网络媒体产生的影响已经被认可；另一方面，网络媒体自身的独立媒体人地位已经确立，网络媒体自身的责任感不断加强。这些都表明网络媒体确确实实成为主流媒体的一个重要组成部分，充分发挥了独立媒体人的作用。

面对网络媒体在信息的海洋中掀起的惊涛骇浪，有人预言互联网将摧毁传统媒体生存的基础。SUN微电子公司的尼尔森直言不讳地指出：在未来的5至10年间，大多数现行的媒体样式将寿终正寝，它们将被以综合为特征的网络媒体所代替。①不仅如此，以互联网统合的这种新媒体已经并正在对传统媒体进行“议程设置”。

“议程设置”也称“议题设置”。该思想最早可上溯到1922年李普曼的《舆论学》一书，随后拉扎斯菲尔德和默顿、科恩、斯蒂文·小约翰、吉特林、休梅克等诸多学者均对其进行深入研究。李普曼认为，大众媒介往往有意无意地通过对报道重心的选择，从而建构公共讨论与关注的轻重缓急；人们将倾向于了解大众媒介所注重的那些问题，并按照大众媒介所设置的轻重秩序来理解事件。②

在网络世界中，用户完全可以根据自己的兴趣，自主、自由地去选择信息、传播信息。可以说，每一个网民都是“草根记者”，网民可以根据自己的需求不同程度地去关注、接收、传播信息。近年来发生的一系列热点事件，都是先由网民在网上进行关注和探讨，进而形成一股股巨大的声浪，酿成“网上群体性事件”，吸引来自社会各界的关注和探讨，从而传统媒体才开始发起追踪报道。一方面网络对这些事件从出现、形成、聚集到发散，起到“首发人”和“领头人”的作用；另一方面，这些事件在网络中形成集中而强大的舆论压力，进而各种社会因素纷纷介入，而这些事件最终得以解决，网络所产生的作用是不可忽视的。

在网络技术推动下，一个个现象首先以独立事件的形式，通过博客、网络论坛、留言板、电子邮件、ICQ、MSN、QQ、微博、微信等网络渠道广泛传播，形成愈演愈烈的舆论热潮，从而事件迅速升温成为社会关注事件。

---

① 雷跃捷，辛欣．网络新闻传播概论[M].北京：北京广播学院出版社，2003：45.

② 黄晓钟，杨效宏，冯钢．传播学关键术语释读[M].成都：四川大学出版社，2005：72.

受到好奇心和公民意识等因素的影响，公众开始更多地关心事件的来源和出处，加深了对事件背景的了解，增强了获知真相的欲望。在媒体和公众舆论的影响下，相关执法部门提高了行动和决策的效率，迅速将真相公之于众。因此，这类事件的传播流程可以总结为：事件发生—传统媒体引导的传播—以网民为主要代表的公众的发掘—以网络为主要载体的传播—社会性的传播。[①]

可见，大众意识通过网络流露出来，以其强大的力量对传统媒体产生影响，左右传统媒体的报道方向和轻重点。在网络中，草根媒体对大众媒体进行“议程设置”，网络媒体对传统媒体进行“议程设置”。

（三）技术基础：媒体融合下的新媒体对受众的全方位占领

在媒介技术发展的趋势下，无论媒体融合、三网融合进展如何，在可以预见的历史阶段内，以广播电视、互联网和手机三种媒介融合所形成的新型媒介将能够多方面影响各类人群，从而也决定了这种新媒体将在公民社会构建中发挥重要作用。

媒体融合语境下的新媒体之所以会发挥如此重要的构建作用，是由于它的“无处不在性”，这个概念引申于“无所不在的运算能力”（Ubiquitous Computing），早在1988年便由美国的全录帕洛亚托研究中心马克·威士博士提出，以后又衍生出“Ubiquitous网络”的概念，认为“人们将不会意识到网络的存在，而能随时随地通过任何终端设备上网并享受到各项数字内容服务”。这意味着用户能全方位使用媒介，即所有的通信网络差异对于用户是“透明”的，用户处于一个无处不在的网络社会中（见图1）。所谓“无处不在”主要包括五个方面，即“任何时间、任何地点、任何设施、任何内容、任何人”[②]。

① 张晋升，谢璇．网络政务监督流行语解读——“躲猫猫”事件的符号特征与传播意义［J］．国际新闻界，2010(3)：90-94.

② 鲍立泉，吴廷俊．论媒介融合的传播技术路径［J］．现代传播，2010(3)：151-152.

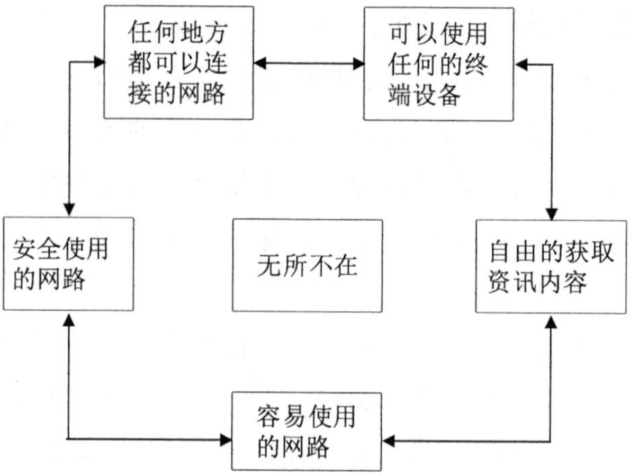

图1 “无所不在”传播环境示意图

保罗·莱文森提出了自己的媒介演化理论：“补救性媒介”理论和“人性化趋势”的演化理论。按照这个观点，一切媒介都是“补救性媒介”，补救过去媒介之不足，使媒介人性化。同时，人具有能动性，能够主动去进行选择和改进媒介。[①]即，新的媒介技术将会进一步满足人的传播交往需求，不断出现的新媒介必将逐渐实现对人类媒介需求的全面满足。据此，我们认为媒体融合语境下的新媒体比起其他单一的媒介，恰恰最能满足人们全方位的媒介需求，是最为人性化的。

（四）政治支持：新闻工作的群众路线

作为马克思主义新闻观的重要部分和精髓——新闻工作的群众路线，是我国新闻传播工作的基本思想原则和工作路线，为民众运用新闻媒体包括新媒体来发布信息、发表意见，促进社会民主、公平和正义，提供了坚定的媒体支持。

新闻工作的群众性原则指人民群众是新闻事业的主人和依靠力量，新闻事业必须全心全意服务于人民群众。人民群众即受众，群众性原则体现了对受众权利和需求的尊重、满足。其要求：在内容上，新闻工作要尽量满足群众需要；在形式上，新闻的表现形式要为群众喜闻乐见的方式；在工作路线上，新闻工作要面向群众、相信群众、依靠群众、服务群众、满足群众，反映群众的生活，表达他们的愿望、意见，吸引群众参与新闻工

① 保罗·莱文森.数字麦克卢汉——信息化新纪元指南[M].何道宽，译.北京：社会科学文献出版社，2001:16.

作，将新闻工作者与广大群众进行紧密结合。

媒体融合语境下新媒体对于公民社会的构建作用，主要在于新媒体比起传统媒体，可以给予广大公民提供更多更方便的话语工具、参与机会、参与渠道。当前，获得说话的机会、公民进行平等的话语交流，成为了一种权利——"话语权"。话语权的充分实现在宏观上可以有助于民主政治建设，在微观上也体现了人与人之间的平等。从此意义上可以说，话语权实质是公民在社会上能否维护其合法权益，能否获得做人尊严的重要标志，是一个社会民主程度的标志。

人们需要借助话语权来表达自己的心声，寻求自身利益的实现。从国家和社会的角度，解决民生的前提，就是要首先听到民声。[①]由此，话语权和表达权具有了内在的联系。党的十七大报告也提出"要健全民主制度，丰富民主形式，拓宽民主渠道，依法实行民主选举、民主决策、民主管理、民主监督，保障人民的知情权、参与权、表达权、监督权"。那么什么是表达权？学界尚没有定论。大多数人认为，表达权的内容实际上就是宪法规定的公民基本权利中的言论自由。也有人认为，表达权是一个宪法学概念，属于精神自由权范畴。表达自由是一种信息沟通的自由，它意味着通过口头、书写或印刷以及其他手段传递信息和交流信息的自由。还有人认为，《中华人民共和国宪法》规定了公民的言论、出版、集会、结社、游行、示威的自由，这六项自由是公民表达意愿、参与社会生活的基本手段和途径，总称表达权。[②]

话语权也和参与权、监督权息息相关。一方面，对于公民来说，他可能因为各种原因而无法直接参与某些社会活动，但是在媒介社会，只要条件许可，每一个公民都可以通过在媒介上发表意见来实现社会参与。甚至这种参与方式可发挥更大的作用。另一方面，公民也可以在媒介上发表意见对社会生活进行舆论监督。话语权和知情权也有联系，一般情况下，只有先知情，然后才能有针对性地进行话语表达。

综上所述，公民话语权的实现，在一定程度上就是表达权、参与权、监督权的实现。而马克思主义新闻观的重要部分和精髓——新闻工作的群

① 朱羽君，徐帆．论和谐社会语境下中国电视媒体的社会建构功能[J]．中国广播电视学刊，2008(4)：1.

② 石月平．我国广电媒体对"表达权"的保障[J]．中国广播电视学刊．2008(3)：29；萧瀚．表达权是基本人权[J]．南方周末．2007(10)：31；魏永征．新闻传播法教程[M]．北京：中国人民大学出版社，2006：42.

众路线，作为我国新闻传播工作的基本思想原则和工作路线，则为公民话语权的实现提供了保障。

四、如何利用新媒体来实现公民社会的构建

在理论上，媒体融合语境下的新媒体可以成为公民反映国家和社会情况、交流各方面意见、促进国家和社会问题解决的重要公共领域；在现实中，新媒体也确实为公民社会的构建发挥了重要作用。但是，我们也应该清醒地看到，新媒体还没有成为具有完整功能的公共领域，国家、政府、民众在利用新媒体构建公民社会进程中，出现了一些亟待解决的社会问题。一方面，民众在利用新媒体尤其是互联网对社会问题发表意见时，出现了各种问题，如信息失实、网络语言暴力等；另一方面，有些政府部门又不能及时、正确使用新媒体来发布信息、引导舆论等。

为此，需要抓住问题，采取切实的救赎之道。笔者认为，应在全民中开展科学发展观教育、媒介素养教育，并进行新媒体传播法规建设，使以人为本、全面协调可持续发展的理念、民主公平正义的思想深入人心，使真实、客观、全面、责任、公开、透明等信息传播的基本理念广为人知。政府部门应重视新媒体，善于运用新媒体来了解舆情民意，改进工作。各种新媒体应在遵守相关法规的条件下进行信息传播，给予公民“说话”的渠道和机会，将新媒体在构建公民社会中的天然优势充分彰显。

（一）科学发展观教育

科学发展观是坚持以人为本，全面、协调、可持续的发展观。以人为本，就是要把人民的利益作为一切工作的出发点和落脚点，不断满足人们的多方面需求和促进人的全面发展；全面就是要在不断完善社会主义市场经济体制，保持经济持续快速协调健康发展的同时，加快政治文明、精神文明的建设，形成物质文明、政治文明、精神文明相互促进、共同发展的格局；协调就是要统筹城乡协调发展、区域协调发展、经济社会协调发展；可持续就是要统筹人与自然和谐发展，处理好经济建设、人口增长与资源利用、生态环境保护的关系，推动整个社会走上生活富裕、生态良好的文明发展道路。

将这些思想适用于整个社会，当然也包括公民对新媒体的使用这一层面。当公民将上述思想内化为自身素养，在使用新媒体对公民社会构建发挥作用时，有意识地加以评判，则该领域的道德观念、道德形态和伦理形态等的负面效应以及由此导致的社会伦理和社会责任的危机等都将烟消云散。

（二）媒介素养教育

媒介素养的概念属舶来品，据学者鲁宾分析，主要有三个层面，即能力模式、知识模式和理解模式。就能力模式而言，指公民所具有的获取、分析、评价和传输各种形式信息的能力，侧重的是对于信息的认知过程。知识模式指媒介素养中媒介如何对社会产生效用的知识体系，其侧重点是信息如何传输。而理解模式内涵下的所谓媒介素养就是指理解媒介信息在制造、生产和传递过程中受到来自文化、经济、政治和技术诸力量的强制作用，侧重的是对于信息的判断和理解能力。概括地说，所谓媒介素养就是指正确地、建设性地享用大众传播资源的能力，能够充分利用媒介资源完善自我，参与社会进步。它主要包括受众利用媒介资源动机、使用媒介资源的方式方法与态度、利用媒介资源的有效程度以及对传媒的批判能力等，具体而言，即人们面对各种媒介信息或使用媒介工具时的选择能力、解读能力、质疑能力、评价能力、交流能力、创造能力等。

传播学者对媒介素养的定义千差万别，但所有定义中的共同点是，公民必须培养出一种“能力”或“技巧”，以便能对媒介内容进行解读。简而言之，媒介素养是指有效地理解和使用媒体内容的能力。[①]在媒介融合背景下，媒介素养教育的重要性日益凸显。媒介素养教育是一个全民的教育，终身的教育。它是一项关涉到公益的事业，是一项前瞻性的事业，通过加强实施公民的媒介素养教育，从而推动中国公民社会和全球公民社会的发展。

（三）新媒体传播法规建设

任何事物的发展都不是绝对自由式的、放任式的。新媒体传播进程中要辅之以法律法规的界定和束缚，以便于其管理，达到合理性、合法化。国家和政府要建立健全与新媒体传播有关的法律法规体系。

① 贺心颖．媒体融合背景下的社会责任与媒体素养教育——电影《2012》引发的反思[J]．现代传播，2010(3)：164-166.

首先，既要充分保障公民利用新媒体发表意见、参与现实生活的权利，又要求公民必须在行使这一权利时尊重他人，遵循社会基本的伦理道德准则，要求公民在行使自己的新媒体话语权时必须遵循其他相关法律法规的规定。这样，公民在运用新媒体参与构建公民社会时就能够有法可依。

其次，必须通过立法要求国家各级公权机构、各级政府部门切实重视新媒体的舆情民意，要求其必须建立相应机制以快速、有效、定期回复公民在新媒体上提出的问题与质疑，并迅速有效地解决问题。对于有关公权机构无视公民的意见，不能有效解决问题，甚至造成损失的，应该根据情节轻重予以惩处，严格追究责任。

结　语

媒体融合语境下的新媒体在信息传播上的高速性、便捷性、海量性、自主性、交互性、动态性和多维性，决定了其为政府和公民良性互动搭建的平台更为有效和快速。因此这些新媒体，无论是在传统新闻媒体基础上融合而成的新媒体，还是商业门户网站、专业网站融合而成的新媒体，都应在遵循我国现行法律法规的情况下，在实现自身效益的同时，积极创新形式，为广大公民开通对现实问题发言的渠道，从而通过这种为公民带来“远程接近权”和“主动参与权”的形式，赢得公民的支持，而公民的支持又能形成新媒体的影响力和美誉度，最终实现其发展的良性循环。

新闻传媒在突发事件报道中舆论引导的有效性

在社会现实中，人们需要信息，是为了消除认知的不确定性，以便更好地生产生活；国家与社会需要信息传播，是为了沟通各个方面，实现良性发展。而对于可能造成难以确定后果（常常是不良后果）的突发事件与情境，传媒在进行新闻报道时应该有自己的基本准则，那就是本着善意的建设性的原则，努力促进各种问题的解决，尽可能消除不良影响，让人民的生产生活尽早恢复正常，让社会安定有序。

2007年8月30日通过的《中华人民共和国突发事件应对法》对突发事件的定义为“本法所称突发事件，是指突然发生，造成或者可能造成严重社会危害，需要采取应急处置措施予以应对的自然灾害、事故灾难、公共卫生事件和社会安全事件”，而“当有突发事件发生，人们的生活方式、思维方式必然有所变化，心理上的恐慌和巨大压力使其对信息真伪的辨别能力相对降低，使公众产生种种的猜忌和怀疑，流言谣言也会相对增多。流言的出现一方面可能引发更大面积的恐慌，同时更加不利于事件的解决，削弱政府的公信力和威信”[①]。因此，媒体如何在突发事件报道中改进和加强舆论引导工作，实现引导的有效性，理所当然成为了重要课题。

一、舆论引导工作有效性的重要意义

舆论引导工作的有效性问题牵涉到传播活动的各个环节，但其核心是传受双方的相互关系，是传播者及其传播内容是否在受众那儿有效果。因为从接受理论来看，唯有进入受众视野，对受众产生了影响，被受众解读的传播行为才是真正有意义的。从影响的时间长度来看，效果有长期和短期之分；从影响的层次来看，效果有深浅显隐的不同；从影响的强度来分，又有强效果、弱效果、适度效果的区别，等。这种作用和结果既可能是正面的，也可能是负面的。而通常，人们总是期望效果是正面的、积极的，和自己的预期目标方向一致，唯有这种正向的效果可称之为“有效”。因此，“有效性”作为反映正向效果质量、强度的概念成为了考察媒体舆论引导工作优劣的重要指标。对于突发事件来说，舆论引导的有效性尤为重要。

（一）关乎国家形象和民族形象

突发事件的发生和应对往往牵涉到各种社会力量，媒体在突发事件的报道中必然要充分报道各种真实全面的信息，如人民群众在事故、灾难中的情绪、行为、精神面貌、人格力量，相关单位、机构和政府部门在事件中的作为、态度等。而“所谓形象，原意是指文学作品中人的神情面貌和性格特征。这种神情面貌和性格特征展现在世界这个大舞台上，就是国家形象。国家的形象如何，固然与它的经济发达程度、在国际社会中所处的地位和在国际事务中所起的作用密切相关，但这些都是从国家角度、从大方面说的。如果从民众角度、从小的方面说，国家形象也与民众的行为密切相关”[②]。即，媒体在突发事件报道中有效的舆论引导——对事件中民众的美好精神、理智行为的报道，对社会力量乃至全国民众的动员等，都起到了以民众行为之“小”反映国家形象和民族形象之“大”的作用。

---

① 高瞻，王现忠．浅议《突发事件应对法》规范下的新闻舆论监督[J]．石家庄理工职业学院学术研究，2018(12)：32.

② 孔寒冰．寒冰看世界[M]．上海：上海人民出版社，2012：26.

李凯博士认为“国家形象是国家力量和民族精神的象征，是主权国家最为重要的无形资产，是综合国力的集中体现。从内容上说，国家形象分为两个层面：一国国民对自己国家的评价；国际社会对该国的评价”①。媒体对突发事件的有效舆论引导中所展现的政府、民众、民族的积极美好的精神力量和敢于担当，恰恰又能在国际上建构积极的国家形象和民族形象。

(二)关乎事件发展和人民利益

突发事件往往会造成严重社会危害，而且在事件发生后如不能及时正确地处理和应对，还可能会造成次生灾害、衍生问题等。媒体在突发事件报道中有效的舆论引导，能够最大程度地发挥传播、动员和组织作用，促使相关部门和人员积极投入到对突发事件的应对和处理中，尽快解决问题，避免社会危害的进一步发生，尽可能地减少突发事件对人民利益的损害。

以2008年5月12日汶川大地震这场突发的特大自然灾害为例。事件发生后，我国各级各类媒体不仅及时发布了有关灾情的最新消息，更着重报道了灾区干部群众和来自全国各地的救援人员奋不顾身、夜以继日进行抗震救灾的英雄行为和感人故事……所有这些形成了舆论合力，最大限度地动员了全国人民投入到抗震救灾中，最终形成了全国各民族群众、海内外华侨华人万众一心、抗震救灾的局面。

(三)关乎媒体形象和发展

媒体，尤其是主流媒体应该遵循什么工作原则，对一国的发展和建设发挥什么样的作用，一直是世界新闻传播理论的重大话题。无论是“传播学之父”施拉姆等人归纳总结的社会责任理论、美国学者威廉·哈希顿的发展理论、英国学者丹尼斯·麦奎尔的发展媒介理论，还是美国学者赫伯特·阿特休尔的“三个乐章”理论、芬兰学者卡尔·诺登斯特伦的“五种范式”理论，都对媒介应尽社会责任这一点加以肯定。②我国是社会主义国家，新闻媒体是党和人民的喉舌。作为一个正处于社会转型和变革的发展中国家，我国媒体毫无疑问地更应该承担起自己的社会责任，为国家的建设和发展发挥积极作用。鉴于此，在突发事件报道中，媒体唯有通过有效

---

① 李凯.全球性媒介事件与国家形象的建构和传播——奥运的视角[D/OL].上海:复旦大学,2005:6.

② 西伯特,彼得森,施拉姆.传媒的四种理论[M].戴鑫,译.北京:中国人民大学出版社,2008:78-79.

的舆论引导才能有效履行自己的社会责任。

此外，突发事件是信息传播活动的资源富矿，各种媒体在报道中竞争激烈，舆论引导的有效程度各异，反过来，也会反映媒体的社会形象和品牌形象的高低优劣，影响其以后的发展。

二、媒体在突发事件报道中实现舆论引导有效性应遵循的原则

（一）正面引导原则

突发事件往往是负面事件，应努力发掘其真善美的因素，进行正面引导。

2008年6月20日，胡锦涛在人民日报社考察工作时要求，“必须坚持党性原则，牢牢把握正确舆论导向。舆论引导正确，利党利国利民；舆论引导错误，误党误国误民”。2016年2月19日，习近平在党的新闻舆论工作座谈会上的讲话指出，“在新的时代条件下，党的新闻舆论工作的职责和使命是：高举旗帜、引领导向，围绕中心、服务大局，团结人民、鼓舞士气，成风化人、凝心聚力，澄清谬误、明辨是非，联接中外、沟通世界。要承担起这个职责和使命，必须把政治方向摆在第一位，牢牢坚持党性原则，牢牢坚持马克思主义新闻观，牢牢坚持正确舆论导向，牢牢坚持正面宣传为主”。

这就明确了舆论宣传工作中正面引导的重要地位。各类突发事件可能会造成对人民利益的损害，自然灾害、事故灾难、公共卫生事件是直接损害了人民群众的生命财产安全，而社会安全事件则不仅会直接损害人民利益，还可能影响社会的和谐稳定和长远发展。因此，对于突发事件的报道，我们得化负面为正面，得努力从事故、灾害所造成的伤亡险情这些负面信息中，去发现、去报道人所表现出来的一切美好的、正面的、积极的伟大精神力量，从而树立人们克服困难、战胜灾害的信心，动员人们团结一致面对问题解决问题。如果一味地停留在悲伤指责之中，停留在对灾情伤病损失的展示，那不仅于事无补，甚至会使人们意志消沉，贻误时机，造成出现本来可以避免的问题。因此，对于突发事件的报道，我们在不隐讳灾情问题的同时，更要“帮忙不添乱”，做积极正面的舆论引导。

（二）媒体特性原则

不同媒体在信息传播的方式和效果上是不同的，因此，媒体在突发事件报道中的舆论引导，如果能从媒体自身特性和优势出发，往往会收到事半功倍的效果。

众所周知，经过几次重大突发事件报道的精彩表现，网络媒体的强大力量已经被人们所认可。人民网、新华网成为党和国家领导人了解民意的重要渠道。网络媒体可以通过“跟帖”“评论”“留言”等形式瞬间汇聚大量同类信息，形成强大的舆论攻势，因而在实施有效的舆论引导方面具有得天独厚的优势。如在汶川大地震的报道中，网络媒体对温家宝总理冒险深入灾区察看灾情、指挥抗震救灾的报道，就引发了网友的热评，激发了广大人民群众万众一心、抗震救灾的信心和决心。可以说，网络媒体在这次全国媒体抗震救灾报道的有效舆论引导中功不可没。

众多电视媒体用大量来自现场的声音、画面进行电话连线、视频连线和记者现场报道，给予广大观众最大程度的真实感，让观众对抗震救灾中的动人事迹、感人情怀、高尚人格感同身受、备受鼓舞，从而有效地引导了舆论，推动了抗震救灾的全面展开。其他，诸如广播媒体充分运用形式多样的报道，报纸利用精心设计的版面、媒体的两微一端利用短小精悍的资讯组合，都尽可能地做出最有效的舆论引导。

（三）接受心理原则

对于同样的突发事件，不同的受众可能会有不同的接受需求，因此要多角度地报道突发事件，采取多种报道形式来满足受众需求，并在这种满足中巧妙地实现有效的舆论引导。千篇一律、形式单调的报道只会使受众生厌。同时，突发事件是不断发展的，在事件发展的前期、中期和后期，随着事件的处理和解决，受众的接受心理也会发生变化，因此媒体必须根据事件发展的具体情况，进行有效引导。

以汶川大地震的抗震救灾报道为例，在事件刚发生时，受众最渴望知晓的是灾情的严重程度、人员伤亡情况，此时媒体即时发布新闻将社会舆论集中在情系灾区、不惜一切抢救伤员上面。随着抗震救灾工作的深入进行，受众就会希望了解更多深入的、幕后的资讯，此时媒体就可以通过新闻故事、人物通讯、特稿分析等深入细致地讲述一个个感人故事、英雄事迹、科学救援知识，将社会舆论引导到向抗震救灾英雄人物学习、扎实推进抗震救灾工作上面来。

（四）长效原则

一般人可能认为“突发事件”是来得突然，只会持续一小段时间的事件，因此舆论引导也只需要短期引导。但实际上，单个的事件总是和某种思想、理念联系着，而这些思想、理念往往是长期积累而来的，并将对未来产生持续影响，因此媒体对于突发事件的舆论引导必须将短期引导和长期引导相结合，进行长效引导。

仍以汶川大地震抗震救灾报道中的舆论引导为例。大地震本身只是一场突发的特大自然灾害，虽然由于地震范围之广导致抗震救灾以及灾后重建可能持续数年时间——比起其他的生产事故、交通事故等突发事件来说，持续的时间相对较长，但是人们在灾害中表现的团结互助、敬业奉献及民族凝聚力等精神，则不仅在中国几千年文明史中始终存在，而且也将继续引领国人投入未来的各项事业建设中。因此，媒体对于这次抗震救灾的舆论引导就不能仅仅停留在引导广大干部群众团结一致对付眼前的灾难上——那样可能导致人们在后期的抗震救灾中动力不足、意志涣散，而要将人们在抗震救灾中所表现的伟大精神和民族意志提炼出来，作为舆论引导中不变的基调，这样的报道才会具有长久的生命力。

三、媒体在突发事件报道中实现舆论引导有效性应采取的策略

（一）健全报道机制快速反应，第一时间引导

突发事件突如其来，人们对此没有多少思想准备，极易引起流言和谣言的产生，尤其是突发的特大自然灾害会对群众的心理产生深刻的影响，如果处置不当，会让谣言横行，社会不安。因此，对于突发事件，首先要迅速发布各类信息，满足群众的知情权，消除人们认知的不确定性。胡锦涛强调，要完善新闻发布制度，健全突发公共事件新闻报道机制，第一时间发布权威信息，提高时效性，增加透明度，牢牢掌握新闻宣传工作的主

动权。从这个意义上说，对于突发事件，第一时间发布各种信息，本身就已实现了有效的舆论引导。

而要第一时间发布全面信息，实现第一时间的引导，必须要有有效有力的报道机制进行保障。媒体可以根据自身的特性和优势，建立一整套针对突发事件的报道机制，如人员力量充足的媒体单位可建立一支常设的突发事件报道部或突发事件报道小组，负责各种突发事件的报道；人员少的媒体单位可在现有的特稿部、新闻热线部或其他部门中定向挑选一些精兵强将作为重大突发事件报道组成员，这些人员平时在部门里兼顾日常报道和突发事件报道，一旦重大突发事件发生，即由这些人员迅速组建报道组。同时，媒体还应建立分管台长、社长、总编直接领导下的，由采编人员、技术保障人员、后勤联络人员等各方力量组成的专门机构，启动绿色通道机制，保障对事件做出快速反应。

(二)利用“议程设置”和“沉默的螺旋”，进行主动引导

“议程设置”理论的基本内容是：大众媒介可以通过注意某些问题、忽略另一些问题来影响公众舆论；人们将倾向于注意大众媒介所关注的那些问题，并按照大众媒介对各种问题的重视程度、报道顺序来确定自己对这些问题的关注程度和顺序。“沉默的螺旋”理论的基本内容是：当一种观点得到媒介持续不断的宣扬，占据支配性、主导性的地位时，持不同看法者便陷入了沉默，于是占支配地位的或日益得到支持的意见就会更得势，看到这些趋势并相应地改变自己观点的个人就越多，这样一方表述而另一方沉默的倾向便开始了一个螺旋过程，这个过程不断把一种意见确立为主要意见。这两种理论其实都说明了大众媒介所具有的强大力量：媒介不仅能传播信息，而且在这当中引导和控制了舆论。

我们反对利用上述理论来实现对人们正确意见的忽视和压制，但是我们也不放弃合理运用上述理论来实现正确和必要的目标。对于突发事件报道来说，媒体完全可以主动启用上述两种理论，在突发事件报道中设置一级、二级、三级等各级议程，将社会舆论导引到有利于突发事件解决、人民根本利益、国家长治久安的方面来。

（三）讲究引导艺术，贴近生活实际进行引导

面向民众进行的新闻宣传和舆论引导，只有民众真正了解了，才算落到了实处。那么，如何让人民群众了解媒介宣传的信息并真正接受这些信息和舆论呢？

2008年6月20日，胡锦涛在人民日报社考察工作时强调，“必须坚持以人为本，增强新闻报道的亲和力、吸引力、感染力。坚持以人为本，是做好新闻宣传工作的根本要求。要坚持把实现好、维护好、发展好最广大人民的根本利益作为新闻宣传工作的出发点和落脚点，坚持贴近实际、贴近生活、贴近群众，把体现党的主张和反映人民心声统一起来，把坚持正确导向和通达社情民意统一起来，尊重人民主体地位，发挥人民首创精神，保证人民的知情权、参与权、表达权、监督权。要面向基层、服务群众、深入实际，多报道人民群众的工作生活，多反映人民群众的利益要求，多宣传人民群众中涌现的先进典型，激励全体人民信心百倍地创造美好生活”。2016年2月19日，习近平在新闻舆论工作座谈会上的讲话指出，“随着形势发展，党的新闻舆论工作必须创新理念、内容、体裁、形式、方法、手段、业态、体制、机制，增强针对性和实效性。要适应分众化、差异化传播趋势，加快构建舆论引导新格局。要推动融合发展，主动借助新媒体传播优势。要抓住时机、把握节奏、讲究策略，从时度效着力，体现时度效要求”。

可以看出，这些讲话都强调了舆论引导所必须坚持的原则：坚持以人为本，坚持“三贴近”。同时，讲话也提供了进行舆论引导的具体有效的方法：在报道思想和内容上，要从人民群众的实际出发，反映人民群众的工作生活、利益需求等，为人民服务；在报道形式和语态上，要适应媒体特性，要讲究引导艺术，贴近人民群众的认知特点，采取他们喜闻乐见的形式。实践也证明，那种板着面孔的宣教式、灌输式、工作式、脱离人民群众生活的单调枯燥的舆论引导是起不到真正作用的。

（四）注重第一印象和连贯激励，形成持续引导

心理学研究表明，对于有一定认知能力的人来说，鲜明独特的第一印象给他的记忆往往是深刻的。第一印象不仅很难改变和消除，而且会给以

后的认知定下基调，通过这种基调和成见会深刻地影响个人以后的认知和理解活动。因此，对于突发事件报道的舆论引导工作，利用受众的第一印象，做好第一次报道，意义重大。当然，给予受众第一印象的起始讯息或许并不要求全面，但要求以清晰、分明的内容和结构吸引公众，以便及早在他们的认识过程中占据位置，促进接受者从部分向整体的思维推理。①

如汶川大地震的抗震救灾报道，媒体一开始就突出报道了灾区广大人民群众的勇敢坚强，各地参加援助的广大官兵和人们奋不顾身抢险救灾的英勇行为，突出报道了党和国家领导人情系灾区、全力指挥抗震救灾的感人事迹，这就给了国内外受众以鲜明的第一印象，形成了有效的舆论引导，并对此后的舆论方向起了定向作用。

给予受众正向强烈的第一印象之后，后继的持续报道仍应一以贯之，以确保整个舆论引导工作持续推进。因为，公众接受讯息性文本一般不是单一行为，而是带有连贯性的，甚至形成一定的接收习惯，以便通过连续的接收而减少对于自身环境不确定性的认识。提供充足、连贯的讯息，让公众以正确的思想认识事件。当然，连续出现的讯息前后衔接，既不能中断，更不能前后矛盾。②

（五）个体报道和整体宣传的辩证结合，进行一贯引导

唯物辩证法告诉我们，个体存在于整体之中，整体通过个体得以表现，因此对于突发事件报道的舆论引导，要注意个体报道和整体报道的和谐一致。参与其中的每一位采编人员都应有整体意识、大局意识、政治意识，力求使自己所做的每一篇报道客观、全面，以正确的舆论引导人，从而有效地促进突发事件的解决。

① 陈力丹.舆论学——舆论导向研究[M].北京：中国广播电视出版社，1999：182-183.

② 陈力丹.舆论学——舆论导向研究[M].北京：中国广播电视出版社，1999：180.

央视汶川地震直播的意义

2008年5月12日下午14:28分，中国四川省汶川县发生里氏8级地震，地震波及周边多个县、市及其他省份，灾情特别严重。15:20分，中国中央电视台综合频道和新闻频道中断了其他节目的播出，正式启动并机直播四川汶川地震，对地震灾情和全国军民抗震救灾的英勇行动进行了全天24小时不间断的名为“抗震救灾 众志成城”的大型新闻直播。与此同时，中央电视台其他频道也进行不间断的地震直播，或者在各类栏目中播出和地震相关的内容。截至5月24日晚，中央电视台抗震救灾报道直播节目总时长达1034小时。其中，综合频道和新闻频道分别直播218小时、260.5小时；中文、英语、法语、西班牙语国际频道分别直播178.5小时、125小时、106小时、103小时；经济频道直播36小时；科教、社会与法频道分别直播7小时。可以说，中央电视台抗震救灾报道创下了电视直播史的纪录。（以下中央电视台多简称“央视”）

一、央视汶川地震直播的性质

央视汶川地震直播是一次关于突发的特大自然灾害的大型直播。特大自然灾害首先是大量的负面信息，诸如出现大量的人员伤亡、群众缺衣少粮、房屋倒塌、山崩地裂、道路损毁等情况，这样就带来了诸多关乎新闻理念乃至国家安全、国家形象的问题，首先是要不要报道的问题，其次才是报道到什么程度，报道什么、不报道什么的问题，再次才是怎样报道，采取什么报道形式、新闻体裁、报道语态等问题。而对于突发的特大自然灾害，往往又会有考虑不周、处置不当、准备不足等因素，因而在报道中容易出现手忙脚乱、错误迭出的问题。

从以上方面来分析此次直播，可以说中央电视台反应迅速，应对正确，信息发布及时全面，完全掌握了舆论的主导权，不仅给各地政府和人民群众支援灾区的行动提供很好的指导，还大大提升了国家形象和民族形象。同时，在具体的新闻内容、报道形式、符号元素的采用、新闻体裁的搭配等方面也都有很好的表现。

二、央视汶川地震直播的特点和作用

(一)发布信息及时透明,掌握舆论主动权

突发的特大自然灾害，关乎数万人的生命安全，会对群众的心理产生重大深刻的影响，如果处置不当，会让谣言横行，社会不安。事实上，对于汶川地震，因为灾害程度特别严重，事件本身极为重大，社会各界对此极为关注，容易形成谣言横行的局面。

让我们来看几个关于谣言产生的公式。1947年，艾尔波特和波茨曼给出了一个决定谣言产生的公式：R=i×a。其中，R=谣言（rumor），i=重要度（important），a=模糊度（ambiguity）。1953年，克罗斯对此公式进行了修订，即R=i×a×c。其中，c=批判能力（critical ability）。我国学者胡钰对此则又提出了修正：R=a×a’×a”。其中，R=谣言（rumor），a=关注度（attention）， a’=模糊度（ambiguity），a”=反常度（abnormality）。[①]

由此可以看出，首先，上述几个公式毫不例外地揭示了事件的模糊度和谣言产生之间的正比例关系；其次，三个公式中重要度和关注度的概念其实可视为一体——胡钰公式中的关注度其实和重要度密不可分，因为事件的重要度越大，其被关注度也越高，谣言也就越容易产生；再次，胡钰的公式说明事件的反常度也和谣言的产生成正比例关系；最后，克罗斯的公式说明人们的批判能力和谣言的产生有关——当然，克罗斯对批判能力这一因素的表述仍不尽明晰，其实批判能力包含着批评和赞同。对于一个事件，人们对于主流渠道的信息越是持怀疑和批评的态度，则越容易造成谣言的产生，反之，假如人们对于主流渠道的信息持赞同的态度，则会降低谣言产生的危险。

综合起来，可以说明，谣言的易发程度、流行程度与突发事件的重大程度、人们对此事件的关注程度、事件的模糊程度、事件的反常程度、人们的批评态度几个因素成正比关系。而汶川地震这一突发性的重大自然灾害无疑反常度、重要度都极高，人们对其有强烈的关注度，而由于地震造成的交通、通讯中断则容易使事件信息的模糊度升高，加之人员的巨大伤亡等要素则容易使人情绪激动，种种因素都使得汶川地震极易引发谣言横行。

那么对于汶川地震，如何不让谣言横行呢？从上述公式可以看出，只有对重要度、关注度、反常度、模糊度、批判能力几个因素加以控制，才能有效控制谣言的产生。而作为一个已经发生的客观事实，汶川地震的反常度和重要度是无法改变的，其伤亡和损失的惨重也决定了关注度是无法降低的，如此只能从模糊度和批判能力上加以控制。也就是说，有关部门和主流媒体越是及时全面公开地发布信息，人们的模糊度就越低，人们对媒体的批评就越少，赞同就越多，谣言也就越不易产生。

让人欣慰的是，央视对于汶川地震的反应是迅速有力的。在距汶川发生地震后不到1小时，央视综合频道与新闻频道正式启动并机直播，一方面派出记者赶赴灾区，另一方面利用各种可能得到的信息来进行报道，对于人员伤亡数字和其他各种信息全程发布，做到了信息透明公开。也正因为国家有关部门和央视等主流媒体对地震信息的及时发布，才最大程度地杜

① 胡钰.新闻与舆论[M].北京：中国广播电视出版社，2001：141-142.

绝了关于汶川地震的谣言，避免了不利的民间舆论，在全国形成了团结一致抗震救灾的局面。

央视汶川地震直播对于信息的及时全面发布，也使我们间接掌握了国际舆论的主动权，从而为抗震救灾赢得了有利的国际环境。通过这次汶川地震的报道，外国媒体都对党和政府的迅速救灾行为和中国军民团结一致、众志成城的壮举进行了肯定和赞扬。

因此，有人这样评论："这次央视的抗震救灾报道做得非常出色，高效及时而全面，完全起到了国内媒体'领头羊'的作用。更意味深长的是，还有些人习惯于在国内大事件发生的时候，去浏览境外媒体，从那里找到'更接近事实'的信息，而这次抗震救灾报道，则完全不用了。我也简单浏览了一些境外媒体，发现绝大部分都是转载内地的报道，而且都是正面积极的。"①

（二）内容及时全面深入，有效推动了救灾行动

这次大型直播的内容非常全面深入，可以说没有任何"盲区"：既有演播室里主持人对国家权威部门抗震救灾部署信息、发布伤亡数字、各地捐款捐物信息的播报或滚动字幕，也有演播室里专家对救援知识、卫生防疫知识、心理干预知识等抗震救灾需要的知识的深入介绍，更多的则是直接连线前方记者以及参与抗震救灾的部队官兵、地方干部群众、志愿者、受灾群众而得到的第一手来自现场的信息——可以说，关于抗震救灾的所有角度的信息，都呈现给了观众。

首先，央视的直播在第一时间传回了灾区的大体情况，最大限度地动员了全国人民投入抗震救灾中。大地震造成了灾区的道路毁坏、桥梁断毁、山体崩塌滑坡、河道堵塞，连日降雨又加重了灾情并形成了泥石流，能见度低又使得空中飞行困难。可以说，通往灾区的陆路、水路、空中交通全面受阻。同时，灾区房屋倒塌，大量人员伤亡，大量群众露宿街头或野外，没有粮食缺乏药品……这些信息需要最及时地报道出去，传达给更多的受众，收到最好的动员、组织抗震救灾的效果。只有电视直播能最好地实现这个目标。在众多媒体中，报纸受到出版发行的时间周期制约、广播传播符号相对单一、网络则因为实际占有率问题，效果都会减弱。实际上，作

① 薛宝海.四川地震报道显示中国媒体的进步[EB/OL].[2008-05-19].http://media.people.com.cn/.

为一种电视节目形态，电视直播不仅在时效性上达到了极致，更因为其最大的时效性、素材的原生态性、现场性、场信息的符号结构、过程的呈现等特点，能够给观众以最大的真实感和体验感，从而吸引大量的观众。而在我国的电视媒体中，唯有央视因其权威性和实力，能担当这样大型新闻现场直播的重任。事实也证明央视不负众望。

其次，央视的直播在第一时间传回了灾区的大体情况，不仅给党和国家的决策提供了依据，而且让有关部门能够迅速科学有效地安排人员和物资开展有针对性地抗震救灾工作，前方记者不断发回的最新报道更让有关部门的决策和部署能够根据情况及时予以调整。比如，这次地震的震中在汶川县，人们普遍认为汶川县应该是所有受灾地区中灾情最为严重的，而实际上，通过记者深入一线采访得到的信息，可以知道，北川县才是最大的受灾区，整个北川县城几乎夷为平地。又如，对于某些受灾的偏远山区，救灾队和记者徒步挺进，带去了大量急救药品，而到了那儿才发现由于饮水问题，灾民最缺的药品其实是肠道消化类药品。这些与预计不一样的信息，通过央视的直播迅速传到抗震救灾领导部门，同时也传遍全国，于是有关部门迅速调整救灾部署和策略，后方也赶紧组织相关药品的生产和运输，单位和个人的捐助也更有了针对性。

再次，央视的报道有力地推动和指导了前后方单位和群众的抗震救灾行动。一般人可能觉得抗震救灾就是救人、抢险，就是将遇险群众从废墟里挖出来、从被困的地区带出来，就是清洗包扎伤口、做手术，就是打通道路、修复通讯设施、排除各种险情……总之，抗震救灾就是针对这些看得见的人员伤害和硬件设施损毁进行抢救、修复。然而，通过央视的直播专家的介绍，人们知道要科学地救援，避免次生灾害和二次伤害，还要注意卫生防疫，还有开展心理干预等。所有这些都直接推动了这次抗震救灾行动科学有序地开展。

（三）展现美好，鼓舞民心士气，提升国家形象和民族形象

作为突发的特大自然灾害，汶川地震在报道中呈现的首先是大量的负面信息，但是我们得化负面为正面，努力从灾害所造成的伤亡险情等负面信息中，去发现、去报道人在自然灾害面前所表现的伟大精神力量等一切美好的、正面的、积极的东西，从而鼓舞人们战胜自然灾害的信心，动员

全国人民团结一致进行抗震救灾。如果一味地停留在悲伤之中，停留在对灾情的恐惧之中，那不仅于事无补，而且会使人们意志消沉，贻误抗震救灾的时机，造成本来可以避免的新灾情的产生。因此，对于负面的灾难性事件的报道，我们在不隐讳灾情之后，更要“帮忙不添乱”，更要加强建设性的、鼓劲性的报道。

央视汶川地震直播完全符合上面的要求，直播中处处闪现着中华民族坚强不屈、百折不挠、团结一致、战胜灾害的伟大精神之美，从而鼓舞了全国军民抗震救灾的信心，体现了中华民族的凝聚力，提升了我们的国家形象和民族形象。很多境外媒体称汶川地震让世界重新认识了中国和中华民族，让世界明白了中华民族伟大、顽强的原因。

首先，央视汶川地震直播对美的展现，体现在新闻报道自身的真实之美。美不是抽象的，它往往和真、善联袂而生。新闻的美首先取决于对事实报道的真。汶川地震的直播，最震撼人心的便是我们的新闻报道能直面现实，展现灾民在灾难面前的坚强，他们积极地自救互救，不抱怨、不抛弃、不放弃。

其次，直播中各类新闻表现对象的人格之美深深感染和鼓舞了观众，起到了凝聚民心士气和提升国家形象的作用。一个个抗震救灾的官兵将生死置之度外，一个个谭千秋式的老师用自己的血肉之躯护住了学生的生命，一个个灾区的干部、教师、医生、民警为了坚守岗位和职责而舍小家保大家，一个个灾区的群众在灾难降临时首先想到抢救他人而没有及时抢救自己的亲人……所有这些，让人们看到了普通人身上的崇高之美，激励了民心士气。而在直播报道中，胡锦涛、温家宝等党和国家领导人冒险深入灾区、连续多日指挥抗震救灾的爱民亲民之美，不仅鼓舞了全国民众，更让某些持有偏见的西方媒体也发出了赞叹。

在汶川地震直播中，普通人的善良之美更俯拾皆是，如自己手部受伤却把废墟中救出的幼儿赵一民送到医院治疗的无名妇女、自己受灾较轻而把自家的蔬菜粮食送给受灾更重的灾民的无名农民、自费前往灾区帮助抗震救灾的无数志愿者、掏出仅有的105元钱捐款的南京乞丐老人徐超，还有无数义务献血的普通人……这种善良是我们民族凝聚力的基石。

再次，央视汶川地震直播表现的广大新闻工作者的情感之美和敬业奉献之美，对于增强民族凝聚力、鼓舞民心也具有重要作用。汶川地震报道，对于所有参与其中的新闻工作者来说，无疑都是难度最大、最危险的工作。珠峰、南极、北极科考报道等，虽然条件也非常艰苦，也可能会有生命危险，但这些都是事先预知的。汶川地震采访报道却是一切未知，地震灾区不知何时就会发生余震，交通和通讯状况不确定，而余震可能随时导致断水断电断粮，而且补给困难……更大的困难在于，要面对大量的人员伤亡，要在同胞的苦难中坚强工作，心灵要承受巨大的考验。令人欣喜的是，央视地震直播中参与报道的新闻工作者都出色地完成了工作任务。无论是央视的记者，还是地方媒体的记者，都义无反顾地深入灾区，发回了一个个重要的报道。在演播室里，主持人们也轮番上阵，他们敬业的精神同样感动了亿万观众。他们也是普通人，他们在播报中看到那些感天动地的画面，同样难以控制自己的情感，流泪、哽咽、眼睛发红。[①]这些都让观众体会到了全国上下万众一心的真挚感情。

(四)不同内容的配合,形成张弛有致的内容节奏

央视汶川直播没有内容盲区，但是各种各样的内容得按照一定的顺序播出，所有角度的信息都需要有机的整合，这既是由电视传播的线性传播特点所决定的，也是基于观众收视心理的考虑，同时也取决于素材自身特点。

首先，央视汶川地震直播注意将不同情绪基调的内容搭配组接起来，在鼓舞人心这一总体报道基调的基础上营造了张弛有致的内容节奏。如解放军官兵在灾区某地抢险救灾的紧张场景与另一处某年轻战士亲切地喂受伤女孩吃粥的温馨宁静画面的组接，紧张的现场救援与演播室里专家对抗震救灾相关科学知识通俗易懂的介绍的组接，白天官兵和志愿者的紧张劳作与晚上灾民安心地在帐篷里休息场景的组接，看到亲人罹难的悲痛欲绝与从废墟中抢救出幸存者的全场欢呼的组接……紧张与安宁、悲伤与欢腾，不同情绪基调、不同内容氛围的组接，既让观众的情绪得到及时的调节，避免了因长时间保持紧张、悲伤这一种情绪状态而可能出现的失控，也让人们更加感动，更让人们得到鼓舞，鼓舞人们团结一心进行抗震救灾。

其次，直播注意将反映不同地点、不同身份的人士的抗震救灾行动有

① 难忘！抗震救灾直播中泪洒荧屏的十大主播图[EB/OL].(2008-05-26).http://news.ifeng.com/society/2/detail.2005-05/26/926801/_2.sthml.

机地组接起来。这当然是报道的全面性所必不可少的，而从观众接受心理来说，更是避免了内容和情绪的单一，使观众的收视兴趣得以长久保持。解放军官兵冒着生命危险，徒步挺进灾区、穿越丛林，不眠不休地连续抢险，感天动地，是一种壮美。灾区各界人士置自己亲人于不顾，首先抢救他人、坚守岗位，也是一种壮美。这些壮美令人情绪激越。而无数普通人的事迹所透出的人性之美也会让人心受到深刻而长久的震动。回乡寻亲的群众在路上投入到救援队伍中去，出租车司机义务运送灾区群众和伤员，未受灾的群众自发给灾民安置点送来衣物食品，农民、工人、学生、个体户等从祖国的四面八方赶到灾区做志愿者……这是一种优美。

再次，直播还注意给不同的内容配上不同风格的音乐元素，使各种内容之间张弛有致、风格各异而又有机统一。如展现灾区断壁残垣时悲伤低沉的音乐和报道全国各地捐款献血援助灾区时温馨轻柔的音乐的配合。

（五）多种符号素材、报道形式、新闻体裁的配合

汶川地震造成了通往灾区的交通、通讯断绝，后来经过抢修但仍存在各种困难，这给新闻报道、给央视汶川地震直播带来了素材收集上的困难——这一困难对于新闻直播来说是致命的，因为“巧妇难为无米之炊”。但是，央视仍然利用可以得到的各种素材，做出了一道新闻大餐，做到了报道的及时全面。

央视汶川地震直播大量采用连线前方记者及其他各类人士的现场报道形式，最大限度地给观众以真实感，让观众感同身受。没有来自一线的现场影像素材时，就用演播室主持人和前方记者、抗震救灾人员的电话连线来进行报道，将前方人员的声音和演播室主持人的画面相并置。和前方人员联系不上时，就展现演播室里专家和主持人的对话，深入介绍和阐述抗震救灾的知识。在直播的后期，出现不少新闻特写，或较为全面地展现抗震救灾的某个人、某个团队，或细致刻画某个感人的场景和瞬间，或综合反映某种感人的现象和精神。还有一些背景分析和新闻故事，讲述新闻背后的新闻或内容。

字幕新闻和口播新闻也比较常见，或是播发国家领导部门有关抗震救灾的纲领性文件，或是发布重要的统计数字，或是综合报道国外媒体、政府领导人、友好团体和友好人士对于灾区慰问和抗震救灾的肯定。关于抗

震救灾的实力部署、物资需求、伤亡数字、被救数字、获救信息等各种动态信息的实时滚动字幕更是贯穿直播的始终。

电脑模拟图、航拍灾区概貌以及主持人手拿的小块地图板也不时出现在直播中，丰富了提供的信息。民间DV影像也出现在直播中，如5月16日上午的直播中播出了在四川青城山旅游的一位秘鲁游客用DV拍到的5月12日地震发生时的惊魂一刻。

汶川地震是一场特大自然灾害，全世界都加以关注，广大外国友好人士不仅吊唁中国地震遇难者，还积极援助中国的抗震救灾。此时此刻，中国政府、领导人和广大民众的表现更是成为世界媒体密切关注的对象。因此，作为国家主流媒体，央视的汶川地震直播将对中国的国家形象和民族形象具有重要影响。事实证明，央视汶川地震直播在报道内容、报道方式等方面，都为提升国家形象和民族形象发挥了重要作用。

结　语

本文对央视汶川地震直播这一大型新闻直播中体现的特点、取得的成绩和发挥的作用进行了归纳，这些可以看作主流媒体在类似的各类负面的突发性事件的报道——包括食品安全、公共卫生事件、重大自然灾害、重大事故等报道中——应该遵循的要求和应该达到的目标。只有主流媒体在各类负面事件的报道中做到及时、透明、公开、全面，才会掌握舆论主动，谣言才会无法存身；只有主流媒体在各类负面事件的报道中展现了正面的、积极的、建设性的“美”的信息，才能有利于给有关部门提供信息参考，才能增强民族凝聚力和提升国家形象，从而化不利为有利；只有主流媒体在各类负面事件中遵循新闻传播自身的规律，发挥主动性，才能使报道更充分地发挥作用，增强实效。

当然，此次央视汶川地震直播的成功和广大新闻工作者的专业精神和优秀素质是分不开的。如果没有前方记者克服各种困难深入灾区，甚至冒着不断发生余震的危险，徒步进入震区，如果前方记者不能贴近群众、贴近实际、贴近生活，不能和灾区人民心连心、同甘苦，就不可能有直播中一个又一个感天动地的新闻报道。此外，如果没有前后方新闻工作者的默契配合，没有后勤和技术的有力保障，直播也不可能获得成功。

央视汶川地震直播的成功更是和新闻观念的进步分不开。如果没有我国新闻传播大环境的进步，没有媒体、广大新闻工作者新闻观念的进步，可能就不会有这次特大地震伤亡这种负面信息的及时全面地发布——在过去，对于此类事件，我们的媒体往往是压而不报或后报，或发内参，或者虽然报道但总是遮遮掩掩、不够全面透明。同样，没有新闻观念的进步，民间影像的采用可能不会成为现实，而在央视汶川地震直播中流泪、哽咽地几位主持人也就可能面临处分——实际上，这次直播中几位主持人的正当的情感流露得到了媒体自身的肯定和赞许。所有这些都在说明传播自有其意义与使命，而为了达成这意义与使命，需要不断地前进与努力。

重大主题宣传型纪录片的发展

如果说对于突发事件的舆论引导是一种问题出现后的应对方式，那么主动出击，在“有意义”的事件、活动、日子到来之前就充分酝酿周密策划而推出的信息传播活动，则更是媒体工作的常态。在各种各样主动策划推出的信息传播活动中，重大主题宣传型纪录片的传播作用尤其值得注意。

一、重大主题宣传型纪录片的界定

纵观我国引起重大反响的纪录片（包括电视纪录片和纪录电影），我们会发现一个值得注意的现象，那就是其中有很多纪录片都有着主题和题材的共性——重大。一类如《辉煌中国》等为迎接党的十九大（2017年国庆前夕热播）而摄制，《辉煌六十年》《长安街》《百花》等为庆祝新中国成立60周年而摄制，《变革与辉煌》《30年30人》《岁月如歌》等为纪念改革开放30周年摄制，《抗战》《儿女英雄传》《伫马太行》《东方主战场》等为纪念抗日战争暨世界反法西斯战争胜利60周年和70周年摄制，《长征》《中国工农红军》《永远的红军》《苦难辉煌》《震撼世界的长征》《延安延安》等为纪念红军长征胜利70周年和80周年创作，又如2002年为纪念建军75周年创作的《我们的队伍向太阳》，2003年为纪念毛泽东同志“向雷锋同志学习”题词发表40周年创作的《世纪雷锋》，还有为纪念香港、澳门回归10周年和20周年摄制的《香港十年》《澳门十年》《紫荆花开》等等，它们确乎有个共性——都是为重大纪念性日子而摄制。再如《毛泽东》《走近毛泽东》《雄才伟略》，《邓小平》《永远的小平》《邓小平军事生涯》《小平您好》《丰碑》《百年小平》，《周恩来》《周恩来外交风云》等为纪念伟人而摄制，其中又多是在伟人的诞辰和逝世日的某某周年推出。另一类如《雪战》《震撼》《为了生命》《铭记》等是对我国人民抗击2008年特大雪灾、汶川特大地震的事实进行记录与讴歌，这属于对重大突发事件的报道与宣传。还有《复兴之路》《森林之歌》《水问》《国情备忘录》等是对我国的国策、成就以及在某些方面存在的问题、经验教训等进行客观记录与展现。

在对上述各种主题深刻、题材重要，产生重大反响的纪录片考察的基础上，我们提出了重大主题宣传型纪录片的概念。那么如何界定这一概念？关于重大主题宣传，有如是论述：“重大主题宣传是指针对重大事件、重大成就、重大典型人物及重大突发事件，进行集中、全面的宣传报道。重大主题宣传往往对社会产生重大影响，具有很强的示范作用。围绕重大主题，新闻网站必然展开宣传战役，在一定的时间跨度内，运用各种新闻题材及背景材料，展示重大主题前因后果、来龙去脉，力求从不同的角度、不同侧面，多层次、立体式的报道。”[①]虽然该段文字主要关涉新闻网站进行重大主题宣传的方法，但其关于“重大主题宣传”的表述对本文关于“重大主题宣传型纪录片”的界定很有借鉴意义。而关于纪录片在重大纪念性日子的集中出现，有文曰“不知从什么时候起，每临重大纪念性日子，且与当时国策宣传相吻合，作为主流媒体的各级电视台就会推出一批电视政论片作主题性宣传。于是，日子将临之前，称之为政论片、文献片、纪录片、献礼片、电视片的各类形象化政论的电视专题节目，以系列片阵势在各级电视台相继涌现”[②]。

在对上述两段论述进行辨析，且充分考察纪录片实际状况后，我们可

① 严宏.新闻网站重大主题宣传方法论[J].城市党报研究，2009(1)：20.

② 郭五一.政论片的品质[J].当代电视，2009(3)：14.

以认为，重大主题宣传型纪录片是指针对我国重大方针政策、重大成就、重大典型人物、重大事件等重要主题，进行集中全面地反映和宣传的纪录片。这类纪录片往往对社会产生重大影响，对整个社会的思想和实践具有导向作用和典型示范作用，而这类纪录片的推出往往和一些特定的时刻有关系，比如我国的重大纪念性日子、重大典型人物的诞辰纪念日、重大突发事件的发生纪念日等。

具体来说，与一般的纪录片相比，重大主题宣传型纪录片在题材和主旨方面的"重大"主要体现在如下方面：一是对涉及国家和社会发展的深层次的宏观问题、重要思想理论问题的纪录、反映、阐释，而这些方面必然内在地反映了我国的重大政策方针路线的推出及实践；二是对在纲领路线的指引下，我国重大建设成就，包括经济和社会发展各个领域所取得的巨大成就的纪录；三是对历史伟人、党和国家领导人、时代先锋等重大典型人物的报道和宣传；四是对重大事件的报道和宣传，而这里的重大事件可以是事先预知的重大事件，也可以是重大突发性事件。

当然，这四个方面往往是彼此相关、密不可分的。如为庆祝新中国成立60周年而摄制的大型纪录片《辉煌六十年》，它以全景式、大跨度、多领域的视角，全面反映了鸦片战争尤其是新中国成立以来，中国共产党领导中国革命、建设和改革的光辉历程、伟大成就和成功经验，充分展示了中国经济发展、政治稳定、文化繁荣、民族团结、社会进步和国际地位日益提升的大好形势，展示了中国人民蓬勃向上、开拓进取的精神风貌。在纪录片中，对重大理论纲领、对党的方针政策等理念内涵的表达，就必然要通过具体的建设成就来体现，也必然要涉及伟人的决策，涉及我国革命历史和建设时期的重大事件。又如以重大成就为主题和题材的纪录片《大三峡》，它围绕着作为我国重大建设工程代表的三峡工程而全面展开，而片中必然涉及党和国家的决策历程，涉及到重大理论问题。而以重大典型人物为主题的《毛泽东》《邓小平》等纪录片，则必然要把人放在重大历史事件、放在重大思想路线的形成和实践过程中来展现。即便是对重大突发事件的报道，如《震撼》以我国2008年汶川特大地震爆发后广大军民抗震救灾的感人事迹为主要内容，其中也必然要涉及党和国家的决策，透过这些也能够反映出深刻的思想理论问题。

从编导的主观倾向来看，在重大主题宣传型纪录片中，创作者的主观倾向和宣传意图往往比较直接和明显。从作品的主要功能来看，它主要是传播党和国家的方针政策，对社会进行舆论引导，对受众进行深刻的思想教育，在全国全社会形成关于重大主题的统一认识。

在选题的来源方面，重大主题宣传型纪录片一般是命题作文、规定动作，是表现主旋律和主流的纪录片，是相关宣传制作机构、电视媒体投入大量人力、物力乃至作为重大政治性任务来完成的。

在时间方面，重大主题宣传型纪录片更具有鲜明的时间要求和时间限定性，不仅和重大纪念日等重要时刻密切相关，而且其中的电视纪录片往往和电视消息、电视新闻专题配合，以期对一定时期的重大理论和思想主题、对新闻事件和先进人物所体现的精神力量等宣传形成“新闻、专题、大片”三足鼎立的局面。①

简而言之，重大主题宣传型纪录片具有主题的重大性、功能的宣传性、推出时间的节点性、制作机构的权威性、投入成本的巨大性等鲜明特征。

在对概念的内涵作了界定后，我们有必要再对这一概念的外延进行辨析。如前文所述，目前很多重大主题宣传型纪录片被制作和播放机构冠名为：大型电视片、文献片、专题片、政论片、献礼片等。这些名词其实是从内容、风格、选题来源、表现手法等不同的角度来命名这些纪录片的。本文认为，首先，“重大主题宣传型纪录片”这一概念所指称的纪录片类别不是从题材和内容角度进行分类而得来，即重大主题宣传型纪录片的题材和内容可以是自然科技类，也可以是社会人文类，只要其中的主旨、要传达的理念非常深刻，是一定时期党和国家战略方针的重要内容即可。其次，这一概念也不是从纪录片的规模和容量进行分类而来，其篇幅可以大也可以小。再次，这一概念不是从纪录片的风格进行分类而来，其风格可以是政论性、纪实性、写意性等。最后，这一概念也不是从纪录片的表现手法进行分类而来，重大主题宣传型纪录片可以以文献为主，也可以是以现场采访、调查为主，还可以是以讲述为主等。

二、重大主题宣传型纪录片的发展历程

根据前文对重大主题宣传型纪录片的界定，我们可以将我国重大主题

① 黄国柱.抢占“话语”制高点 提高舆论引导力[J].中国记者,2009(3):32.

宣传型纪录片的发展划分出三个阶段。

（一）政治化主导阶段（1958—1977）

1958年10月1日，我国第一家电视台——北京电视台（中央电视台前身）摄制并于当晚播出第一部记录重大庆典活动的电视纪录片《首都人民庆祝建国9周年》。此后在“大炼钢铁”“工业学大庆，农业学大寨”的“跃进”形势和政策下，又有了1960年的《为钢而战》，以及《大庆铁人》等。1973年5月8日，北京电视台播出第一条彩色电视纪录片《欢庆“五一”》，此后重大活动都会有彩色片拍摄。这些纪录片分别以重大节日庆典、国家重大发展战略和政策、重大典型人物为主题和题材，具有鲜明的政治性，在推出时间上则体现了新闻纪录片的特征。

这一时期，我国的纪录片很少，首先在于新中国刚刚成立，百废待兴，中央电视台的前身——北京电视台1958年5月1日才开始进行实验性广播。其次在于纪录电影和电视纪录片的拍摄都需要大量的物力和人力，需要一定的传播理念作为内在指导，而“文革”十年则从多方面阻碍了纪录片的发展。

有学者在划分我国电视纪录片发展阶段时认为，这一时期是“一个特殊的阶段，从某种意义上来说，中国的电视纪录片并没有走上正轨。在那段时期，它在观念上依附于政治，在形态上则依附于其他的电视节目。由于受社会政治因素的影响，这一时期的中国电视纪录片几乎都染上了政治化色彩。事实上，不仅是电视纪录片，此一时期的纪录电影同样如此，重大主题宣传型纪录片既是对重大的理念、政策、事件、活动、先进典型人物的宣传报道，自然也以浓重的政治化色彩呈现出来。

（二）政论性主导、纪实性与人文性兼收阶段（1978—2001）

1978年5月1日，北京电视台正式改名为中央电视台。1978年底，十一届三中全会召开，“解放思想、实事求是”成为新的主流观念。我国电视事业开始迎来新的春天，纪录片的制作与播放有了众多而稳定的阵地。

这一时期，首先引起强烈反响的两部重大主题宣传型纪录片就是政论片。1985年，政论性纪录片《迎接挑战》和《人民必胜——第二次世界大战欧洲战场纪实》，在中国抗日战争暨世界反法西斯战争胜利40周年期间播出，引起强烈反响，得到广泛好评。作品按历史唯物主义的观点，对一系列的重大事件和问题都有生动、深刻、充分而准确的表现和论述。①其他诸如1986年播出的纪念长征胜利50周年的《长征·生命的歌》、1987年向建军60周年献礼的《让历史告诉未来》、1997年纪念香港回归推出的《香港沧桑》等，总体上来说仍是风格和品质上的政论片，是表现手法上的文献片。

不过，随着《话说运河》《沙与海》《望长城》等人文类纪录片不断地把新的纪实手法和观念带入纪录片的创作中，纪实的理念与手法也深深地影响了重大主题宣传型纪录片的创作，对过程的重视、对同期声的大量使用，渐渐使得更多的重大主题宣传型纪录片具有了让人亲近的特质，纪实性与人文性开始进入这类纪录片。

当然，此时期不少重大主题宣传型纪录片，如几部反映重大历史题材的纪录片，在后来的很多人看来，还是有着一些问题。纪录片人陈真也认为，以往很多历史题材的纪录片，对一些大的历史时代和事件，都是采取一种比较宏观的、主流的视角来做。所谓宏观，就是站在一个很高的历史角度，然后从历史事件的起源、发生，到最后的走向，原原本本说出来。那么片中描述历史的人，包括编导本身就好像成为了历史的导演者，事实上，这影响了对历史的客观表达。所谓主流，就是编导者将着眼点和笔墨最重的地方放在该历史事件中可能会影响历史进程的一些重要人物上。②

确实，这一时期，我国的重大主题宣传型纪录片的创作者们，往往将目光盯着权威人士、官方意见、领导话语，几经打磨撰写出近乎完美的创作大纲，采用的是全知视角的认识事物的方式。这种创作方式所制造出的产品往往充斥着"上帝的声音"式的解说词，大段地引经据典，即使是形象化的政论，在受众看来往往也还是在说教、在灌输，很难亲近。

不过，这些纪录片里面还是有很多环节设计，体现了编导的匠心，具有很高的艺术性，他们尽可能地熔政论性与艺术性于一炉。如1997年1月1日播出的12集文献纪录片《邓小平》就感人至深，其中有很多或感人或引人深思的细节。其中最重要的细节是一条小道，因为在这一条小路上，邓小平思索了三年，中国后来的许多政策就是在条路上思考出来的。当然，

① 第一部影响广泛的政论性纪录片[M]// 中国广播电视协会纪录片委员会. 中国纪录片年鉴2006. 北京：中国广播电视出版社，2006：511.

② 展现一部真实而鲜活的历史——访陈真、田川[M]// 中国广播电视协会纪录片委员会. 中国纪录片年鉴2006. 北京：中国广播电视出版社，2006：359.

我们也看到，这一细节仍然和政论紧密结合。而后一时期的很多以邓小平为题的纪录片在细节上往往更有人情味，更加平民化、生活化。1998年邓小平逝世1周年之际播出的反映邓小平的纪录电影《丰碑》也有不少体现平民化、情感化传播理念的细节，如片中邓小平退休后同家人在一起的镜头，邓小平在读报，小孙子用小手挠他的脚，他本能地缩回腿，脸上充溢着笑容。

（三）人文性和艺术性突显、宣传性和政论性隐蔽阶段（2002— ）

以2002年作为两个阶段的分水岭，原因在于：首先，2002年1月11日胡锦涛在全国宣传部长会议上的讲话指出，要牢固树立党的群众观点，努力把马克思主义理论和社会主义思想道德观念的宣传教育与社会不同群体的特点和要求的多样性统一起来，与人民群众日常工作和生活的实践性统一起来，使宣传教育工作做到形式多样，生动活泼，使群众乐于接受，而且能够回答群众中存在的思想认识问题。其次，“口述”在纪录片中大量运用，并出现了“口述历史”体或“口述实录”体的纪录片。“上帝的声音”式的解说词越来越少，普通人、老百姓的声音开始成为重大主题宣传型纪录片的重要表现元素。这一时期，越往后期，故事化、细节化、情感化、诗意化、平民化的特征越来越多的在重大主题宣传型纪录片中彰显出来，这种人文性和艺术性的表现使得纪录片更具有贴近性和亲和力，传播效果更为显著。

在重大思想主题方面，2002年10月30日至11月7日，10集大型理论文献电视片《走进新时代》在央视一套黄金时间播出，该片是为迎接党的十六大而作。2007年10月5日至10日，十七大献礼片、6集电视政论片《复兴之路》在央视一套黄金时间播出。2008年底，纪念改革开放30周年的7集文献纪录片《伟大的历程》在央视一套黄金时间播放。2009年国庆前夕，庆祝新中国60华诞的9集大型文献纪录片《辉煌六十年》在央视一套黄金时间播映。这些纪录片都以时间为经、以事件为纬，从政治、经济、文化、外交等各个方面，全景式追溯党、国家、民族奋斗与探索的伟大历程，全面回顾了这一历程的辉煌成就，总结了经验、教训，大力宣传广大党员干部解放思想、实事求是、与时俱进、开拓创新的时代风采，鼓舞干部群众紧密团结，增强坚持党的基本理论、基本路线的自觉性和坚定性。应该说，它们从总体风格上来说还都是政论片，在表现手法上仍以文献为主。但是，比起前两个时期，政论、政策、理论、思想等的表达与宣传已经采取了“随风潜入夜，润物细无声”的浸入式策略。

2003年播出的纪录电影《走近毛泽东》是在毛泽东诞辰110周年摄制。它一改过去人物传记片编年体、功勋体的结构程式，简化了一些过去人们所共知的大场面、大事件，以毛泽东一生所经历的革命历史事件为背景，以平民化和生活化的视角，从“情”的角度展现毛泽东的人性、个性和革命意志。影片中的细节非常具有冲击力和强烈的艺术感染力。影片充分运用电影艺术手段，用讲故事的方式，充分运用音乐、音响效果再现伟人风采，表现伟人性格。①

2004年为邓小平诞辰100周年特别摄制播出的90分钟纪录电影《小平您好》，虽然也仍是文献纪录片，但是并没有走传记式架构、生平式介绍和人物性寻访的老路，而是浓缩生平重点写三起三落，突出个性重点写人生辉煌，抒发情怀重点写伟人个性。影片通过一个个细节把邓小平求真务实、质朴无华、乐观坚毅、敏锐智慧、豪爽果敢、爱憎分明的个性特色展示给观众，这样的表现方法使伟人的思想与观众的距离贴得很近。如影片中表现他务实本色的一个细节：“早在1980年，他就提出了一个在20年后已经普遍实现的设想。他说：城镇居民将来可以购买自己的房屋，新盖的房子可以一次性付款，也可以分期付款。他还说：新建的房子要有洗澡的设备……看到一些新建筑的房间用的还是老式挂锁，他会说，这不是告诉小偷，家里没有人吗?”②

而为纪念抗日战争暨世界反法西斯战争胜利60周年摄制播出的两部纪录片《抗战》和《儿女英雄传》不约而同地采用了“口述历史”体，让各种身份人士进行话语表达，尤其是普通人的口头讲述成为了纪录片的主要表现元素。《抗战》以反思战争、还原历史真相为宗旨，按照时间进程和内在的主题逻辑，通过战争亲历者口述历史，辅以最新发现和解密的大量文字、图像资料，重现了那一个个惊天地、泣鬼神的时刻，那些个人化的遭遇、情感浮现在救亡图存、金戈铁马的共同背景上，折射着战争中的人性

① 艾辛.《走近毛泽东》导演阐述[M]// 中国广播电视协会纪录片委员会.中国纪录片年鉴2006.北京：中国广播电视出版社，2006：141-142.

② 徐海婴.《小平您好》导演阐述[M]// 中国广播电视协会纪录片委员会.中国纪录片年鉴2006.北京：中国广播电视出版社，2006：140.

内涵，诉说着历史真相。[①]《儿女英雄传》则第一次将普通人作为历史人物，以寻找、访问抗日战争中那些鲜为人知又几近被遗忘的无名英雄为主要形式，以他们的非凡壮举为主要表现内容，展现了中华民族在大敌面前团结一致、共抗外侮的民族精神，生动地再现了60多年前的那段历史岁月。[②]

此外，为庆祝香港、澳门回归十周年，呈现两地回归后的发展变化的大型纪录片《香港十年》《澳门十年》先后于2007年、2009年两地回归纪念日到来前夕，在央视一套黄金时间和观众见面，它们以故事化、细节化、诗意化、平民化、情感化的表现打动人心。如《香港十年》就以香港一个个不同职业、年龄、经历的普通人的生活故事构成了整部片子的内容核心，展现了他们积极乐观、热爱生活、热爱祖国的情感情操。同样，在2017年香港回归20周年的纪录片《紫荆花开》也用香港各界人士的亲历故事和感悟来“接地气”“有人味”地表达主题。

三、重大主题宣传型纪录片的创新:经验与新变

应该指出，以往的重大主题宣传型纪录片往往是大型单部政论片或系列政论片、理论片，篇幅上鸿篇巨制，制作成本耗费巨资，在表现手法上以文献、重要人物的权威语言和带有鲜明意识形态、议论为主。

但在新媒体语境下，在群众自主自发性参与实践已经显示出巨大的力量、传播效果由受众说了算的情况下，如今的重大主题宣传性型纪录片不等于大型单部政论片或系列政论片，不等于篇幅上的鸿篇巨制，也不等于说是表现手法和内容品格上的政论片、理论片。

当前，新媒体已经显示出强大的生命力，一些新媒体已经成为主流媒体的一部分。受众收看视频节目的方式不再只有电视、电影两种途径，网络视频直播、点播，手机电视、手机视频等，已经成为很多受众，尤其是青少年受众、白领受众、中高学历受众、工作忙碌而无法在传统电视台播放时间收看节目的受众，观看节目的主要方式。同时，这些新媒体的视频

① 《抗战》资料[M]// 中国广播电视协会纪录片委员会.中国纪录片年鉴2006.北京:中国广播电视出版社,2006:63.

② 展现一部真实而鲜活的历史——访陈真、田川[M]// 中国广播电视协会纪录片委员会.中国纪录片年鉴2006.北京:中国广播电视出版社,2006:359.

节目，具有个性化、互动性、自由化的特征，更能满足受众的需求。因此，纪录片，尤其是重大主题宣传型纪录片，如果不在传播理念、表现手法等方面做出改变，不能够实现对受众的贴心贴近的传播，那么其影响力也将不能够和有关方面的期望相契合，甚至可能被淹没在众多视频节目中。

据此，我们认为，重大主题宣传型纪录片必须重视平民化、故事化、细节化的呈现，必须进行情感化、人文化、诗意化的兼具情感美和艺术美的传播。重大主题宣传型纪录片毫无疑问是“大片”，但这个“大”字主要是指思想上的深刻、意蕴上的丰富、传播效果上的强大。在今天和以后，为了完成各种重大主题的有效宣传，重大主题宣传型纪录片的主创者和有关部门的领导应该鼓励各种新的、符合传播理念的尝试。事实上，根据前文所述，我们也可以总结出一些有效的实践理论。

(一)群众参与、“口述历史”体和纪录片的贴近性

首先，重大主题宣传型纪录片的群众参与、群众表达已经成为一种广泛使用的方式和普遍认同的理念。当然，这种群众参与既可以是媒体仍占统治地位但引入更多群众、普通人话语表达的“口述”体，也可以是以“全民写史”的方式开展媒体给出主题、征集群众制作的纪录短片的集合。

当前，“口述”在纪录片中大量运用，并出现了“口述历史”体纪录片。关于“口述历史”的提出及其背景，王庆福给出了详细的分析：“口述历史”并不是一个新词汇，在史学界“口述历史”是指通过对历史见证人的讲述的记录，保留下一段历史最原始的资料。在电视中，中央电视台纪录片导演孙曾田在2001年厦门纪录片选题会上，在播放他的新片《点击黄河》时，提出了“口述历史”的概念。《点击黄河》所接触的是一个十分沉重的主题，孙曾田采用了亲历者讲述的方式。讲述者有县里的干部、有农民，他们亲眼目睹了黄河风沙的景象。通过不同人物、不同的视点展现同一时刻发生的事件面貌，就创造出一种身处事件现场的氛围，从而达到了类似文学描写中绘声绘色的效应。在中国纪录片发展中，“口述历史”纪录片的出现应该说是一种历史的必然。[①]

而从当前各种纪录片中的“口述”来看，口述的并不必定是历史，创

① 王庆福.口述历史:一种纪录片类型[M]// 中国广播电视协会纪录片委员会.中国纪录片年鉴 2006.北京:中国广播电视出版社,2006:248.

作者尽可以就现实问题、就重大宣传主题采访各类人群，从而大量运用人们对于相关问题的口述的同期声记录来构建纪录片的结构。

对于重大主题宣传型纪录片，其题材和内容或是立足当下的重大理论、路线、方针、政策，或是先进模范人物身上体现出来的具有民族共性、需要大力弘扬的先进道德和思想等，或是在重大历史事件的周年纪念、国家重要纪念日等特殊历史时间进行的重大宣传。这都必然需要采访权威部门、权威人士、专家学者、领导干部，但是既然是要在全社会形成思想道德和认识的一致，让普通百姓心悦诚服，就必须要让观众觉得好看，进而接受其思想，从入眼入耳再到入脑入心。为此，就应该具有平民视角、群众观点，将话语权给予普通群众，在纪录片中大量运用普通人对重大历史事件、重大主题、国家大政方针、先进思想的理解和看法的同期声“口述”。虽然他们的“口述”可能带有个人的倾向，可能很不成熟，也不一定深刻，但是这种原生态的“口述”具有两个方面的优长。其一，它构建了多重话语空间，这些多重话语的相互碰撞、印证产生了丰富的张力，形成了一个具有无穷意蕴的信息场。其二，它体现了以人为本的理念，体现了传播和人类发展的终极目的，诚如马克思所言，人类社会的发展最终就是要实现人的全面发展，而从传播学角度来看，是否具有话语权以及在具有话语权的情况下能否自如地行使自己的话语权——自然地表达，正是人的全面发展的重要方面。

这里以纪录片《百年小平》为例，分析“口述历史”体对于重大主题宣传型纪录片的意义。2004年8月在央视一套黄金时间播出的《百年小平》通过画面和采访的相加构筑起“口述历史”类纪录片的话语体系。片中的人物讲述随处可见流露出的深厚情感，平和的语气、低沉的话语有时看起来并不合语法，但其中蕴藏着深沉的力量。在这里，故事的讲述人就像一个久违了的朋友，面对面和你讲述亲身经历的一段往事。片中的105位讲述人承担着不同的职能，著名记者法拉奇的讲述完成历史框架的搭建，邓小平身边工作人员的讲述提供一位伟人日理万机的身影，而小平家人的讲述则把话语引向伟人的情感世界。从呈现历史的情境到穿透心灵世界，“口述历史”纪录片完成了一次艺术上的升华。①可以说，因为各种普通人的“口

① 王庆福.口述历史:一种纪录片类型[M]// 中国广播电视协会纪录片委员会.中国纪录片年鉴 2006.北京:中国广播电视出版社,2006:249-250.

述”，以及那些虽然不是普通人但是从基本的亲情、友情等生活化的、低姿态的角度进行的“口述”，构建了一个民间话语体系，让这部仍然具有大量文献资料元素的纪录片呈现了比传统文献纪录片更加感人的人性之美、人情之美，更贴近人心也更能打动人心。

(二)诗意、文艺的呈现与重大主题宣传的水乳交融

在近年来的重大主题宣传中，我们也看到了一些具有高收视率、强影响力，无论从艺术性还是思想性上都堪称名片、大片的纪录片，而它们在其策划、宣传、播出时并没有冠以纪录片之名，而是顶着“文化”“音乐”“文艺”等“艺术”名词。

如北京电视台2008年10月19日在BTV-2套播出的《岁月如歌》，刨去嘉宾的讲述，观众仿佛就是在欣赏一连串的流行歌曲，而其宣传语虽明言“献给改革开放30周年，用流行歌曲的形式表现改革开放30年的变化”，但是北京电视台却只称之为“大型音乐纪事节目”。而《人民日报》中一篇对《岁月如歌》的评论虽然也指出，音乐只是30年时代记录的切入点，30年社会变迁和百姓生活变化才是关照对象。观众通过30年“歌曲”的历史，看到30年“人”的历史，看到30年“国家”的历史……①但也仍然只是指称其为“音乐纪事节目”。

2009年8月，北京电视台为庆祝新中国成立60周年而摄制的献礼片《百花》播出后又广受观众和社会各界人士的好评，收视率屡创新高。该片对新中国60年里的优秀文艺作品、杰出艺术家和时代风潮进行了细致梳理，又一次以文艺的名义和形式巧妙地完成了重大主题宣传任务。同样，该片仍然只冠名为“大型文化纪事片”。

如果说这两部片子还只是反映了一个地方台的个别行为，那么中央电视台4套《中国文艺》栏目可能更具有说服力，该栏目为纪念新中国成立60周年特别策划了《十月·记忆》系列节目，在2009年9月14日至10月14日播出，系列节目每期以歌曲演唱、影视节目资料等文艺表演片段为主要内容，以嘉宾的讲述为串联线索，表现一个主题，反映新中国60年的巨大变化。如其中《乡村篇·农民之歌》一期，就以登上中央电视台2009年春

① 王琼.《岁月如歌》为什么打动人[M]//人民日报评论部.人民论坛2008年卷.北京:红旗出版社,2009:412-413.

节联欢晚会的农民歌手马广福为嘉宾，以马广福的讲述（经历变化）和解说词呈现新中国60年农村、农业、农民的变化，其中不断插入反映不同历史时期的“三农”面貌的文艺作品，有影视剧《暴风骤雨》《我们村里的年轻人》《五朵金花》《李双双》《篱笆·女人和狗》《刘老根》《乡村爱情》等的影视片断及其主题歌演唱，有1997年春晚的小品《柳暗花明》片段，也有农民歌手马广福、阿宝以及阎维文等人的“三农”歌曲演唱，等。这就让观众一直保持着欣赏文艺的放松愉悦的心情。

可以说，这三部电视片都没有明确冠以纪录片之名，但从其推出的原因、表现的重大主题，以及纪实语言为主的表现手法、深沉的人文关怀，我们可以说，它们实为艺术性和思想性俱佳的重大主题宣传型纪录片。当然，这些电视片与传统的重大主题宣传型纪录片的“外貌”确实差异很大——也许这也是它们没有直接冠名“纪录片”的原因之一。但是，我们认为，这样的表现正抓住了受众的心理，完成了用生动活泼的形式开展重大主题宣传的重大任务，而且甚至可以说，正是这些不像传统纪录片的纪录片才真正实现了重大主题的“有效”宣传。据此，我们认为，应该鼓励纪录片工作者的创新，鼓励多出这样的纪录片。

当然，我们赞誉这些直接、大量使用文艺节目资料来架构的纪录片，并不是说重大主题宣传型纪录片只有这样操作才能获得高收视率和强大影响力。其实，一些采取了传统纪录片形式——从现实生活中取材，用“挑”“等”“抢”的拍摄手法摄录素材的重大主题宣传型纪录片仍然可以尽力营造出丰富的诗意之美、艺术之美，将重大主题宣传包裹在赏心悦目的影音形式之内。如表现重大生态主题、体现构建和谐社会、传达科学发展观理念的两部纪录片《森林之歌》（2007年）和《水问》（2008年），都尽可能利用影音符号的造型、光线、色彩、影调、节奏、旋律，营造了丰富隽永的诗意之美。在《森林之歌》中以平等视角展示我国的森林版图，使观众如身临其境，切实感受到来自原生态自然的壮丽和优美，片中秦岭山地四季中植物的色彩变化，竹林中阳光透过缝隙洒下丝丝金色，高山草甸下云杉在层雾中摇曳，清晨热带雨林中的潮湿植被与林间慢慢醒来的小动物……①与此同时，也就隐含了对破坏环境、滥砍滥伐、猎杀动物等破坏人与自然和谐行为的批判与反思。

① 周军.绿色镜像：我国当代纪录片的生态书写[J].中国电视，2009(10)：47.

结　语

经历了60多年的发展历程，我国重大主题宣传型纪录片积累了宝贵的经验，也留下了单纯说教而效果不佳的历史教训。如今，在新的传播理念和传播语境下，只要尊重艺术和传播规律，勇于创新，更多更美的重大主题宣传型纪录片就会不断涌现，传播的意义与使命在这一进程中也将更好地得以实现。

大众传媒的科技传播与大学生科学素养提升

青年是国家和民族的未来，青年大学生群体作为青年中的精英，其素质和修养对于国家和民族的未来发展具有决定性意义。科学技术是第一生产力，掌握了科学技术，具备一定科学素养的青年大学生，是国家和社会所期望的。那么，我国大学生的科学素养如何？大众传媒的科技传播在大学生科学素养的形成和提升过程发挥着什么样的作用？本章采用准实验法搜集数据，拟具体而微地对此进行探究。

一、研究缘起

当今社会已经深受大众传媒的影响，大众传媒在科技传播方面的影响力也是显而易见的。“科学家在科学传播中的作用好比二传手，大众媒介才是扣球手。通过大众媒介的放大，传播效果才明显。”①

2010年11月，《第八次中国公民科学素养调查》结果显示，我国公民

① 张玲玲，袁佩芬.利用大众媒介提升大学生的科学素养[J].科技传播，2011(24)：14-15.

科学素养水平（3.27%）相当于日本（1991年为3%）、加拿大（1989年为4%）和欧盟（1992年为5%）等主要发达国家和地区在20世纪80年代末的水平。[①]同时，该调查对于公民获取科技信息的渠道做了揭示，电视和报纸等传统媒体仍是公民获取科技信息的主要渠道，图1是笔者根据《第八次中国公民科学素养调查》结果绘制。

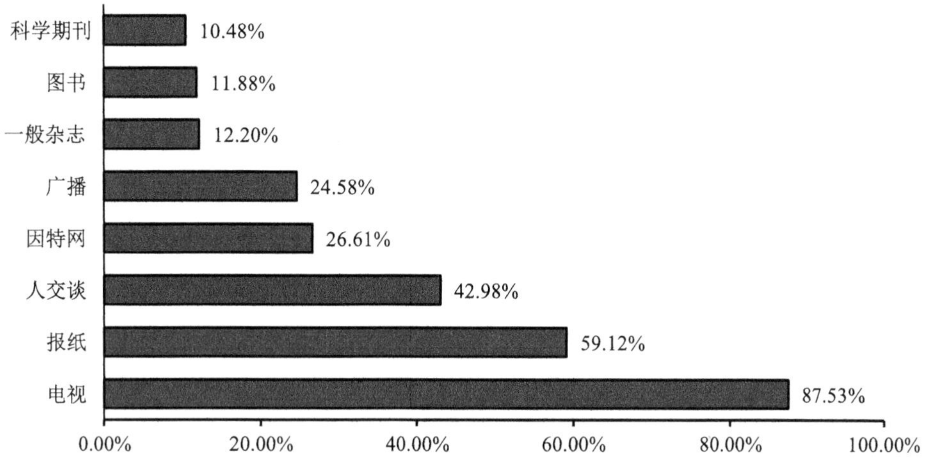

图1　公民获取科技信息的渠道

该调查还揭示了不同文化程度的公民具备基本科学素养的比例，从图2中可以看出，文化程度似乎与具备基本科学素养的比例呈正相关关系。将这3个研究结论结合起来分析，可以看出：我国公民的基本科学素养仍然很低，大众传媒仍然是公民获取科技信息的主要渠道，同时文化程度越高的公民中具备基本科学素养的比例越高。那么，作为文化程度高的公民的重要一部分，作为国家建设的后备军和未来中坚力量的大学生，他们的科学素养如何？他们对我国科技传播的评价如何？大众传媒对他们的基本科学素养的影响如何？两年过去了，新媒体在影响大学生的科学素养方面是否具备更多的影响？

可以说，从大众传媒的科技传播与大学生的科学素养的互动关系角度，也许能够管窥科技传播的重要问题，更有建设性意义。

① 中国人基本科学素养调查：仅有3.27%国人具备[EB/OL].[2018-10-13].http://www.casad.ac.cn/kxqk/kexuezazhi/2018/1013/11525-html.

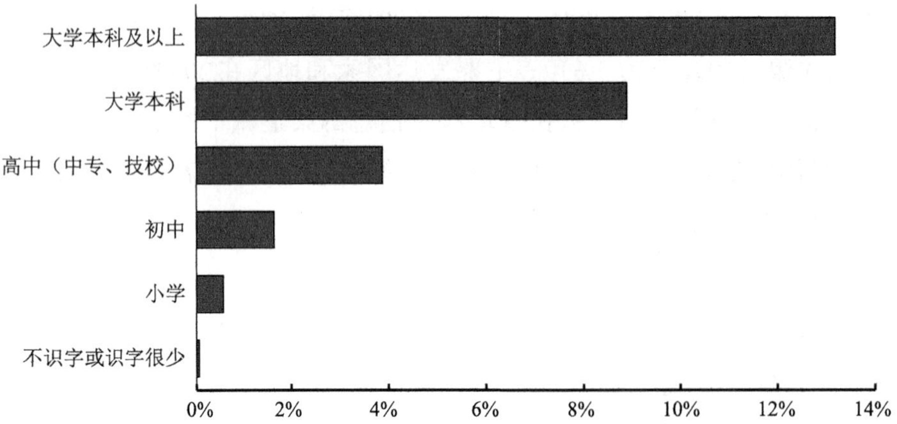

图2　不同文化程度公民具备基本科学素养的比例①

二、研究设计

国际上普遍将科学素养（Scientific Literacy）概括为三个组成部分，即对于科学知识达到基本的了解程度；对科学的研究过程和方法达到基本的了解程度；对于科学技术对社会和个人所产生的影响达到基本的了解程度。目前各国在测度本国公众科学素养时普遍采用这个标准。只有在上述三个方面都达到要求者才算具备基本科学素养的公众。

1992年以来，中国科协在参照国际通用调查题项的同时，结合具体国情，在大陆地区对18—69周岁的公众展开调查，形成了8次公民科学素质调查数据。从三个方面测度中国公民的科学素养水平：公民了解必要的科学知识、掌握基本的科学方法、崇尚科学精神的程度。一个被调查者只有同时通过以上三个方面的测度，才被认定为具备基本的科学素养。②

我国科学家竺可桢将科学精神与中国的“求是”传统联系起来，认为科学家应该恪守的科学精神是：“（1）不盲从，不附和，一切以理智为依归。如遇横逆之境遇，则不屈不挠，不畏强御，只问是非，不计利害。（2）虚怀若谷，不武断，不蛮横。（3）专心一致，实事求是，不作无病之呻吟，严谨整饬，毫不苟且。”路甬祥将其概括为理性求知精神、实证求真精神、

① 中国科普研究所.第八次中国公民科学素养调查主要结果[EB/OL].[2010-11-25].http//www.crsp.org.cn/a/newsbackup/ORK2H014.html.

② 中国人基本科学素养调查:仅有3.27%国人具备[EB/OL].[2018-10-13].http://www.casad.ac.cn/kxqk/kexu ezazhi/2018/1013/11525-html.

质疑批判精神、开拓创新精神四种。[①]

这里对大众传媒的科技传播与大学生科学素养提升问题的考察，参考了国际上和我国关于科学素养的研究成果，除了了解大学生的科学素养之外，更是为了具体而微地了解大学生对于不同大众传媒的科技传播的意见和建议，了解不同大众传媒的科技传播对于大学生的传播效果的差异，因此采用了不同媒体间横向比较分析和控制实验的方法。

具体来说，就是从在科技传播方面具有代表性的报纸媒体、电视媒体、网络媒体中，选择《科技日报》、中央电视台十套科教频道、中国科技网，再从这几个媒体选择了不同的科技报道（节目）制作成实验材料进行控制实验——先让所有被试在不受任何干预的条件下自行填写问卷，问卷填写好后收回；然后发放实验材料和播放有关节目视频，让所有被试阅读科技报道和观看科技节目，再发放新的问卷让被试填写，填写后收回。通过这一方法，以测试不同媒体的科技报道对于被试的影响，测试传播效果，考察相关问题。

实验材料分别是《科技日报》的一则关于东阿阿胶的报道、中央电视台科教频道《原来如此》栏目关于近视眼与老花眼关系认知的一期节目、中国科技网关于"自来水中含有避孕药"的辟谣性报道。在考察科技传播的效果并检验大学生科学素养时，还另外选择了深圳卫视关于孕妇防辐射服的一则电视新闻。

在被试者的选择上，本研究选择了笔者任教的大二班级学生共49名——安徽师范大学皖江学院新闻系广播电视新闻专业2010级本科生（前测问卷49份，有一名学生的后测问卷无效，后测问卷48份）。进行实验的时间是2012年5月中旬。选择大二的学生，是因为他们对在学校的生活已经具有了一定的体会，并且在校时间比较多，而大一学生对大学生活还没有全面熟悉，大三大四学生忙于课外实践而较少在校。选择广播电视新闻专业的学生，是因为他们对不同媒介的特性有一定的认知，能够以一定的专业眼光来客观看待各媒介。当然，由于研究条件所限，实验人数较少，没有设置对照组，这可能会引起人们对研究科学性的质疑。但是，尽管有盲人摸象之弊，应该还是能摸到一定的真理。

① 路甬祥.科学精神是具有显著时代特征的先进文化[EB/OL].[2010-07-19].http://theory.people.com.cn/GB/12176333.html.

三、研究发现

（1）大学生认为科技信息对生活、工作和成长作用较大，但平时对科技信息的关注不够；在实验后，被试对科技信息作用的认知度和对科技信息的关注度均有提高，其中对信息的关注度大幅上升。

在前测中（见表1），28.6%的大学生认为科技信息对大学生的生活、工作和成长作用“非常大”，42.8%的大学生认为“比较大”。在后测中（见表2），认为“非常大”的上升为35.4%。从前后结果可以看出，实验材料发挥了一定的作用。

表1　科技信息对生活、工作和成长作用的评价（被试前测，49人）

选项	非常大	比较大	一般	有点作用	没有任何作用
人数	14	21	9	5	0
百分比	28.6%	42.8%	18.4%	10.2%	0

表2　科技信息对生活、工作和成长作用的评价（被试后测，48人）

选项	非常大	比较大	一般	有点作用	没有任何作用	未答
人数	17	20	5	4	0	2
百分比	35.4%	41.7%	10.4%	8.3%	0	4.2%

在实验前（见表3），被试对科技信息的关注度并不高，选择“非常关注”的为0，选择“比较关注”的为28.6%。在实验后（见表4），被试对于“您觉得以后需要关注科技信息吗？”的回答发生了变化，选择“非常需要”和“比较需要”的分别为31.2%和52.1%，加起来是83.3%，接近实验前28.6%的3倍，可以看出实验材料对被试产生了重大影响，使其对科技信息的关注度大幅上升。

表3　科技信息被关注度（前测，49人）

选项	非常关注	比较关注	一般	偶尔关注	完全不关注
人数	0	14	25	8	2
百分比	0	28.6%	51.0%	16.3%	4.1%

表4　科技信息的预期被关注度（后测，48人）

选项	非常需要	比较需要	一般	偶尔需要	完全不需要	未答
人数	15	25	5	1	0	2
百分比	31.2%	52.1%	10.4%	2.1%	0	4.2%

（2）大学生获得科技信息的最主要渠道是互联网络和电视媒体，手机报在被采用的优先次序上已超过报纸。这和《第八次中国公民科学素养调查》结果中“电视和报纸仍是主要渠道”不同。究其原因，可能和大学生的生活环境、思维偏见有关，也和媒介的发行方式、接入方式有关。

在实验的前测中（见表5），设计了排序题“您平时主要通过什么样的媒介获得科技信息?”，要求选出最经常采用的、其次、再次的媒介各一种，结果如下（见图3）。

表5　被试科技信息接受中的媒介偏好

选项	报纸	科技杂志	广播	电视	互联网络	手机报	未选
最经常采用	0	1	0	12	27	8	1
其次	10	3	1	19	14	2	0
再次	16	11	1	7	5	9	0

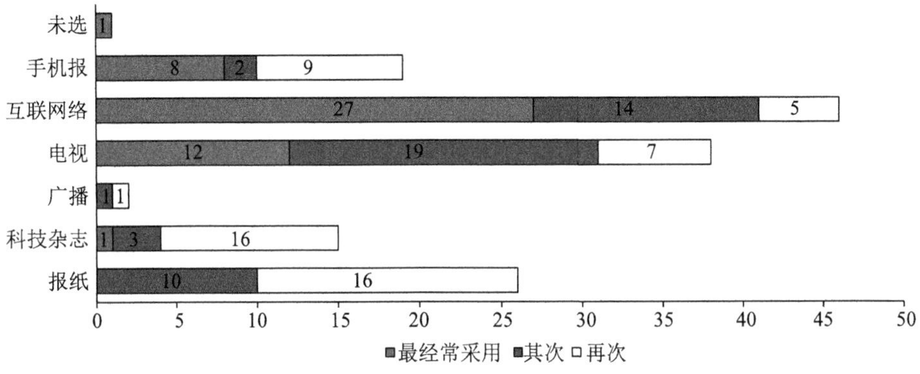

图3　被试科技信息接受中的媒介偏好

在其后的前测题中（见表6），在“您看过《科技日报》吗”的回答中，看过《科技日报》的比例只占28.6%。“没看过，但听说过”和“没听说过”该报的高达71.4%（见表6）。为什么没看过或没听说这份报纸呢？被试自行填写的原因说明了问题，首先是因为《科技日报》没有零售，平时没有见过该报纸。在这类被试中很多人填写了“不太感兴趣”“觉得晦涩难懂，不喜欢”这类的意见（见表7、表8），由此可以看出，在被试中已经形成了对

《科技日报》的“刻板印象”——而这一刻板印象可能和其他渠道给予被试的关于“科技”的不佳印象有关。

表6 被试对《科技日报》的认知

选项	看过,且很喜欢	看过,且有点喜欢	看过,但谈不上喜欢不喜欢	看过,但不怎么喜欢	看过,但完全不喜欢	没看过,但听说过	没听说过
人数	0	1	8	4	1	16	19
百分比	28.6%					32.6%	38.8%

表7 “没看过，但听说过”《科技日报》的16人对《科技日报》的评价

不太感兴趣	8
觉得晦涩难懂,不喜欢	3
没时间看,在学校也不易买到	1
听周围人谈起过	1
未答	3

表8 “没听说过”《科技日报》的19人对《科技日报》的评价

不感兴趣	4
文科生看不懂	1
没有看的平台和条件	2
看报纸太少,信息浏览量不足(很少看报纸)	6
未答	6

事实上，即便是看过《科技日报》的被试对该报的评价也不是很高(见表9)，这些负面评价从内容、表现手法、时效性等各个方面反映了该报存在的问题。这部分被试阅读该报也几乎全是“偶尔看”(见表10)。

表9 看过的14人，对《科技日报》的评价

喜欢,但了解不多	1
不感兴趣	4
不贴近生活	2
专业性太强,看不懂	1
呆板,不易接受	1
没上网快	1
没有其他娱乐的情况下才随便看看	1
由内容决定看不看	1
未答	2

表10　看过《科技日报》的12人，阅读科技日报的频率

选项	几乎天天看	经常看	偶尔看
人数	0	0	12

与被试对于《科技日报》的低阅读率和低满意度相比，其对于央视科教频道的评价较高（见表11）。91.8%的被试看过该频道节目；“看过，且很喜欢”和“看过，且有点喜欢”的累积百分比是61.2%；在看过该频道节目的被试中（见表12），超过半数的人对该频道做出了正面评价，对该频道节目在内容、表现手法、主持人传播力等方面的努力加以肯定。当然，由于被试是处于大学生的生活环境中，寝室没有有线电视接入装置，用电视机收看节目的机会不多，在观看频率上，看过该频道节目的被试绝大多数选择了“偶尔看”（见表13）。

表11　被试对中央电视台十套科教频道的认知

选项	看过，且很喜欢	看过，且有点喜欢	看过，但谈不上喜欢不喜欢	看过，但不怎么喜欢	看过，但完全不喜欢	没看过，但听说过	没听说过
人数	7	23	9	4	2	3	1
百分比	61.2%						
百分比	91.8%					6.1%	2.1%

表12　看过的45人，对央视十套科教频道的评价

学到很多知识(不同视角看世界)	9	23
生动有趣，引人入胜	6	
贴近生活，真实神奇	4	
喜欢主持人和节目内容	2	
寓教于乐，将高深知识通俗化，易于接受	1	
跟着爸爸看，科技进步让人震撼	1	
由节目内容决定看不看	1	
不经常看电视、学校宿舍无电视看	5	
不喜欢看电视	1	
不感兴趣，感觉离生活远	7	
内容枯燥	1	
太坑人了	1	
未答	6	

表13 看过央视十套科教频道的45个学生中，观看该频道节目的频率

选项	几乎天天看	经常看	偶尔看
人数	1	4	40

（3）大学生具有一定的科学素养和科学精神，对被试对待原先陌生领域问题的态度影响很大。

前测中，分别询问学生对于“海底是平的”（见表14），“自来水中含有避孕药”的微博（见表15），“防辐射服对于孕妇的保护作用”（见表16），“年轻的时候如果得了近视、那年老了就不会得老花眼”（见表17）这四条说法的相信程度。

表14 被试对“海底是平的”的判断

选项	是	不是	不知道
人数	1	44	4
百分比	2.0%	89.8%	8.2%

表15 被试对“自来水中含有避孕药”的微博的相信程度

选项	非常相信	比较相信	说不上相信还是不相信	不太相信	完全不信
人数	0	11	11	27	0
百分比	0	22.4%	22.4%	55.2%	0

表16 被试对“防辐射服对于孕妇的保护作用”的相信程度

选项	非常相信	比较相信	说不上相信还是不相信	不太相信	完全不信
人数	4	21	13	10	1
百分比	8.2%	42.9%	26.5%	20.4%	2.0%

表17 被试对“年轻的时候如果得了近视，那年老了就不会得老花眼”的相信程度

选项	非常相信	比较相信	说不上相信还是不相信	不太相信	完全不信
人数	2	14	6	21	6
百分比	4.1%	28.6%	12.2%	42.9%	12.2%

“海底是平的”是一个错误的信息，被试基于科技知识的积累，有89.8%的人做出了准确判断。“自来水中含有避孕药”的说法是微博对于有关报道的断章取义之后的错误信息发布，有55.2%的被试选择了“不太相信”，说明尽管他们接触微博频率较高，但仍然对微博信息有比较正确的认

识，对待有争议的问题还是持审慎态度，比较客观公正（见表18）。

表18　被试使用微博的频率

选项	一天多次	一天一次	几天一次	一周一次	偶尔
人数	24	3	3	1	16

注：49人作答；2人明确填写不太相信微博，所以不予计算。

“年轻的时候如果得了近视，那年老了就不会得老花眼”这一说法是错误的，但长期以来在普通人当中很流行，“不太相信”和“完全不信”的累积百分比达到55.1%，说明超过半数的人能够做出较正确的判断。“防辐射服对于孕妇的保护作用”长期以来在普通人中更是流行，选择“非常相信”和“比较相信”的累积百分比达51.1%。

在后测中，笔者选择了关于上述几个说法的一则网络新闻、两条电视节目、一则报纸科技新闻，来考察被试在接受了大众传媒的科技信息传播刺激后的态度变化。

表19　后测中，被试对“海底是平的”的判断

选项	是	不是	不知道
人数	0	45	3
百分比	0	93.8%	6.2%

表20　后测中，被试对“自来水中含有避孕药”的相信程度

选项	非常相信	比较相信	说不上相信还是不相信	不太相信	完全不信
人数	1	7	10	14	16
百分比	2.1%	14.6%	20.8%	29.2%	33.3%

表21　看了视频，被试对“防辐射服对于孕妇的保护作用”的相信程度

选项	非常相信	比较相信	说不上相信还是不相信	不太相信	完全不信
人数	0	2	4	23	19
百分比	0	4.2%	8.3%	47.9%	39.6%

表22　后测中，被试对“年轻的时候如果得了近视，那年老了就不会得老花眼”的判断

选项	完全不信	非常相信	不知道	未答
人数	39	2	6	1
百分比	81.2%	4.2%	12.5%	2.1%

可以看出，在看过相关实验材料后，对“海底是平的”这一问题的正确判断比例上升了（见表19）。对“自来水中含有避孕药”这一错误说法的“完全不信”从0上升为33.3%，“不太相信”和“完全不信”的累积百分比上升为62.5%（见表20）。“防辐射服对于孕妇的保护作用”选择“非常相信”和“比较相信”的累积百分比从51.1%下降到4.2%，“非常相信”的为0（见表21）。对于“年轻的时候如果得了近视，那年老了就不会得老花眼”这一错误说法的准确判断，从12.2%的“完全不信”上升为81.2%的人都能做出准确判断（见表22）。可以看出，大众媒介的科技传播效果非常显著，对于大学生科学素养的提升作用明显。

四、对于科技传播及大学生科学素养提升的意见与建议

（1）科技传播要关注人，重视人，服务人，从受众心理出发，重视受众需求，贴近受众接受水平，进行有“人”味的传播。科技传播应该在适应受众中慢慢引导、上升层次，而不是开始就曲高和寡、拒人于千里之外。

在后测中，笔者让被试对我国科技传播做一个总体评价，66.7%的被试选择“一般”（见表23）。

表23　被试对我国科技传播的总体评价

选项	非常好	比较好	一般	比较差	非常差	未答
人数	0	5	32	8	1	2
百分比	0	10.4%	66.7%	16.7%	2.1%	4.1%

结合被试在阅读和观看了实验材料之后对相关科技报道（节目）做出的微观评价，我们不难推论，我国科技传播在内容和形式上的欠缺、表现手法的单一、趣味性的缺乏等——归根结底，是对读者、听众、观众、用户的心理和需求的忽视，是“人”味表达的缺乏——这才导致了大多数科技传播的低效乃至无效。

被试在观看了深圳卫视关于孕妇防辐射服的调查报道、中央电视台科教频道《原来如此》关于“近视眼”与“老花眼”为主题的节目之后，不仅对于相关问题的认知发生了明显的变化，还对节目的内容、形式、表现手法、主持人等进行了比较，做出了评价（见表24）。

表24　被试对两则科教视频的评价

评价内容	比例
两个节目做得都很好，不仅弄清了真相，还非常有感染力	12.5%
两个节目都还比较好，其中《原来如此》比防辐射服这条好，它采用实验验证的方式，有主持人的人际化传播，亲切，通俗易懂	60.4%
都还比较好，其中防辐射服一条比《原来如此》好，关于防辐射服的调查很有力	6.3%
《原来如此》好，实验验证比较好，主持人也不错；另外一个不好，不够有趣，就是冷冰冰的分析	10.4%
防辐射服这条视频好，视听语言如动画元素的运用，讲解深刻；另外一个不好，没怎么看懂	2.1%
两个节目都不好，说服力都还不够强	8.3%

为了深入了解大学生对于《科技日报》的认知态度，笔者选择该报一条简短的会展新闻让被试做出评价（见表25），从中也可以看出大学生对科技新闻的可读性、接近性、趣味性等的期待。

表25　被试对于《科技日报》关于东阿阿胶的新闻的评价

评价内容	比例
很好，作为一则会展新闻，简明扼要	12.5%
不好，没有写出东阿阿胶的中医药底蕴到底展现在何处	14.6%
不好，会展新闻也应该注意可读性，但这则新闻的写作很程式化，没有趣味可言	18.7%
不好，只是把主办方和领导者的讲话交代出来，没有从参观者、消费者的角度展现，没有多个信息源	29.2%
不好，没有从消费者的阅读心理出发，看了新闻，仍然不知道东阿阿胶的作用	22.9%
未答	2.1%

（2）正视大学生的信息接受方式，充分利用新媒体进行科技传播。

在后测中，当问及“您以后要了解科技信息时，首先会去哪里寻找”并请自行填写原因时（见表26），有31.3%的被试选择央视科教频道，其次是各大门户网站的科技频道。新媒体影响力越来越大，科技传播必须正视这一现实，加快探索利用微博等社交媒体进行科技传播的方式方法。当前，已经有学者利用微博“微活动”发布信息，组织科研活动，普及前沿科学知识，还有学者将科研资料发到微盘，让其他人来查阅分享。

表26　被试以后了解科技信息的首选媒介

首选媒介	个数	比例
《科技日报》(及其网站)	6	12.5%
央视科教频道(及其网站)	15	31.3%
其他中央级媒体及其主办的网站(新华社、人民日报及新华网、人民网)	5	10.4%
几大门户网站的科技频道(新浪网、腾讯网、搜狐、网易等)	11	22.9%
在搜索引擎上搜索	5	10.4%
微博(博客、论坛等自媒体)	6	12.5%

(3) 大众传媒的科技传播要和大学校园的各种组织传播、教育教学活动结合起来，形成传播合力；要激发大学生对于科技传播的主动性，变“被传”为“我要传”。

传播学理论已经揭示，在受众素质不断提高、媒介选择越来越多样化的当今，大众传播的效果已经不是那么立竿见影，信息往往是经过两级传播、三级传播甚至更多层级，通过意见领袖的转发和解释的再传播，才能被普通人真正接受。大学生虽然有较高文化程度，但是他们心智并未完全成熟，在很多问题上的认识还很容易受到他人和周围环境的影响。

大众传媒应该提供机会，支持、鼓励大学生进行科技信息的采集、制作、创编，从大学生采制的科技信息作品中选择适宜的在媒体刊登、播放。这样既能培养大学生的科技创新能力、激发其科研信心，也能在社会上引起示范效应，让更多的人参与进来。

结　语

青年是国家和民族的未来，青年强则国家强。青年科学素养高则国家和民族会充满科学求真的精神，整个社会的文明程度会更高，如此国家将进入永续发展的轨道。科学传播任重道远，意义深远。

文化资源整合传播与区域形象塑造

万物皆有形象，个人有个人的形象，组织有组织的形象，在地理空间上还有不同层级的区域形象包括国家形象、省区形象、城市形象等，良好形象的塑造与传播对于个人、组织、区域、国家的可持续发展非常重要。20世纪60年代以来，在世界范围内，作为区域形象研究之一的城市形象研究成为重要的研究领域，学者们纷纷从地理学和城市规划学的角度展开城市形象研究，各个城市的行政当局也纷纷从城市规划的角度对城市形象进行设计。接着，人们又进而将目光拓展到更大的地理空间，在中国，如一个省的形象塑造与传播的研究，一个城市带的整体形象定位、塑造与传播，等等。可以说，城市形象和一省形象等区域形象的定位、塑造与传播，不仅受到学者的关注，更是被认为是实现区域可持续发展的核心问题和首要问题。可以说在中国，市场经济的发展，各地区协调发展的展开，带来了两种相辅相成的关于区域的认知——一方面各区域谋求多个层面的合作以实现协调发展，另一方面各区域又着力梳理整合本区域的各种资源、彰显本区域的特色。或者可以说，正是因为一个区域有自己的特色，才使得它在区域协调发展中能和大区域内部的其他区域取长补短、差异化发展。越是民族的，越是世界的。

这里选择安徽省来具体展开论述。对于安徽省来说，越是安徽的，越能够在更大区域的竞争合作中脱颖而出。那么，安徽该如何找准自己的特色，扎实推进各项事业，进行区域形象的塑造与传播，进而实现跨越式发展？

一、"美好安徽"形象塑造的内涵

怎么进行"美好安徽"形象塑造？首先必须厘清这一表达的内涵。表面上看，它只是一个区域形象塑造与传播的问题。区域形象是一区域内部公众和外部公众对该地区政治、经济、社会、文化与地理等方面状况的认识与评价。[①]安徽形象就是安徽区域内部公众和外部公众对安徽各方面发展状况的整体认识和评价。[②]但实际上，"美好安徽"形象塑造的内涵要更加深刻。

"美好安徽"形象塑造的根本和基础是要把安徽建设成"美好安徽"，在建设的过程中再通过各种手段对"美好安徽"形象进行进一步的塑造和传播，让省内外的公众真正产生"美好安徽"的认知和评价。具体来说，首先，它是关于安徽发展目标的一种定位与愿景。2011年10月26日至31日，中国共产党安徽省第九次代表大会提出了建设美好安徽的宏伟蓝图，向全省人民全景式展现了美好安徽的共同愿景："经济繁荣，生态良好，社会和谐，人民幸福。"也就是说，它是对中国共产党十八大报告的"美丽中国"在安徽的落实。其次，"美好安徽"是一种关于安徽区域形象的塑造与传播。在安徽政治、经济、文化、社会、生态文明等各方面事业的扎实推进中，再通过各种推介活动来塑造与传播安徽的美好形象。即先把安徽自己的事业发展上去了，然后再运用适当的传播措施来助力。最后，"美好安徽"形象塑造是一种关系视阈下的主客关系的体现。行动主体的努力及取得的成绩是一方面，而社会公众的认识和评价又是另一方面。安徽提出了"美好安徽"的共同愿景，为之开展了一系列工作，但是成效如何，省内外

---

① 郑萍，陈样平."大型媒体行动"塑造陕西区域形象效果探析[J].新闻知识，2010(4)：16-18.

② 张香萍.基于媒体策略视角的安徽形象塑造研究[J].黄山学院学报，2012(6)：33-37.

公众是否认可，则是另外一回事。在这一过程中，安徽各级政府、各种企事业单位、社会组织、人民群众是行动的主体，他们在建设安徽过程中的每一个行动都暴露在其他主体的审视之下，也就是说他们既是建设主体，也是考评主体，“美好安徽”依赖于安徽各种行动主体的正面作为——安徽各级政府的形象、市民形象、企业形象、空间形象、景观形象、文化形象、媒体形象等。

梳理至此，我们已经清楚地知道：首先必须练好内功，将安徽的各项事业建设好，然后才有塑造“美好安徽”形象的可能，才能让“美好安徽”形象得到社会的认可。共同愿景已经提出，那么现实中安徽的区域形象是否已能够达到这样的要求——安徽省内外公众是否认为安徽各方面情况已经是“经济繁荣，生态良好，社会和谐，人民幸福”？应该说，安徽在省内外的认同度正在上升，但是还有需要提升的空间，安徽的知名度还需要不断提高，安徽经济文化社会等各方面建设的成就还需要进行更具有艺术性的传播。

二、“美好安徽”形象的塑造必须进行整合传播

那么，怎样在建设“美好安徽”的同时进行“美好安徽”形象塑造、进行艺术性的形象传播？笔者认为，安徽文化资源的整合传播是迅速有效进行“美好安徽”形象塑造的重要内容和手段。这里所说的安徽文化资源的整合传播，是指在对安徽各地各种文化资源进行综合调研和科学规划的基础上，统筹安排，统一调配，综合运用各种手段包括各种媒体传播、公共关系活动、演艺会展、节事庆典、文化旅游、产品研发与营销等，将安徽的文化资源整体传播出去，树立统一的品牌形象，从而建立“美好安徽”形象的基础认知系统。具体来说，安徽文化资源的整合传播在两个层面上对“美好安徽”形象塑造发挥着重要作用：其一，安徽文化资源的整合传播是在国家大力发展文化产业，从文化大国迈向文化强国，安徽实施“文化强省”战略和大力发展文化产业的背景下进行，这种整合传播本身就是安徽文化事业和文化产业发展的重要方面，是建设“经济繁荣，生态良好，社会和谐，人民幸福”的“美好安徽”的内容之一；其二，安徽文化资源的整合传播能够将安徽文化建设、文化产业发展的内容与成果整体传播出

去，因而这种整合传播是“美好安徽”建设的手段之一。

这里先理清资源、文化资源、文化产业、文化产业资源几个概念的关系。

文化产业资源指的是能够变现成文化产业的资源，也就是说它不等于文化资源，它的外延比文化资源包含的范围要大。资源中能够变现成文化产业的都可以是文化产业资源，而资源包括自然资源和社会资源两大类：自然资源是能够进入人类劳动生产过程并被加工成生产资料的那部分自然要素，如土地、水、能源、野生动物与植被等；社会资源是人类通过自身提供的以物质形态而存在的劳动力资源和经济资源，包括科技、教育、文化、信息、管理等非物质形态的资源。文化资源是一种社会资源，是人类在漫长历史发展过程中所积淀的，通过文化创造、积累和延续所构建的，能够为社会经济发展提供对象、环境、条件、智能与创意的文化要素的综合。①

目前，对文化产业的界定有多种观点，但一般来说，文化产业简单地来讲就是生产和销售文化产品或服务的产业，即以产业化／商业化的形式来进行文化的生产、交换和消费。②在国际上，各国各地区根据本地情况，在发展文化产业中各有侧重，因而导致了文化产业与内容产业、创意产业、文化创意产业等概念的内涵和外延存在着种种交叉。一般来说，文化产业有九大块：教育培训、文化旅游、演艺娱乐、动漫游戏、影视音像、传媒出版、创意设计、工艺美术、书画艺术。这里，仅采取我国国家统计局对文化及相关产业的分类来分析安徽省文化产业资源的整合传播问题，我国国家统计局将文化及其相关产业分为两大部分十个大类（见表1）：

表1　文化产业分类表

文化产业分类	
文化产品的生产	文化相关产品的生产
1.新闻出版发行服务	1.文化产品生产的辅助生产
2.广播电影电视服务	2.文化用品的生产
3.文化艺术服务	3.文化专用设备的生产
4.文化信息传输服务	

① 姚伟钧.从文化资源到文化产业——历史文化资源的保护与开发[M].武汉：华中师范大学出版社，2012：3-4.

② 李思屈，李涛.文化产业概论[M].杭州：浙江大学出版社，2010：9-10.

续　表

文化产业分类	
文化产品的生产	文化相关产品的生产
5.文化创意和设计服务	
6.文化休闲娱乐服务	
7.工艺美术品的生产	

注：根据《文化及相关产业分类（2012）》整理。

根据这一分类，安徽的文化产业资源十分丰富：①安徽的自然资源十分丰富，如黄山、九华山。安徽各地独具特色的旖旎风光都可以进行文化休闲娱乐服务的产业开发。②安徽的历史文化资源、非物质文化遗产资源极其丰富，可以通过新闻出版、广播电影电视、文化艺术活动、文化创意等进行产业化开发，但目前这些往往也很少为人所知，所以必须加快传播，只有先为省内外公众所知，然后才能进行充分地开发。③安徽的工艺美术资源非常丰富，可以通过工艺美术品的生产进行产业化变现，但是这一块的力度仍然不大。④安徽的文化用品资源丰富。如徽墨、歙砚、宣纸，其产业化开发做得很好，但仍然可以进一步通过整合传播手段让世人进一步地了解。

那么，为什么要进行“整合传播”呢？

首先，安徽各地的经济、文化、社会建设等各项事业的发展不均衡，这种不均衡带来了安徽部分地区的形象传播不广，甚至不佳，可能产生“1+1<2”的效果，因而必须进行安徽各地文化资源的整合传播以整体性地塑造和传播“美好安徽”的形象。安徽的黄山、黄梅戏、徽州古民居以美好形象广为人知，但是安徽其他地市知名度相对较低，甚至安徽省内民众也很少知道自己居住地之外的其他地市。其实，安徽的16个地市各有各的丰富深厚的各类文化资源，这些文化资源一旦进行很好的整合传播和产业化开发，将有效推动当地经济文化社会建设，真正能使各地都变得“美好”。

笔者分析了安徽近些年拍摄并送播中央电视台的形象宣传片，发现“旅游难忘安徽”的15秒标版电视形象宣传片，出现的几个镜头主要是黄山和徽州，对安徽其他地区几未提及；各地市送播的形象宣传片往往集中播放一两个星期，不能给予省内外公众以长久的认知；有些地市的形象宣传片在中央电视台二套、四套节目的天气预告环节播出，但是播出之后有的人甚至不知道这个地市是哪一个省域的。对比山东的形象传播，山东省各地有各自的形象宣传片，但它也有囊括山东各地市文化特色的标版电视形象宣传片。如此，省内外观众既能产生山东各地都如此之美的感知，也能总体上把握山东形象，产生“1+1＞2”的传播效果。

其次，文化资源的整合传播通常是通过影视节目、文艺节目等文化产业的形式进行，而文化产业天然具有规模经济和范围经济的特征，在经济上非常划算。规模经济存在于任何边际成本低于平均成本的产业中，当每多生产一个单位产品的成本随着生产规模的扩大而降低时，就出现了规模经济。边际成本是指每多向一个消费者提供一个产品或一项服务而产生的成本。而当通过分担日常开支或增加其他效能，使共同生产和销售两个或更多相关产品比分别生产和销售这些产品更划算时，就出现了范围经济。① 如果为一种产品所积累的专门投入可以再用到其他产品上，就能够节省资金。比如制作包括安徽各地文化资源和自然资源的安徽旅游形象宣传片，这个形象宣传片一旦制作完成，在某一媒体投放交付了播出费用之后，无论观众增多到何种程度，并不需要追加成本。也就是说，这时的边际成本几乎等于零。可见，安徽文化资源的文化产业形式的整合传播仅仅是形象宣传片这一方面就符合规模经济的特征。从拍摄和送播中央电视台的电视形象宣传片来说，如果各地分别制作，那么各地要分别组建团队，形成拍摄脚本，进行拍摄，需要聘请作家、导演、演员、摄影师、后期工作人员等等，人力成本非常之高。16个地市乃至一些县市分别制作，比起省里集中组织有关人员进行制作，所花的制作成本要高出很多。请一个团队制作一部包含各地文化旅游资源的旅游宣传片，并分别拍摄各地市的宣传片，这样可以省去分别拍摄产生的重复的人力资本、社会资本，省下来的费用可以让宣传片能在中央媒体或国外媒体进行更高级别、更好时段、更多频次地播出，这样将更有利于“美好安徽”形象的更大范围的传播。这也符合范围经济的特征。

当然，进行安徽各地文化资源的整合传播，可以制作投放形象宣传片，可以将这些形象宣传片的脚本进行加工做成图书进行出版，做成安徽各旅游景点的宣传册投放，也可以根据这些脚本制作旅游点、博物馆、科技馆、

① 吉莉安·道尔.理解传媒经济学[M].李颖，译.北京：清华大学出版社，2004：10-11.

主题公园的互动导览软件和互动游戏软件，以便游客能够进行体验式消费或快捷地游览……这些传播方式在经济上非常划算。

三、如何开展整合传播以塑造“美好安徽”

(一)提高开发层次

提高开发层次主要是指对安徽文化资源的整合传播应该在高度、深度和广度等方面进一步加以提高。首先，需要提升管理级别。目前，安徽省文化资源的保护、利用与开发，安徽文化事业和文化产业的发展，是由安徽省文化和旅游厅主管，但是文化资源的调研、梳理、规划，牵涉很多部门。如何提高办事效率，让整合传播的深度、广度、高度得以提高，需要各个部门密切配合。目前安徽省已经成立安徽省文化产业发展促进会，该组织是安徽文化企事业单位自愿组成的非营利性社团组织，很难具有领导全省文化产业资源整合传播与开发的权威力量。

其次，要注重整体规划力度。制定整体规划，对安徽文化资源进行长期、立体、系统的整合传播。如可以在系统调研、梳理安徽各地文化资源后，制定长期的影视剧制作计划，将安徽各地的文化资源以电影、电视剧、纪录片、动画片的形式加以呈现。如动画片《淮南子》，由淮南市和中央电视台动画公司合作制作，在国内引起一定的热议；安徽省本土动画企业创作的动画片《黑脸大包公》，登上了央视少儿频道、美国和日本的电视台。此外，还可以将安徽历史文化名人，如老子、庄子、管仲等的事迹，以及其他历史文化资源、民俗文化资源制作成动画片或影视剧。

(二)“点线面”齐头并进

整合传播的重要方面是在对安徽各地各种文化资源进行综合调研和科学规划的基础上，统筹安排，统一调配，综合运用各种手段将安徽的文化资源整体传播出去，树立统一的品牌形象，从而建立“美好安徽”形象的基础认知系统。现实中，在安徽文化资源整合传播过程中，可以有少数龙头项目、重点对象，以集中力量迅速树立品牌，这是“点”的突破。但是，我们也要两手抓，对安徽各地的文化资源都予以充分重视，让安徽各地文化产业能够“共同富裕”。这就要在“线”和“面”上进行规划，制定纵横策略。先说“线”，可以以某种资源类别来划出纵贯安徽南北的文化产业资源线，如安徽的红色文化资源线、文化遗址线、民俗艺术线、名山名湖线、古寺旅游线等等。再说“面”，可以以某种地域的资源进行集中连片为面，如徽文化区、江淮文化区、吴楚文化区、皖江文化区、皖北文化区、皖西文化区，将各区域的自然风光、民俗传说、工艺美术、历史典故、文人遗踪、文化遗址、古建遗存等进行集中传播与开发。

（三）产业链延伸

产业链是指在经济布局和组织中，不同地区、不同产业之间或相关联行业之间构成的，具有链条绞合能力的经济组织关系。①对于安徽文化资源的整合传播来说，就是要形成媒体传播、影视剧拍摄、文化旅游、休闲娱乐、相关旅游产品和工艺美术产品研发与销售等的密切联系，纵横延伸的传播链条乃至产业发展链条。目前安徽文化资源的传播，已经运用了媒体传播、公共关系活动、演艺会展、节事庆典、文化旅游、产品研发与营销等手段，但是这种手段还没有综合运用起来。比如淮北市联合有关方面拍摄的电视剧《大哥》《大姐》，由于没有在省内省外进行充分的宣传，电视剧播放之后，很多人并不知道故事发生地是淮北，淮北的自然资源、文化资源也没有充分地在剧中展现出来。即便是占安徽旅游业大半江山的黄山旅游和徽州旅游，以徽文化为表现内容的工艺品、徽墨歙砚宣纸等文化用品已经形成了初步的产业链延伸，但是以此为主题的比较平民化、日常化的休闲娱乐、文化体验游，及让人们易于接受的动画片，让青少年乃至成人方便操作的互动游戏开发软件，都还没有充分涉及。

（四）充分利用大众传播手段

大众传播是进行形象传播的“多快好省”的平台，但是很遗憾，安徽没有很好地利用这一手段。在当今的大众传播媒介中，安徽的省级报纸没有对安徽文化资源进行充分传播的栏目和版面，合肥的报纸如《合肥晚报》《江淮晨报》等有过“最合肥”之类的专版专栏，定期或集中对合肥地区的自然资源、文化资源等进行梳理。但是，安徽电视台对安徽文化资源进行

① 李思屈，李涛.文化产业概论[M].杭州：浙江大学出版社，2010：340.

整合传播的栏目还不多见。与之形成对比，北京电视台有《这里是北京》《京郊大地》《今日京华》《成长在北京》《北京话 话北京》等栏目，采用不同的节目形式，从不同的角度，对北京的各种自然资源、文化资源进行介绍和展现。陕西电视台有《文化陕西》栏目对陕西丰富的历史文化资源进行深度揭示。

在新媒体传播方面，安徽文化网、安徽文化产业网、安徽省文化和旅游厅网站及其官方微博微信账号都有一定的板块对安徽的文化产业资源进行介绍，对安徽文化事业发展、文化产业发展的动态进行报道，但是影响力有限。笔者认为，还应该在大型门户网站、重要新兴媒体平台如新浪网、腾讯网、今日头条、趣头条等建立对安徽文化资源进行传播的专门账号或频道，设立专门的微博微信号等，以利用网络与社交媒体的病毒式、裂变式的传播来传播安徽文化资源，从而推动其文化产业变现，带来安徽经济文化社会的发展，夯实“美好安徽”的现实基础，从而让“美好安徽”的形象立于坚实的基础上，并迅速且广泛传播。

（五）集中传播和持续传播结合

“美好安徽”形象塑造不是短期的事，即便形象塑造成功也还必须进行长期维护，“美好安徽”的建设更不是一蹴而就。这就要求对于安徽文化资源的整合传播必须坚持集中传播和长线传播相结合的策略。集中传播是指在短期内利用各种手段对安徽文化资源进行迅速有效的传播。持续传播是指在总的规划下，持续不断地运用各种手段进行长期的传播。比如，举办安徽省艺术节、中国（安庆）黄梅戏艺术节、安徽省民俗文化节、中国农民歌会等活动。但是，如果在节日、庆典、事件之后，不注意对相关资源的维护、培养、发展，则很可能使得刚刚建立起来的良好形象迅速消散，也可能使得相关文化资源无法得到更新和提升。

结　语

安徽有极为丰富的各类资源，安徽非常美好，下一步是如何使这种美好可持续发展下去，真正使“美好安徽”成为省内外、国内外公众对安徽的共识，而对安徽文化资源进行整合传播是实现这一切的重要途径。

鲁迅《晨报副刊》(1919—1924)时期的报刊创作与精神转型

《晨报》的前身是《晨钟报》，1916年8月15日创刊[①]，1918年12月复刊改组为《晨报》，在第七版刊载小说、诗歌、小品文和学术讲演录，随正张赠送，从《晨钟报》到《晨报》，第七版始终单独辟出，虽带着旧式副刊所共有的一定消闲趣味，却也颇有名气。自1919年2月7日，副刊宣布改革，增添介绍新修养、新知识、新思想的“自由论坛”和“译丛”栏目，开始明显地倾向于新文化运动，1920年7月，第七版由孙伏园主编，此时副刊已声名鹊起，1921年10月12日，第七版改出四版单张并定名为《晨报副镌》[②]，繁盛一时，同时按月出版合订本，至1928年6月《晨报副刊》停刊。

虽然从文学角度说起《晨报副刊》，1925年起为徐志摩的“新月派”所

① 《晨钟》第一号，“中华民国”五年八月十五号，星期二，即旧历丙辰年七月十七日。

② 由鲁迅起名为“晨报附镌”，却由书法家题写刊头时将“附”写成了“副”，此为“副刊”名字两种来源之一。

控制时期名气稍大，[1]但早期副刊的传播意义与历史地位，以及报纸副刊的发文在中国现代化进程中所起的作用，已成为典型的近代报刊研究个案——通过在内容上传播启蒙思想、极力推动新文化运动，在形式上广为开设众多新潮专栏，如讲演录、特载、论坛、小说、歌谣、杂感、译述、科学谈、古文艺、传记、剧本等，早期《晨报副刊》最终开创了近代报纸副刊民主改革的先例，成为一份综合性较强的副刊。它对新文艺、自然科学、西方社会科学、大量近代世界著名作品等的着力强调，成为时代亮点。各种流派、各种倾向的作品和译文在《晨报副刊》发表，吸引了“五四”时期的许多重要作家，其中就包括鲁迅、冰心、郑振铎、林语堂、汪静之、沈尹默、梁实秋、冯雪峰、熊佛西、焦菊隐、赵景深等等。鲁迅给《晨报副镌》的起名则长时间列在每版版头，也是人们经常把鲁迅与《晨报副刊》联系在一起的另一重要原因。至于后来人说鲁迅是因为撇不开孙伏园以同乡交情催迫而在《晨报副刊》发稿，则是另一种闲谈说资了。

但是，当前对《晨报副刊》与鲁迅的历史互动性关系的研究却很少。笔者在中国知网以“晨报副刊与鲁迅”为主题进行检索，只找到80余篇文献。这些文献多是从副刊促成中国现代报纸产业化运作、加速报刊编辑价值观念嬗变、通过启蒙时代的主旨影响新文化思想与现代文学创作、建构现代知识分子舆论平台、拓展五四新文化运动及引进西方思潮、传播马克思主义等几方面进行简要阐释。其中涉及鲁迅的文章，往往是分析鲁迅的现代文学创作脉络，或单纯研究鲁迅逐渐转向马克思主义思想的价值取向，没有对鲁迅在此时期的创作背景及其个体自省性价值思考的转变进行较全面的研究。[2]

基于此，笔者聚焦20世纪20年代《晨报副刊》时期的鲁迅，以鲁迅的发稿创作为微观切入点，寻觅在那个历史背景下鲁迅先生的创作思想与精神转型。

① 现在的教科书一般是从新月社与《新月》杂志来命名新月派，事实上文学上的新月派应从徐志摩时期的《晨报副镌》算起，后来的《新月》杂志无论是作者群体还是文章内容都太复杂。

② 参见崔燕，崔银河（鲁迅与《晨报副刊》始末[J]，鲁迅研究月刊，2018(5)；王吉鹏，袁慎浩新文化传播视域下的鲁迅与《晨报副刊》[J].沈阳师范大学学报(社会科学版)，2009(1)。

一、鲁迅在《晨报副刊》时期(1919—1924)渐变的报刊创作

整体说来，1917年8月鲁迅接受钱玄同的劝说，决定提起笔来投入反封建战斗，其后一生致力于国民性的文学批判，学术界也多从其文学作品中研究其碎片化的哲学脉络，但作为一个思想家，鲁迅拥有着自己独特的哲学观念。笔者单就其曾为《晨报副刊》（本文均包含《晨钟副镌》之名，以下不再列述）主笔，研究鲁迅在创作《晨报副刊》报刊文章时所体现的思想渐变。从转载《狂人日记》到1924年10月31日在副刊第1版上译完《苦闷的象征》第二部分，鲁迅在《晨报副刊》上共发表了各类作品（小说、杂文、译作、评论）近60篇，其中译文12部、杂文26篇，见表1：

表1　鲁迅在《晨报副刊》的创作一览表

发表日期	文章名称	栏目	署名	主旨	备注
1919年12月1日	一件小事	《晨报·周年纪念增刊》		通过对最底层劳动人民“车夫”的描写，探求民族及国民性的希望所在。	其较著名小说多载于《新青年》，如复载于副刊的《故乡》《狂人日记》等。
1921年5月6日	“生降死不降”	“杂感”栏目	风声	对民族社会、国民性的批判，评议明、清制度，言自己“受了革命党的骗了”。	“生降死不降”是清末宣传反清时的一种说法。
1921年5月7日	名字	“杂感”栏目	风声	评议人性及文者心理、“古人之高深为不可测”。	言“四不看”报纸杂志署名，讽及宋人俞成的《萤雪丛说》。
1921年7月8日	无题	“浪漫谈”栏目	风声	讽喻社会的黑暗势力，“唤醒国民”。	描述与蚊虫战斗及跳蚤“默默的吸血”。
1921年10月23日	智识即罪恶	“开心话”栏目	风声	借助虚无哲学家的话和运用调侃笔法，批判守旧者和复古派，讽刺了复古派对新文学的诅咒。	是自1919年11月《新青年·随感录六十六》之后的杂文创作，被称为鲁迅最早的报纸杂文。
1921年11月3日	“则皆然”	“杂感”栏目	尊古	辛辣揭露讽刺反动军阀及“孔圣人”之门徒子孙的丑恶。	未收录在《鲁迅全集》中，鲁歌作“‘则既然’应是鲁迅佚文”[人文杂志，1980(1)]一文，文中认为唐弢曾询问孙伏园这篇文章是否为鲁迅早期作品，且后被收入唐弢编辑的《鲁迅全集补遗续编》中。
1921年11月4日	事实胜于雄辩	“杂感”栏目	风声	讽喻当权者的掌控，以及弱者的不争与不幸。	鲁迅《安贫乐道法》说“事实是毫无情面的东西，它能将空言打得粉碎”。

续 表

发表日期	文章名称	栏目	署名	主旨	备注
1921年12月4日	阿Q正传	“开心话”栏目“新文艺”栏目	巴人	国民性的批判，讽喻社会强权与弱者。	至1922年2月12日止，每周或隔周刊登一次。
1922年2月9日	估《学衡》	“杂感”栏目	风声	认为守旧派反对新文化运动的论调除了只有发表的勇气外，对新文化运动毫发无伤(《学衡》全载文言文，非议新文化运动)。	引子是1922年2月4日《晨报副刊》“杂感”栏刊登周作人的《〈评尝试集〉匡谬》。列举了胡先骕《评尝试集》中四个论点，逐个加以批驳。
1922年4月9日	为“俄国歌剧团”	“杂感”栏目	鲁迅	扬赞的背后讽喻中国所谓文化与国粹的“沙漠”本质，坦率自己的寂寞和怯弱，对自身的批判	俄国十月革命后流亡出来的俄国歌剧团，于4月初在北京第一舞台演出，鲁迅描写他们“在寂寞里歌舞”。
1922年4月12日	无题	“杂感”栏目	鲁迅	对人性的批判与希望，对自身的反省，觉出“远远地包着人类的希望”。	私立学校游艺大会的背景，与卖“黄枚朱古律三文治”伙计的互相“惭愧”。
1922年9月20日	“以震其艰深”	“杂感”栏目	某生者	批判反对新文化运动的所谓国学家。	1922年9月14日上海《时报》载李涵秋的《文字感想》中的文字。
1922年10月3日	破《唐人说荟》	“文艺谈”栏目	风声	鲁迅对传统文学的审慎研究，批评文艺界“胡闹”的学术态度。	编进《集外集拾遗补编》，充分显示其在版本目录学上的造诣。
1922年10月4日	所谓“国学”	“杂感”栏目	某生者	批判反对新文化运动的所谓国学家及“国学”。	只不过“一是商人遗老们翻印了几十部旧书赚钱，二是洋场上的文豪又做了几篇鸳鸯蝴蝶体小说出版”。
1922年10月9日	儿歌的“反动”	“杂感”栏目	某生者	讽刺反对新文学的言论，“某生者”讽刺鸳鸯蝴蝶派的公式化小说开头。	针对胡怀琛在给郑振铎的信中言“提倡新文学的人……有些反动”而发。
1922年10月10日	兔和猫	“文艺”栏目	鲁迅	寓示社会性矛盾的批判，极度爱憎的人道精神，深受爱罗先珂思想影响。	“传播被虐待者的苦痛的呼声和激发国人对于强权者的憎恨和愤怒”。
1922年11月3日	“一是之学说”	“杂感”栏目	风声	批判反对新文化运动的所谓国学家，讽刺其文章及论点的荒谬性。	10月10日《中华新报》增刊载吴宓的《新文化运动之反应》，20日《学灯》载甫生《驳〈新文化运动之反应〉》。
1922年11月4日	不懂的音译	“杂感”栏目	风声	批判反对新文化运动的所谓国学家	1921年11月6日续发。
1922年11月9日	对于批评家的希望	“杂感”栏目	风声	文艺批评，以及需要的一种严格的自剖精神与勇气，论及批评的标准、尺度、边界。	对现实中国批评界多诟病与不满，也对非议批判说反话，不一味支持作家嘲讽批评家。
1922年11月17日	反对“含泪”的批评家	“杂感”栏目	风声	文艺批评，较为严格的自省精神。	冷静剖析具体的批评现象，针对胡梦华对《蕙的风》，鲁迅直言“批评文艺，万不能以眼泪的多少来定是非”。

续　表

发表日期	文章名称	栏目	署名	主旨	备注
1922年11月18日	即小见大	“杂感”栏目	鲁迅	对新知识阶级的剖析批评，在《两地书》曾直言是“人道主义或个人的无治主义这两种思想的消长起伏”。	探析“北大讲义费风潮”，“牺牲”的个人联想到中国社会其他的牺牲事件。
1922年12月1日	不周山	《晨报四周纪念增刊》	鲁迅	寻求重塑民族魂灵，以文学“立人”思想逻辑延伸，企图再造中国传统文化独立的人格精神，却一步步走向古典文化悲凉的尖锐批判，形成一种“油滑”的批判自我否定意识。	后改名《补天》，曾收入《呐喊》，同版面翻译了埃罗先科（当时为“爱罗先珂”）的“时光老人”一文。
1923年1月15日	关于《小说世界》	“通信”栏目	唐俟	评议文艺界现状以及旧小说文字，对“记者先生”（孙伏园）言“对于《小说世界》是不值得有许多议论的”。	原题《唐俟君来信——关于〈小说世界〉》，悲观地认为中国的青年“即使没有这类东西也还是废物，无从挽救的”。
1923年1月17日	看了魏建功君的《不敢盲从》以后的几句声明	“杂感”栏目	鲁迅	批评在学术界借“新艺术”之名行事的“旧的不道德的少年”，新知识阶级内的批判。	批评北大学生魏建功对爱罗先珂身体残废的“轻薄嘲弄”，收入《集外集拾遗》。
1923年8月21日	呐喊自序	《晨报·文学旬刊》	鲁迅	批判国民奴隶性，警悟力的战斗檄文。写于1922年12月3日。	《呐喊》1923年8月由北京新潮社初版。列为该社《文艺丛书》之一。
1923年9月14日	两个桃子杀了三个读书人	“杂感”栏目	雪之	支持新文学运动，考究旧文化与新文化，讽刺将“勇士”解为“读书人”。	章士钊反对白话，以“二桃杀三士”立说。鲁迅言“晏子春秋”有“上海石印本”。
1923年12月1日	宋民间之所谓小说及其后来	“文艺评论”	鲁迅	突破陈旧的文学观念，赋予国学新的见解，平民化艺术，文学考证。	认为小说“并非文辞”。
1923年12月15日	寄语母亲	“来件”栏目	周灵均	文艺批评，“到了不能尽情地流露时，那才是真爱的表现呢”，孙伏园言“在现代这种（雍容礼让）的社会里，这样大胆的作者是久久不曾遇见了”，鲁迅在删集后只留下《草儿》的《暮登泰山西望》，《女神》的《梅花树下醉歌》，《尝试集》的《他》。	12月8日《文学周刊》第十七号发表《删诗》一文，把《尝试集》《女神》《草儿》《冬夜》《将来的花园》《雪朝》《蕙的风》《渡河》八部新诗，都用“不佳”“不是诗”“未成熟的作品”等语加以否定。本诗则多“写不出”类语句，“记者评论”为“初露头角的一位有神怪的魄力的批评家”。
1924年1月17日	对于“笑话”的笑话	“杂感”栏目	风声	针对“整理国故”风行思潮的反应，对其错误转变的敏锐探察，讽喻范仲澐《整理国故》讲演。	鲁迅对国学的深入了解，也说明了他自身一定程度上希望经过“整理国故”使了解过去“本相”，而非错误的转变。
1924年1月27日	奇怪的日历	“杂感”栏目	敖者	批判“一年一年的加增昏谬”的社会现实。	混合的日历使用的对比联想以及缺失的日曜日与月曜日，鲁迅的时间感知。

续 表

发表日期	文章名称	栏目	署名	主旨	备注
1924年 1月28日	望勿“纠正”	“杂感”栏目	风声	尖锐指出“流弊却无穷”的对译本校改以及“整理国故”内容方向转化带来的弊端，支持新文化运动。	被后人认为是直批胡适一类大家的系列文之一，当时由胡适参与主持“国学校改”。
1924年 3月27日	肥皂	“小说”栏目	鲁迅	揭露假道学家的污秽，批判封建复古派的堕落。	1924年3月28日续发。
1924年 9月28日	又是“古已有之”		某生者	批判骇人听闻的社会现象	本号附刊未分列栏目。
1924年 10月2日	笞二百系笞一百之误		某生者	评议文学界以及编辑、校者、手民所应有的严谨度。	“违者笞二百”误载，笑嘲“违大宋宽厚之心”，认为“所关实非浅鲜”。 本号附刊未分列栏目。
1924年 10月2日	文学救国法		风声	讽刺文学界中救国的“博士学者”的腐陋思想	讽喻张耀翔在《心理》杂志发表的《新诗人的情绪》。 本号附刊未分列栏目。

可以看出，此时他的创作作品以杂文居多，具备强烈时效性，多为针对一时之议，由早期的小说创作转为在日报上创作兼具文学性与新闻性的杂文。这是鲁迅在20世纪20年代，随着报纸副刊兴盛，其个人创作生涯与时代思想的一大转变。

（一）文体选择：从主创小说转战杂文创作

鲁迅利用报纸、杂志等作为战斗利器，逐渐形成自己独特的传播思想。他最醒目的战斗业绩由《晨报副刊》为转折——着力编著杂文，“由鲁迅倡导、实践并提供了标准模式，从一种附属文体变成了具有独立的、完整形态的文学样式”①。这种报刊创作上的历史转变，暗含着个人思维哲学以及社会理论的转变，正如他后来所言，“但究竟做诗及小说者尚有人。最缺少的是‘文明批评’和‘社会批评’”②。

鲁迅早期小说，寻求中国近代阶层从城市到旧农的各方关系所处的国民希望与劣根性所在，反省批判旧社会存在的落后症结，以强烈的批判启蒙意识去审视社会问题，其小说题材也多关乎切身问题。当时副刊在孙伏园刊发《人生价值》的“立人”导向下，连续发表了鲁迅针对国民原罪的小说，如《肥皂》《故乡》等。“他那时写的稿，除了登在《新青年》上的

① 刘洪珍.现代报刊事业的发展与鲁迅杂文的产生和演变[J]，国际新闻界，2008(6)：91.

② 鲁迅.两地书·致许广平[M]//鲁迅.鲁迅全集：第十一卷.北京：人民文学出版社，2005：484.

以外，大都寄给了《晨报副刊》了”[①]。也反映了他这一时期的思想倾向。然而“信息传递手段可以引起‘人间事物的尺度变化、速度变化和模式变化’”，“每一种传播媒介都是制度发展、公众反映和文化内容的渊源”[②]，副刊具有一定消闲性的特性，使得蕴含太过于沉重的思想内容的小说发表在副刊显得不太适合了，而且日报副刊对小说在结构进展与内容悬念上有一定的限制，使得小说不及杂文有内容篇幅及主旨自由的优势。

还有一个有趣的插曲，说明此时鲁迅是针对时局在创作。1923年4月29日，《晨报副刊》刊载张竞生所作《爱情的定则与陈淑君女士事的研究》一文，开始了一场民国爱情大争论，为此该刊辟“爱情定则讨论”专栏。6月12日该刊发表了陈锡畴和钟孟公的两封信。前者主张“中立态度”，要记者保持“第三者的地位”；后者则攻击这次讨论，认为“除了足为中国人没有讨论的资格的佐证之外，毫无别的价值”，并“忠告”记者应定出期限，“至期截止”，以免“青年出丑”。本没打算完全介入的鲁迅在看到这番言论后致信孙伏园，建议不妨继续讨论下去。孙伏园刊载鲁迅相关来信后，认为“他好像动物学家对于毒蛇，心理学家对于疯子，医学家对于传染病菌，别人都吓得掩耳却走，他只丝毫不动声色的取着一种研究的态度”[③]。

可以说，自1918年9月，鲁迅刊载的小说逐渐减少，开始更多地撰写关乎知识分子切身问题的檄文，此时的他注意收集各种报刊上的言论及材料，针对不同出版主旨的报刊，选择发表不同创作主题的稿件，迅疾地传达自己的意见，这种习惯一直延续至20世纪30年代。报刊传播业特别是副刊的兴盛，给鲁迅提供了实战、迅疾反映的传播空间，一篇篇张扬独立、批判思考的文章反过来又强化了那个时代报刊的传播效应。

(二)传播主旨:从笼统的国民性批判转向新知识分子的内省自觉

仔细剖析鲁迅这一时期的创作文本，透视其精神结构，可以发现在关乎国家民族未来及文化走向产生价值分歧的传播背景下，作为精熟传统文化、具有现代意识的时代思考者，鲁迅也由早期笼统的国民性批判走向了现代文化突围与文艺文体阐释学的抗争，在支持新文化运动的同时质疑其

① 孙伏园.鲁迅和当年北京的几个副刊[M]//宋庆龄，周建人，茅盾.鲁迅回忆录.上海:上海文艺出版社，1978:95.

② 马歇尔·麦克卢汉.理解媒介:论人的延伸(第二版)[M].何道宽，译.北京:商务印书馆，2007:34，56.

③ 参看《晨报副刊》1923年6月16日刊载鲁迅致孙伏园的来信，孙伏园的附答。

社会传播效应。特别是1922年前后，鲁迅对新知识分子内部的自省批判，对社会现实与文化传播现实的权衡，其“渡世精神”指向于阶层价值关系扭转与重塑民族希望（包括文化立足）所在的寻求上。在这段时间，他的作品创新力为先觉者的自苦与挣扎所冲击，《为“俄国歌剧团”》《不周山》《兔和猫》等都印证了这种渐变。对旧知识分子从最初的抨击到后来的末路同情，此时的他置身于社会阶级的重新定位中，不再以冷静剖析的启蒙者角度去宏观指点，而是以介身其中的自觉自省去看待阶级价值关系、新文化新文艺的重塑与广泛寻求新的哲学思辨的突破，如《对于批评家的希望》。当时报刊的各种思潮言论带给了鲁迅具体的聚焦冲击，《晨报副刊》的兼容气度为他“救国民于腐朽”的抗争探索提供了传播实践空间。

此外，后人常提及的使得孙伏园愤而离开《晨报副刊》的那首鲁迅的《我的失恋》（发表于1924年12月8日《语丝》周刊第四期），鲁迅在《〈野草〉英文译本序》中说：“因为讽刺当时盛行的失恋诗，作《我的初恋》。”后又在《三闲集·我和〈语丝〉的始终》一文中谈到本篇时说：“不过是三段打油诗，题作《我的失恋》，是看见当时‘阿呀阿，我要死了’之类的失恋诗盛行，故意做一首‘由她去罢’收场的东西，开开玩笑的。”虽然鲁迅常“笑言”自己“过往”，认为自己此时的“格局小”，只是“一两件小事”的不完善评论，但其在创作内容方面开始更注重了新闻性、时效性要素，更多是以立足微观现实事实的立论批判，宏观上确实初步确立了被后世称为“民族脊梁”的鲁迅式创作模式。他以感召更多报刊读者为创作基础，开始较少地使用宏观社会理论概念去“表达”对时局的责任感或者说愤慨不平的挣扎，正是有了这段时期创作的实践转折，才有了之后更被世人所推崇的《自由谈》。

（三）受众群体：从精英受众到社会各阶级读者

综合性的副刊所需要体现的思想高度、人文精神、时下风貌、民主意识、历史责任感等较完整地体现在《晨报副刊》中，这种综合未分化的大众市场使副刊在独立于正张的革新思想时，能够给各种撰稿人阐释主张的客观包容性。副刊极力组织各种批评言论对峙，如上文提到的“关于爱情定则的讨论”、对政治问题的讨论、对新文艺与现实主义文艺现实的报道等，吸引当时社会各层级的读者与新知识分子在无意识引导下进行个体的价值思索。稳定的受众及文化启蒙制高点的定位，在当时社会加深了副刊的社会传播功能，扩展了它所提供的公共领域影响力，给撰稿人构建了当时较有力的传播展示平台，鲁迅由起初被邀稿到后来主力创作便是正面的见证。

受众的需求决定了只有与时俱进的传播元素才能拓宽媒介的社会主流话语空间，即使后来的《晨报》正张走向末路，但20世纪20年代初，它仍是中国报刊为数不多的格调严肃的报刊，这给副刊的传播实践提供了有力度的受众市场。鲁迅在这期间与其他众多新知识分子一同为《晨报副刊》带来了更多冷峻哲理性的救世格调。各种社会文化团体的“争锋”在媒介文化生产过程中极力挖掘了报刊传播潜力。鲁迅持续有影响力作品的面世，正是通过当时副刊提供的“多元思想对话”冲突得以发掘出批判论点，而平民化新型读者的崛起，也推动了鲁迅在创作上更加注重对新一代青年人的引导传播，那些带有明显政治性倾向的青年读者对报刊论点的回应，更加促成了鲁迅对知识分子团体新的自省思考与对青年人价值选择的批判，如《看了魏建功君的〈不敢盲从〉以后的几句声明》。而那些具有文艺批评性质的受众群体，又给了报人作家更深度的“生存变革”写作动力。

二、《晨报副刊》时期（1919—1924）鲁迅的精神转型

社会学者勒纳（Daniel Lerner）曾在“传统人”与“现代人”之间设定了一个“过渡人”的概念来指称生活在转型社会的人，因为“一方面，他既不生活在传统世界里，也不生活在现代世界里；另一方面，他既生活在传统的世界里，也生活在现代的世界里”[①]。今天看来，用“过渡人”来指称鲁迅是最贴切不过的。经历过新文化运动各种社会思潮冲击的鲁迅，在五四运动后的几年首先开始了哲学心境的转变。

（一）补偏救弊的哲学

鲁迅作为文学革命的旗手，以《新青年》《新潮》《晨报副刊》《学灯》《少年中国》等刊物为主要阵地，将最初完全“改造整体社会”的希望渐转向“改良人生及国人精神”建构新型民族精神的现实选择标准，并成为这

① 金耀基.从传统到现代[M].北京：中国人民大学出版社，1999：78.

种“补偏救弊”哲学的佼佼奋进者。鲁迅认为，“现在的文艺，连自己也烧在这里面，自己一定深深感觉到；一到自己感觉到，一定要参加到社会去！”[①]这种“参与式”的济世思想贯穿其一生的创作，也是他与当时其他知识分子如林语堂等人最后分道扬镳的主因。在当时天风海雨、迫人而来的时代氛围中，鲁迅引导着一代“实存”感受思想者做了最坚定的选择——新的现实主义文化创作与知识分子在各种流派中“补偏救弊”的价值判断，这在批判章士钊、胡适等人作品中的文化哲学观得以体现。

因为《晨报副刊》在李大钊手中奠立了一个良好的基底，成为一个政治、思想启蒙宣传的媒介平台，开启了“自由论谈”“劳动问题”“妇女问题”“家庭问题”“科学世界”等热点栏目，能充分利用大众传媒与公众舆论的功能，从社会各个层面去传播新思想新风尚，才使得鲁迅愿意将自己个人对时事的见解刊登于此处。虽然他说是“因为先前的师生——恕我僭妄，暂用这两个字——关系罢，似乎也颇受优待：一是稿子一去，刊登得快；二是每千字二元至三元的稿费，每月底大抵可以取到；三是短短的杂评，有时也送些稿费来”[②]，其实是与《晨报副刊》本身的社会影响力和社会责任感分不开的，其中更多名人著章及评议在启蒙民智和扩大社会影响力上亦给了鲁迅在副刊上创作的更大推力。后来孙伏园的离开使得不少文学名家也陆续不再刊登稿件于《晨报副刊》，后又经徐志摩接手踏上另一个文学高峰已不是本文的研究重点。

在当时北京报界前者仆后者起的年代中，《晨报》因人员不断变换令其编辑内容也随之变更，为报刊的“美中不足”，但大体上，报人“对于社会、国家、民族，负有指导诱掖规谏纠正之责”的天职仍算力尽其责，认为“一言之出可挽狂澜，一字之谬能误苍生，所谓不冠而王者在此”[③]，鲁迅在《晨报副刊》所载文章内容的多维度性亦可论证这点。另外，对现实事件的一事一议，借助副刊这个具有广泛包容性的媒介对当时的部分“传统”“过偏”思潮给予犀利的反击批判，对软弱的守旧者给予讽刺调侃，都可看出其早年痛快淋漓的前卫批判，少了他人生哲学思维转折后带着些许绝望与彷徨的知识分子末路的感触。总的来说，副刊的激进态度和自《晨

① 鲁迅.集外集·文艺与政治的歧途[M]//鲁迅.鲁迅全集:第七卷.北京:人民文学出版社,2005:120.

② 鲁迅.我和《语丝》的始终[M]//鲁迅.鲁迅全集:第四卷.北京:人民文学出版社,2005:169.

③ 管翼贤.北京报纸小史[M]//杨光辉.中国近代报刊发展概况.北京:新华出版社,1986:431.

钟》开始报纸对人文、国家、政府问题等的不断关注，促成了鲁迅对国人奴隶性本质揭示与批判各“不合于世”文化流派的力作走进了世人的眼中，促成了他转向自我精神弱点认知的“补偏救弊”文化自省。

（二）“兼容并包”与对传统的批判

“五四”时期及之后的一段时间，风雨飘摇的历史背景使得当时传统的治国保家理念被西方启蒙运动代表的人文精神所打击，整个传统文化机构遭到了破坏，不论是政治机构、社会结构、教育结构都无一例外，呈现出一种碎片化的零落。但西方外来的东西包括学术问题在中国文化内部却没有相应的存在机制，即使在今天这种“西学中国化”仍造成一定困境，整个西方运行机制在一定程度上是附着于中国根深蒂固的传统文化哲学理念上。这就如鲁迅一样，内在是个传统的中国文人，在时代洗礼中接受西方哲学思维的淬炼，但传统并非一打就倒，它如影随形地弥漫在那个“救亡图存”的年代，也正因为这样，那个时代最具反传统代表性的鲁迅就有着它存在的历史理由。同时“保国者，其君其臣，肉食者谋之；保天下者，匹夫之贱，与有责焉耳矣”（顾炎武《日知录·正始》）的“公共知识分子”思想亦体现在鲁迅身上，使得这种反传统是在时代中的权衡选择，而非全然的摒弃，《不周山》希冀在传统的土壤上建构新民族魂的立意中可见一斑。《晨报副刊》此时对各种哲学、思想倾向文章“百家争鸣”的刊载推动了众多学者对整个社会批判的维度，推高了以鲁迅为代表的杰出思想家在学术上的碰撞冲突。

鲁迅先生一生的精神矛盾在此时亦可见端倪，从鲁迅此时在副刊登载的文章，无法将他与后期被人批评为“悲观主义者”“虚无主义者”过多地联系在一起，可以说作为一种社会转型期的“过渡人”，他的哲学精神是独特的。他抱着中国传统的文化底蕴，用西方的批判思维否定传统，却又怀具着中国文人历来治国平天下的政治宗教理想，这种历史性的独特选择，常被人以孤独与反叛来解释。

事实上，纵观当时的历史，将传统中国与现代西方二者相关联建构在一起，形成自己的历时性分割性思维的名流们都为中国留下了浓重的遗墨，唯鲁迅是因其从未踏出阵地且旗帜鲜明地完全批判抗争而生活在那个年代，就像苏格拉底一样选择死在那个时代，但在严格意义上，他却又不完全属于那个时代。鲁迅特殊的敏感性反映在其报刊作品中，将时代的文化冲突、思维冲突体现在评议性自省中，西方的理性主义与启蒙主义给了鲁迅批判的源点，当时的现代主义思潮又给了他“非理性”的个体前锐态度。他表现出了一种全盘彻底的批判性。此时期的鲁迅选择了从个体人文角度去批判现实，在《新青年》转为谈论政治与宣扬马克思主义的政论性刊物的现实情况下，他选择《晨报副刊》作为一个新的公共舆论空间，把自由本质、反叛与个人主观性选择置于哲学思考中心，当然这也是他后期坚持与追求单纯信仰的徐志摩时期的《晨报副刊》对垒批判的思想源头。

(三)对“自由”的解读

鲁迅的思想与时代的病痛是联系在一起的，中国知识分子的问题本身就是时代文化的问题，当时追求国家、社会、群体、个体的崛起与自由是整个时代的气息。任何东西的建立都不可能不借助传统的资源凭空而建，鲁迅对政治、社会的“公共主义”自由本质的解读，促使他结合《晨报副刊》提供的舆论平台进行“一事一议”的发稿，对当时的政治建构、社会制度设计等方面从本体到作用展开针对性的批判。

媒介尽力拓宽自己的语境空间，保持相对独立和个性的特征，将推动社会进步发展作为一种主体责任去践行，才能促使不同的文化思潮和艺术方法蜂起，这也是鲁迅认为的“自由”本质体现之一。此时期的《晨报副刊》不趋于一般大众休闲趣味，立旨开启民智改造国民性格，与鲁迅反对“众治”“大群”的所谓民主制度的哲学观相符，副刊力邀并刊载思想界、文化界等精英名流的作品，这种思想的自由撞击也使得副刊一时星光熠熠，这种对于进步思想的海纳百川的气度，也相符于鲁迅早期将思辨的概念当作对现实历史性的理解，以及他对特定时代的中国现实相关个体的“最初自由”概念的理解。正是这种“和而不同”的“自由”传播思维，在当时对因西方文化思潮冲击与现实抗争不得志而造成的中国本土文化分子的分层，给予了一定引导意义上的缓冲，将程度不等的文明、文化势力间的游离与对持，进行了一种内在态度上的接纳。以上观点，可由表1列述的对事件评议及对偏弊思潮批判的作品得出结论，这段时期的各流派自由的思维冲突也为鲁迅由中期的绝望孤独的矛盾抗争转至后期倾向于马克思主义的转折提供了实践的指向。

《晨报副刊》媒介平台在宏大横向的文化传播中所造成的社会效果，正如有人曾认为：二种或二种以上之文化，在其历史之接触上，必有新特质发现，为任何原有文化中所不具备者。也正是这样的相对“自由”的传播氛围，使得鲁迅慢慢完成了深层的文化心理分裂，正如他在《坟》中审视自己认为的“更无情面地解剖我自己……”。在双重文化的基础上，他一方面为了引导青年的个体性的超越让他们“要少——或者竟不——看中国书，多看外国书”①，另一方面为了寻根络而撰写《中国小说史略》，认为“菲薄古书者，惟读过古书者最有力”②，实践了他致力于严谨下自由“拿来”的治学态度。研究者则通过这些打上了作家个人时代烙印的传播文本，感知他“如置身毫无边际的荒原”的孤独感及“在寂寞里奔驰的猛士”前驱的自由使命③，回溯那个时代的特殊的自由开放又传统固封的话语空间。

结　语

在《晨报副刊》筑建的公共语境相对开放的时期，鲁迅所主张的“文化批判”的社会启蒙改革，有着个体与历史互动后的选择意义。文化与个体、文化与民族的基本哲学性的思想框架，是《晨报副刊》及当时中国大多数先进报刊的基点，是新文化思潮在动荡社会传播并与时代名流互相成就的锻造历程。鲁迅以其严肃独特的“反传统”的历史新生性在“无物之阵”“横站”于中国思想文化场域中，“在广泛吸收前人的文化成果和当时的科学精神的同时，把中国人的黑暗视线由‘中世纪’的黑暗王国，引向了现代文明”④。

① 鲁迅.青年必读书[M]// 鲁迅.鲁迅全集:第三卷,北京:人民文学出版社,2005:12.
② 鲁迅.古书与白话[M]//鲁迅.鲁迅全集:第三卷,北京:人民文学出版社, 2005:228.
③ 鲁迅.呐喊·自序[M]// 鲁迅.鲁迅全集:第一卷,北京:人民文学出版社,2005:439,441.
④ 孙郁.20世纪中国最忧患的灵魂[M],北京:群言出版社,1993:2.

新媒体传播与青年亚文化

青年是人类的未来，青年的思想、生活往往容易引起社会的关注。当前，青年的思想及其文化生活往往不同于社会整体，形成了独特的青年亚文化现象，而以网络为代表的新媒体为青年亚文化现象的形成提供了有力的平台。在我国，一部分喜欢古风音乐的青年结成了紧密的网络社团，并在线下开展多样的活动，形成了独特的文化景观。这种现象意味着什么？新媒体给予青年亚文化的发展空间对于青年意义如何？对于国家、社会的良性发展意义如何？

青年亚文化是相较于主流文化而言的。最早对于青年亚文化的研究始于20世纪20年代美国芝加哥大学社会学系对移民以及犯罪青少年等亚文化群体的研究，这一研究取得了对于“越轨亚文化”的一系列研究成果。而在20世纪60年代，英国伯明翰学派做了一系列关于青年亚文化的研究，“亚文化”在《仪式抵抗》这一著作里就被提到过。这一系列的研究从性别、阶级和种族等要素综合考量，还着重从当时的政治语境去分析各类青年亚文化符号的象征意义，尤其是提出了蕴含政治实践意义的“仪式抵抗”。[①]然而，在互联网飞速发展的今天，丰富而多彩的青年文化活动让人目不暇接：主流文化中刻板、强制的一部分教化方法遭遇了青年人的吐槽；Cosplay、街舞、快闪等亚文化实践让成年人耳目一新；青年人正在通过互联网的平台形成一个又一个的“圈子”，播客、Coser、古风音乐圈、民谣圈……青年亚文化已经成为了新媒体在今天最为突出的景观。那么，伯明翰学派的亚文化的抵抗模式究竟还适不适用于如今的亚文化体系？我国的青年亚文化又有什么样的景观？本文将以古风音乐为研究对象，对此进行考察。

一、几个概念的讨论

(一)青年亚文化

伯明翰学派的青年亚文化理论一直以来也受到诸多讨论和质疑，原因之一就是其抵抗模式理论过于本质化地假定了青年的任何消费行为都具有政治抵抗意义，每一种消费行为都有其内在的抵抗策略，这忽略了青年为了寻求“娱乐”而扮演各种亚文化角色这一问题。[②]因此，“后亚文化”这一概念被提出。[③]在20世纪80年代以后，伴随苏联解体和中国的市场化改革，以及英美等西方国家开始流行的新自由主义，阶级政治和阶级意识在全球范围内逐渐衰落。随之而来的是互联网文化的日益蓬勃，全球性的消费模式日益多样，“在这样的情境下，‘抵抗’失去了明确的方向，娱乐的特性则得以放大”[④]。加之娱乐和游戏本身就是人类与生俱来的天性，不难发现，在新媒介语境下，青年亚文化现象里的抵抗色彩正在逐渐弱化，并被稀释在娱乐化的表达之中。

另外一个在学界探讨热烈的话题是“青年亚文化”这个概念是否还能准确描述当今的社会青年现象。青年亚文化的文化类型从单一走向多元，班尼特（Bennett）在1999年发现，亚文化“已经无须辩驳地成为了一个‘包罗万象’的方便的术语，青年人、时尚和音乐所涉及的社会生活的方方

① 黄晓武.文化与抵抗——伯明翰学派的青年亚文化研究[J].外国文学，2003(3)：30-39.

② 马中红，邱天娇.Cosplay 戏剧化的青春[M].苏州：苏州大学出版社，2012：9.

③ 马中红.西方后亚文化研究的理论走向[J].国外社会科学，2010(1)：137-142.

④ 马中红，邱天娇.Cosplay 戏剧化的青春[M].苏州：苏州大学出版社，2012：11.

面面均被囊括其中”[①]，学者们认为，亚文化理论里强调的亚文化群体同主导文化的意识形态保持距离这一点上，在日益多元化的社会结构中已经成为了多余的东西。

笔者认为，尽管“后亚文化”这个概念很值得重视，并且学者们都在寻找新的术语来更好地描述青年人中的文化消费和文化生产现象，比如“生活方式”“新部落”这些术语，但仍然不能完全描述这一现象。因此，笔者对古风音乐的研究仍然以青年亚文化的概念与研究视角为起点。

(二)古风音乐

现今国内研究“古风音乐”的成果较少，以“古风音乐”分别为“主题”“关键词”“篇名”在中国知网进行检索，只得到3篇研究文献。这3篇文献主要是围绕着美学、文学、音乐创作来写的。

那么，什么是“古风音乐”，它有何种特点？它的生产与存在方式如何？靳莎莎指出了古风音乐和青少年、网络游戏的关联，并认为“古风音乐”的特点是以中国古代元素为主要创作元素，歌词较为古典雅致，曲调唯美，注重旋律与音乐所表达的意境，多使用民族乐器配器。[②]

王爱苹也指出了古风音乐是从网络平台兴起的，古风歌曲是指一种在题材和体裁上带有复古或拟古风格的音乐。古风歌曲的编曲多旋律悠扬，速度缓慢，民族乐器运用较多，相对于交响管弦，丝竹之声更能表达出中国音乐所带有的“幽远、空灵、静怡”之美。歌曲整体散发着具有中国本土特色的雅、逸、韵、妙等古典审美情趣。与只是将西方时尚的说唱或R&B等唱法和编曲融入具有中国传统元素的歌词中，或在歌词的创作中加入诗词或历史典故等文化符号的中国风音乐不同，古风音乐则更加文雅，注重词曲的古典韵味的演绎及措辞韵脚，并使歌词具有很强的文本研读价值。[③]

百度百科对“古风音乐”的解释是：它是21世纪新出现的一种音乐风格，注重旋律的优美，多采用民族乐器来演奏，歌词讲求古典雅致、措辞

① 安迪·班尼特，基思·哈恩-哈里斯．亚文化之后：对于当代青年文化的批判研究［M］．中国青年政治学院青年文化译介小组，译．北京：中国青年出版社，2012：2.

② 靳莎莎．浅析古风音乐的创造［J］．艺术教育，2014（1）：116-117.

③ 王爱苹．找寻歌声中的“完整自我”——由古风音乐谈自觉民族文化意识的苏醒［J］．安阳师范学院学报，2014（3）：142-145.

整齐。区别于摇滚等流行乐的金属质感以及古典音乐的历史厚重感，古风音乐自有其独特飘逸的中国式美感，常在音乐中夹杂念白，让人仿佛回到了小说中描写的古风场景，这些特点均已达成共识。

虽然古风音乐的生产和消费主体主要是游走在网络的青年人，但是王爱苹没有从青年抵抗主流文化的角度进行论述，其文章恰恰认为古风音乐对于寻找民族身份认同、促进自觉民族文化意识的觉醒具有重要意义。无独有偶，薛冬艳认为，古风音乐源自网络文化，是我国当代城市文化中生发的小众原创音乐团体为使其作品区别于“中国风”音乐而创造的称呼，与“80后”和更年轻人群的生活方式结合紧密，以古典文化的现代解读作为音乐创作的蓝本。这种音乐随着面向公众的现场音乐会的推广，已经逐渐为更多的人所接受。其观点同样是从青年文化的角度来说的，但没有西方青年亚文化研究中认为青年亚文化主要是抵抗主流文化的认知，反而认为古风音乐的出现和现状，为传统音乐提供了一个可以借鉴的发展方向，古典性、民族性与现代性的结合使得这些社团有望出产更多可供检验的作品，并有可能形成典型的风格甚或流派，在当代中国音乐领域占据一席之地。①

二、研究方法

为了更细致地考察古风音乐，笔者在网络中查询了大量资料，也在贴吧、豆瓣、5sing音乐平台等社交平台上长期“潜水”，参与线下的歌会、漫展和线上的YY歌会等。因此，谨从青年亚文化的视角出发，用文本研究和网络民族志的方法对新媒体时代古风音乐的发展进行讨论。

第一，根据研究课题的需要，进行主题阅读，对一系列相关文献进行比较、分析、综合，从中提炼出评述性的说明，并在此基础上提出个人的创新观点，得出论点。

第二，民族志调查主要通过研究者参与式、线上“潜水”观察以及线上访谈等具体方式进行。调查对象的选取需要考虑特定的研究对象，也要考虑获取信息的便利性，所以基本上定在18—30岁这个年龄段的古风音乐爱好者和参与者。

① 薛冬艳.从网络传播到现场表演——中国当代“古风音乐”观察与思考[J].音乐传播,2015(1):42-49.

三、萌芽:网络游戏与青年是古风音乐的最初标配

古风音乐是如何兴起的？它为何能弥漫于互联网络，受到一部分青年热爱，进而走入公众舞台？或者说，为什么现在人们喜欢听古风音乐？

(一)网络游戏与青年的相遇

研究发现，在“知乎”上现有213人关注这个问题（截至2016年7月8日晚9点），通过对知乎网友留言的梳理，并经过笔者的网络访谈发现古风音乐的兴起和网络游戏、青年密不可分，具有鲜明的青年亚文化的特征。

最早的古风音乐是从网络游戏萌芽的，20世纪末以来，很多网络游戏多以中国古时或仿古框架为背景，玩家为纪念游戏里感人至深的故事，以此为基础，填词翻唱。而和网络游戏结合最紧密的人群是青少年，如果说少年儿童只是消耗时间、逃避课业负担来玩游戏，那么当他们成为青年后，他们对网络游戏的场景设置、音乐设计、人物服饰设计等都将会有一定的文化要求。我国各级教育的语文类课程在文章篇目当中有相当一部分优美的古代文学作品，我国的高中生、大学生特别是其中文化程度较好的一部分学生，都经受过古典文学的熏陶。此时，周杰伦、方文山的古典风味的音乐和词曲流行，更使不少青年人喜欢上了网络游戏中的古风音乐。

接受笔者访谈的“娅”是四川外国语大学的学生，古风音乐陪伴了她整个高中，一直到现在，七年的时间让古风音乐成为了她青春里的独特符号。“我的手机里只有古风音乐这一种类型的音乐，HITA是我最喜欢的歌手，特别是她的《束竹令》，里面的念白（分角色对白或独白的部分，这也是古风音乐的特色）非常有趣，旋律也悠扬婉转。”

第一首古风音乐具体是哪首已经不可考了。而在那个时期，心然的古风音乐最为出名，她在2005年创作了《新绝代双骄3》主题曲《守候》。此后，以网络为基础，一系列以游戏为背景的古风音乐受到广大游戏迷的追捧，古风音乐开始缓慢发展。

(二)虚幻与现实的浪漫对接

古风音乐在青年人中的流行，还和网络文学在青年人中的流行有一定

关系。近几年，不少网络小说流传甚广，被改编成影视剧后更是大热，其消费群体正是青年。究其原因，很多是将传统文化和现代文化的优秀元素结合起来，建构了一种虚幻的完美审美文化，满足了青年人的人生过渡期的浪漫心理。比如爱情，东方古典文化熏陶下的国人骨子里偏爱含蓄的表达、偏爱古典美的相貌气质，但是西方现代文化、当代流行文化恰恰提倡勇敢的吐露、提倡敢爱敢恨。现实中，很少有人的感情能同时兼具两种风韵，而网络文学，尤其是网络穿越小说，恰恰将这两种迥异的风韵和人物性格设计结合起来，满足了青年人的幻想。

古风音乐能将当代人从纷繁的、热烈的生活场景中抽离，带大家回到过往灿烂的文化情境和渺远的往昔生活中。网名为“扇贝”的南京大二小姑娘接受笔者采访时，她这样描述对河图的喜爱，她认为河图织造了一个古风的关于盛世长安的梦。河图可以说是古风音乐圈拥有最多拥趸和具有传奇色彩的作曲人和歌手。“我最想看到下雪时的长安，因为我总觉得他（河图）的《倾尽天下》《第三十八年夏至》《不见长安》都是发生在长安宫墙里，雁塔下。”

知乎网友“周鹏”诉说了自己喜欢古风的原因：（1）曾经读过许多古文诗词歌赋，作者优美的文笔，从爱情、国家、景色等多个方面进行描写，让人产生无限感慨和向往。（2）古文诗词歌赋中充满浪漫主义情怀，作者放情山水、吟诗作画，给都市人在学习、工作中带来心灵上的小憩、放松！（3）轻松愉悦的环境，优美的景色，消失的传统，这些在古文中、歌词里都很常见，可以给人巨大的脑补空间，让人怀念曾经的美好。（4）怀旧，古风歌词、曲调多少都带有国学色彩，这个和自己接触国学最多的初高中时代产生共鸣，虽然那时候很辛苦，但有很多让人回味的人和事。

（三）青年的沟通平台与成名的想象

互联网络本身在“媒介接近权”上的易得性和低门槛性，给大量原来在现实世界中无法得到认同的、爱好古风音乐的青年人，提供了沟通的平台和成名的想象。不少古风音乐并不依托网络游戏，网络这一传播媒介让有相同兴趣的人更容易地集合到了一起，这促进了古风音乐爱好者队伍的发展壮大，甚至队伍庞大到能够形成一种新的音乐风格。古风音乐一直以来，都绝对是小众音乐，这让研习古典乐器、喜欢中国传统曲乐艺术、作词讲求押韵用典的“少数派”在自己的生活圈子里难觅知音，而互联网中，让这些“平凡”的人在网络中找到了同伴，也获得了更多人的关注。

网络集结了许多有着各种才能的人。比如河图，来自小城湖南怀化，正是因为网络才让人们有机会见识到他干净又极有辨识度的嗓音和极其鬼才的作曲风格，认识这个会二胡、擅吉他、词曲唱奏的全才。

比如音频怪物（影音同画团队），这个来自秦皇岛已经年过三十依然像个大男孩经常在微博里“精分”的人，原名李楠，这是一个很普通的人，他以其磅礴大气、多变的声音闻名于网络，从没有受过正规音乐训练的他在网络中实现了他的音乐梦想，2010年参加快乐男声腾讯网络唱区比赛获得前30强，网上至今还有讨论他的帖子：“长得不帅，即使有美好的声音，在当时的主流音乐圈也难有发展。”他在2014年春晚开场的VCR《春晚是什么》中给多个动物配音，爆红于网络（为更多“非古风圈”的人熟知），又受邀上湖南卫视《天天向上》，发布了多张音乐专辑，目前还受到“好声音”节目的力邀。

比如HITA（墨明棋妙原创音乐团队），初中开始在合唱团修习美声10年，获得了美声唱法二级证书。专业的唱功让她在网络世界里如鱼得水，还让她成为了“百度偶像”官方认证音乐人、中国原创音乐基地推荐音乐人和音乐翻唱网推荐歌手。

“墨村”里的大部分人，有人一开始就混迹于主流音乐圈，很难得到承认，这几年就有“墨村”成员参加“好声音”等选秀节目，按一般的选秀——签约——奋斗于主流音乐圈的模式，他们中的很多人都会被掩埋，而网络给了他们发挥个人才能的平台，为他们聚集了一批“死忠”的村民，于是，他们渐渐被大众知晓，他们红了。

不得不说，网络是青年亚文化生长的肥润土壤。亚文化是一种边缘化、非主流的小众文化，而网络把这群志趣相投的人联系在了一起，给了他们发展的空间。

四、发展：古风音乐的组织化与圈子传播

（一）组织化：发展壮大的团队力量

要想得到真正的发展，光有有才之士的单打独斗是远远不够的，古风音乐得以发展的重要原因是各个古风音乐团队的建立，使古风音乐得以组织化。说起古风音乐真正的组织化，一定要提到它的代表“墨明棋妙原创音乐团队”（以下简称“墨明棋妙”）——古风音乐的典范，同时也是这场蝴蝶效应的源头，也是最早建立起来的古风音乐的社团，熟知它的人都会称它为“墨村”，它的粉丝被称呼为“村民”。

2007年，一个ID叫“ediq”的成都小伙子和一个ID叫“小狮子丢丢”的唐山人，隔着千里距离，通过网络平台建立起了“墨村”这个音乐组织。“墨村”的发展能生动地解说“网络是亚文化生长的肥沃土地”这一特点。通过社交网络，“墨村”汇集了天南海北的古风音乐人才，写歌、作词、编曲、后期……奉献出了几百首网络歌曲。“墨明棋妙”发展到现在，每年都会公布团队的成员和部门名单，为了较为明确的部门分工，“墨明棋妙”团队从最开始的词部、曲部等部门发展成为现在的组织部门：制作人、监制、作曲&编曲、乐器演奏、作词、演唱、后期、图文设计、企宣行政等。无数的古风音乐社团也如春笋一般发展起来，并且都拥有几名闻名于网络的古风音乐红人。一个人很难同时具备词、曲、编、奏等能力，在有了明确的部门分工之后，他可以很容易地找到自己的搭档，一起填词编曲，也能找到熟练各种乐器的人演奏录音，这些让古风音乐的创作更加容易；同时，有了更专业的宣发队伍，歌曲的推广也更加容易起来。

当然，部门的所属绝不是非常严格的，这样的灵活性也让很多本来是在主流音乐圈里的人加入“墨村”，在不考虑商业效果的情况下，给了他们一些“音乐先锋实验”的机会，比如曾经在“中国好声音”汪峰团队比赛的戴荃，在2013年正式宣布在网络上加入“墨村”组织，创作了一批古风音乐，比如《悟空》，在网络上疯狂流传。

(二)圈子的形成:独特的话语结构与身份认同

尼尔·波兹曼在《娱乐至死》中就提出了“媒介即隐喻”的概念，认为媒介的模式偏好某些特殊的内容，从而最终能控制文化。一种新的媒介会改变人们的话语结构。而古风音乐形成网络亚文化，也有它独特的话语结构，“不是那个圈子里的人就听不懂”。古风音乐发展至今，已经有了属于自己的圈子——古风圈，在圈子里的流行语和独特的“行话”巩固了一批“忠粉”。

还是以“墨村”为例。“墨村”在网上的超高人气和粉丝的足够忠诚，支持“墨村”在2012年12月31日在北京办了实体的现场直播，人气爆棚。2013年的国庆期间，“墨村”在南京接连开了晚会、媒体见面会、演唱会和漫展。此处，笔者以参加的一场“墨村”活动来展示其身份密码。

2013年10月5日，墨明棋妙团队有史以来集合了最多的团员线下同台，进行了一场以“金陵秦淮夜”为主题的音乐会，音乐会有来自南京音乐世家的桂震宇（擅长演奏琴），也有从小一直专业学习吹笛子和弹古筝、钢琴的成员；有音乐专业学习出身的HITA，也有靠天赋在网络上成名的音频怪物……当晚，笔者在南京人民大会堂参加了这场演唱会，有趣的是，坐在笔者一边是几位年轻的“村民”，另一边是一位年迈的老奶奶和一位中年女子，她们都不知道“墨村”，可能只是想放松一下，来看一场“表演”。会场上，歌声、呐喊声，包括现场的配音，都能激起大家的疯狂和热泪，这些东西就像是“通关密语”，明白其意思的人就是“村民”，笔者迅速和周围的“村民”们打成了一片。现场的“村民”们会嘶声呐喊，会为了一首歌流泪，甚至会因为站在台上的“CP”（被网民配成一对的“墨村”成员）大喊口号和“密语”；而笔者身边的两位“非村民”（后来了解到是被自己的孩子请到现场看“年轻人喜欢的音乐”的）则显得非常有趣：她们木木地看着表演，不明所以，既不挥动荧光棒，也并不投入，甚至扯了笔者问“台上的人是不是很有名?”“他们在表演些什么?”“这些孩子太疯狂了!”之类的话。

笔者曾经在自己拥有484个好友的微信朋友圈里发布过一条动态，内容包含了“墨明棋妙”“音频怪物”“河图”等信息，请明白这些信息的朋友点赞示意，44位好友点赞，并且在下面回复诸如“小曲儿”“曲奇”，以及一系列古风音乐圈的歌名歌词，这些就是“粉丝”之间进行身份认同的密码，而也有很多人回复“看不懂”“什么意思”等。这个实验没有进行严格的样本抽取，但从这些回应中，我们仍然可以看出，“古风音乐”是小众的、青年的——那样一些青年用独特的话语结构将自己包围在一个圈子里，圈子里的人相互认同，在自己的话语体系里享受狂欢、消费，在小众范围内相互认同，甚至有着极高的忠诚度。

这群人喜欢古风音乐，嘴里总爱哼这些音乐，本子里总爱记录这些古风古味的歌词，笔者采访过一位化名“浣熊”的大学本科四年级的女孩，她说自己从高二开始，手机里的音乐永远只有古风音乐单曲循环。“浣熊”在2013年的国庆节从重庆坐了30个小时的火车抵达南京，参加墨明棋妙原创音乐团队的大型线下演出——金陵秦淮夜。她说：“我至今忘不了那个夜晚，南京最主要的长江路的干道上，一群‘村民’们穿着墨村的黑色T恤，举着绣着墨明棋妙组织标识的大旗（不止一面），围拥在南京人民大会堂的门口，路过的人都会停下来看看到底发生了什么。我是坐出租车到的大会堂门口，那天交通因为太多的‘村民’‘占道’有一些拥挤，我到现在都还记得当时心潮澎湃的心情，我有一种强烈的身份认同，这里站着的人都和我喜欢着同样的东西。”

（三）圈子的重合叠加“吸粉”：青年亚文化的碎片化特征

如今，亚文化现象形式多样，青少年的亚文化偏向呈现出碎片化的特征，也就是说，一个人身上可以同时有很多的亚文化标签。活跃于这种青年亚文化社群的各种现实或虚拟的亚文化场景中的青年，比如漫展上的Coser（角色扮演者），同人文爱好者、网络游戏爱好者、古风音乐爱好者，以及汉服爱好者，他们流连于不同的场景，也被贴上了不同的标签，“这已经演变成了碎片化、混杂性、短暂性和‘无关政治’的‘流动身份’。”[①]而这些重合的“圈子”，都会帮助古风音乐扩大自己的受众群，影响更多的人。

菲尔·科恩曾经提出过青年亚文化风格化的三个元素：形象、品行和行话。[②]对“行话”“穿着”等外表特征的研究是青年亚文化研究领域一以

① 安迪·班尼特，基思·哈恩-哈里斯．亚文化之后：对于当代青年文化的批判研究[M]．中国青年政治学院青年文化译介小组，译．北京：中国青年出版社，2012：16.

② 安迪·班尼特，基思·哈恩-哈里斯．亚文化之后：对于当代青年文化的批判研究[M]．中国青年政治学院青年文化译介小组，译．北京：中国青年出版社，2012：16.

贯之的研究角度。比如托尼·杰斐逊在描述青年爱德华时有这样的描述："狭长的翻领掐腰夹克衫，窄裤子，普通的有鞋尖装饰的鞋子，别出心裁的马甲。下摆裁成圆角的白衬衣，领带被打成'温莎'结……"[①]

如今的中国青年，在具备这一个"古风音乐"的青年亚文化标签的同时，身上也会拥有好几个亚文化的属性。比如，歌迷中很大一部分人崇尚汉服，喜欢动漫，还追捧Cosplay（角色扮演）和大型网游。其中，大部分的青年在喜欢古风音乐的同时，也会尝试学习仿古填词，学习汉学文化，制作和穿汉服，学习古时礼仪。在这些"圈子"的互相影响下，形成了一种叠加的影响：一部分喜欢古风音乐的人会受影响去穿汉服、习汉礼，而爱好汉服和古礼的人也会受到古代传统文化的影响转而欣赏古风音乐。"动漫圈""Cos圈""汉服圈"……这种"叠加"的效应，为古风音乐"增粉"不少。

在南京的一场漫展上，笔者见到了网名为"冷幽若"的古风音乐爱好者，她同时也是汉服爱好者，就读于无锡的一所大学，从大学起就加入了汉服社，日常生活中她喜欢古风歌曲，喜欢定制汉服和旗袍，经常和朋友一起着汉服、行汉礼。她喜欢逛庙会，会焚香祭祀，也会参加漫展和古风歌友会，也会参加每年由方文山主导的西塘汉服文化周。她的身上，同时具备碎片化而模糊的身份，并随着她出入的场景的变化而流动。

五、古风音乐的文化意义

网络时代，古风音乐在青年人中很流行，这一表达透露出了新与旧、年轻与古老、主流与边缘等多重对立统一的关系，体现了文化、社会的非直线前行的复杂性。首先，古风音乐是传统的形态样式，但喜欢它的是年轻人，特别是互联网时代的新新人类，这是传统的古老的艺术形式与最新的接受人群的矛盾统一。其次，古风音乐用的是传统的乐器、传统的演奏方式、传统的文字表述、传统的文化来源，但传播媒介是新的互联网，这是传统的内容来源与时新的传播形式之间的矛盾统一。最后，古风音乐与流行音乐，也形成了一种对抗且互动、在一定时空中又可以向对方转化的张力关系。

① 马中红.新词新语：在破坏中建构亚文化语言的"小时代"[J].文化纵横，2013(5)：84.

(一)古风音乐体现出传统文化的生命力

现代社会，随着现代性的冲击，很多传统文化也随之被淡忘，其中包括传统音乐。在这样的语境下，现代流行乐兴起，它以结构短小、内容通俗、形式活泼、便于广泛传唱为特点，为大众喜爱，占据了主流市场，有“大众音乐”之称。但是传统文化的生命力依然存在，古风音乐在新媒体时代再度兴起，成为一种抵抗的力量和新的社会现象。

前文说过，周杰伦等人的中国风音乐一时风行，激发了一些青年人及其古风音乐在互联网络中的集结，进而导致古风音乐在青年人中流行，从网络走进现实人群中。此时，不少唱片公司反过来进一步打造和包装中国风、民族风音乐，取得了不错的商业成绩。

(二)青年亚文化的自身价值

古风音乐曾经是旧时代的主流音乐形式，今天，古风音乐是对当前流行（大众）音乐的一种抵抗，是在流行音乐为主的时代掀起的一股逆流，却又逐渐成为一种小众但坚定的力量。未来，它和流行音乐之间是此消彼长，还是逐渐形成一种均势？今天的流行音乐，当它的主要消费人群渐渐步出历史，其地位又当如何？

古风音乐一直是小众的，区别于主流音乐，所以得到的关注很少，很多人也只是用来消遣，并不能领会其中的神韵和含意。从亚文化对主流文化的影响和“抵抗”，发展到主流文化对亚文化的“收编”，亚文化和主流文化一直是相互影响的关系。

伯明翰文化研究中心提出过亚文化的解释模式：奇异外观—暴露展现—道德恐慌—（商业）收编，道德恐慌并不是在所有的青年亚文化现象中都会出现，比如Cosplay（角色扮演）可能会带来“娱乐至死”的隐忧，宅文化让主流文化里的成人们感到不安，担心青年因此不善于交际和有不良的心理发展，又比如网络游戏带来的“网瘾”的忧患。但在古风音乐的圈子里，笔者通过观察，并没有发现在古风音乐这个亚文化现象中出现道德恐慌和忧患。前文也提到过，在王爱苹和薛冬艳的研究中都认为古风音乐对于寻找民族身份认同、提高民族文化自觉意识和对于中国传统文化的觉醒和发展具有重要意义。

"在20世纪中叶，青年亚文化的反叛精神虽然造就了西方青年放荡形骸、萎靡颓废的生活方式，那种波西米亚式的青年亚文化曾在西方国家引发了各种各样的青少年犯罪，如吸毒、抢劫等，但它也造就了表现主义、左岸艺术、先锋派、垮掉的一代文学以及摇滚乐等文化艺术形式。"[①]青少年亚文化一直具有很大的创造力和影响力。如今的青少年亚文化又呈现出多样性，有着不同特征的青年亚文化类型也陆续出现，随着时间流逝，不断出现、繁盛。青少年也不再仅仅将自身执著地归属于某一种亚文化类型，他们常常从一种亚文化类型转向另一种亚文化类型，或者同时归属于好几种亚文化类型。

（三）青年亚文化的主流化

青年这个群体总是在不断变化的，有人步入这个阶段，有人离开这个阶段。在采访中，笔者发现，很多人接触古风音乐是在高中阶段，有的人以此为最喜欢的音乐形式直到工作、成家，也有的人已经不再喜欢这样的音乐形式，但他们都认为追逐古风音乐的那段时间，是他们青春时期的标志性符号之一。

古风音乐由于它丰厚的文化资本，比如古诗词典故、游戏、漫画等，可以吸收不同兴趣爱好的人，并且成为其"忠粉"。但和所有的亚文化现象一样，古风音乐有可能会成为主流的一部分，也有可能不再受后来的年轻人热衷追捧，因为这总是处在不断的变化之中的。就像之前邓丽君的歌不能被大陆所接受，牛仔裤被认为是工人阶级的服饰，光头和烫染头发也不被人接受……现在这些都逐渐被接受。

在青少年有着极大社会影响力和商业影响力的今天，尽管亚文化形态各异，生命力长短不一，但它们在主流文化的边缘地带活跃生长，一方面也在刺激着主流文化，另一方面，也能对主流文化起到补充作用，在与主流文化不断调适和协商的过程之中，很有可能使社会的整体文化形态具备更大的创新和开放的可能。

源于网络的亚文化并没有只在网络上自生自灭，它们已经渗透到人们的日常生活中，正在逐渐成为主流。2013年10月6日，江苏电视台公共频道报道了墨村的"金陵秦淮夜"的演唱会，第二届《中国好声音》里的南

① 陈龙.青年亚文化与当代媒介素养教育[J].国际新闻界，2005(2)：21.

京小子戴荃（江苏省歌舞团飞扬乐团董事）正式加入“墨村”，举行媒体见面会，韩红和刘亦菲等人都唱过他们写的歌，网游中大量的古风音乐，董贞等古风音乐的代表人物走到台前被更多的人接受……一切的一切，都说明了古风音乐正在逐渐被更多人关注。

同时，古风音乐的兴起又说明了我们传统文化的价值和生命力。现代社会正在呼唤传统，期待传统价值的一些精华的回归。从这一点看，青年亚文化又有它积极的地方，可以反哺主流文化，丰富我们的文化类型，弥补市场带来的一些缺陷。

结　语

尽管对于青年亚文化的讨论自20世纪20年代就已开始，但都是出于成人的话语结构下的剖析和理解，是成年人观察青年的亚文化行为后赋予的解释。新媒体时代最大的意义在于互联网赋权给了青年，新媒体促成了话语权回归到青年的手中，人们有更多机会接触到青年人的亚文化文本，青年亚文化实践也活跃起来。

新媒体为青年提供了展示他们所思、所想、所为的平台，也为他们进行亚文化实践提供了便捷。亚文化经常让主流文化的话语权受到挑战，这也是亚文化的意义所在，它促使社会朝越来越多元、越来越包容的方向发展，也对文化有了新的补充和添彩。网络亚文化不断刺激着主流文化，不断融入并成为主流文化的同时，也会有新的亚文化出现，循环往复。

政府、媒体与公民的“共同进化”

如果说网络与新兴媒体对古风音乐等青年亚文化的传播，以及双方的互动，仅仅是一种局部的现象——当然其影响是深远与宏阔的，那么网络与新兴媒体对政治和每个社会生活主体的影响则是巨大的。

美国网络文化的发言人和观察者凯文·凯利认为，大自然以及人类社会的“活系统”之间存在共同进化的关系。进化就是不断适应环境以满足自身的需求，共同进化是更全面的进化观点，就是不断适应环境以满足彼此的需求。他说，我们共同打造的不是一个舒适的地球村；我们共同编织的是一个熙熙攘攘的全球化蜂群——一个最具社会性的“共同”世界，一个镜状往复的“共同”世界。任何个体只有接近自己变化中的邻居才能给自己带来变化。稳步的信息交流将共同进化的参与者焊接成一个系统。与此同时，信息交流，无论是侮辱，还是帮助，抑或只是普通新闻，都为合作、自组织以及双赢结局的破土发芽开辟了园地。[①]

① 凯文·凯利.失控[M].东西文库，编译，北京：新星出版社，2010:4,109-110,131.

一、"共同进化"的理论与现实依据

威尔伯·施拉姆（Wilbur Lang Schramm）在《大众传播媒介与国家发展——信息对发展中国家的作用》一书中认为，传播事业在国家发展中具有守望、决策和教育的基本功能。张隆栋主编的《大众传播学总论》将大众传播在国家发展中的基本社会功能分为6个方面：守望环境、社会整合、决策参与、社会动员、科学与教育等。这些都说明了媒体对政府、公民的影响，三者存在"共同进化"关系。①

2003年，《南方都市报》对孙志刚案的报道结束了中国的收容遣送制度。与此同时，对于该报关于孙志刚事件及收容制度的系列评论，有学者认为"2002年3月改版时时评版正式诞生，此举开大陆媒体之先河。这个阶段，南都时评倡导'公民写作'理念，最有影响力的时评主要是孟波写的两大系列：孙志刚事件及收容制度系列评论，深圳新形象及网民对话市场系列评论"②。而这一切又为该报从"小报"向"主流大报"转型添砖加瓦。在这之后，国内报纸媒体纷纷加大时评力度，网络时评更是大量出现在各个网站，而广播电视媒介也纷纷增设了各种形式的新闻评论类栏目。此时，有的普通公民的网络评论被报纸转载，或者公民参与广播电视媒介新闻评论栏目的互动：打电话、发短信、在栏目的网络互动区留言等。这一切也让公民对于政府决策、社会发展等公共生活的参与权、表达权、监督权等得以实现。

在美国，广播"炉边谈话"让罗斯福总统重振了在经济大危机中的美国民众对于国家和未来的信心，美国《纽约时报》等媒体对于"五角大楼文件"的揭秘最终使得美国结束越南战争，《华盛顿邮报》等媒体对于"水门事件"的系列报道使得尼克松总统辞职……

德国社会学家哈贝马斯的公共领域理论能够为媒体、政府、公民的"共同进化"提供直接依据。所谓公共领域，哈贝马斯指的是一种介于市民（公民）社会中日常生活的私人利益与国家权力领域之间的机构空间和实

① 马梅.中国农业电视传播发展研究[M].北京：中国电影出版社，2010：14-15.

② 张志安.新闻场域的历史建构及其生产惯习——以《南方都市报》为个案的研究[J].新闻大学，2010(4)：50.

践，其中个体公民（市民）聚集在一起，共同讨论他们所关注的公共事务，形成某种接近于公众舆论的一致意见，并组织对抗武断的、压迫性的国家与公共权力形式，从而维护总体利益和公共福祉。①尽管面对纷纭复杂的全球政治，哈贝马斯努力求解的系列理论之间也存在着矛盾，他还是相信通过交往理性会有正面的结果，在他的公共领域、交往理性、主体间性等诸概念中有这样一个联系，即通过话语交流活动或对话的真正的平等和自由，实现交往理性，从而真正符合主体间性，而当这一切都切实地在公共生活中进行时，那么便有可能实现真正的公共领域。而如果有这样的大众传媒，能让公民真正平等自由地进行话语交流，平等对话，那么这样的大众传媒无疑是一种能称得上公共领域的空间或平台。

那么，在中国是否具有哈贝马斯所说的欧洲典范意义上的公共领域尤其是政治公共领域呢？王黑特认为："中国虽然没有欧洲典范意义上的政治公共领域，但在一定程度上中国的电视媒体正在逐渐强化着它的公共性。电视媒介已经承担着中央政府和平民百姓间的政治信息的传递沟通作用，具有为双方代言的公共交流场域的性质。"他认为，中央电视台、地方电视台是介于老百姓（大众）——私人领域，与党中央、国务院、地方党政机关——国家权力领域这两极之间的"准公共领域"，"准公共领域的意义在于它是在党和政府领导下的，百姓可以适度参与的具有现实政治功能的对话、互动形态结构，它的社会现实意义仅在于党和政府与老百姓之间的积极有效的沟通渠道。同时，它并不是一种具有完整功能的政治公共领域。哈贝马斯指出：'具有政治功能的公共领域不仅需要法治国家机制的保障，它也依赖于文化传统和社会化模式的合拍，依赖于习惯自由的民众的政治文化。'"②

无论中国各类媒体是否为纯粹的公共领域，公共领域理论事实上都已为各类媒体在国家与社会发展中的作用、为培育积极参与社会生活的公民，提供了直接的学理论述。

法国著名社会学家布尔迪厄的场域理论也为"共同进化"提供了依据。场域的概念一开始就同布尔迪厄的其他重要概念，例如"实践""生存心态"（有的译者又译为"惯习"或"习性"）、"策略""资本""文化再生

① 汪民安.文化研究关键词[M].南京:江苏人民出版社,2007:91.

② 王黑特.大众文化的中国阐释[M]//张晶.美学前沿:第2卷,北京:北京广播学院出版社,2003:351.

产”“语言象征性权力”等概念密切地联系在一起。布尔迪厄认为：“新闻场是一个场，但却是一个被经济场通过收视率加以控制的场。这一自身难以自主的、牢牢受制于商业化的场，同时又以其结构，对所有其他场施加控制力。”①

由布尔迪厄的具体论述我们可以看出，在整个社会场域中，媒介场域在受到其他场域尤其是政治场域、权力场域、经济场域等场域的巨大影响的同时，也对其他场域施加了影响与控制，使社会生活的各个方面都发生了重大改变。它既被授予了独特的权力可以进入并探察其他场域，然后与公众分享发现，能动地影响遍布当代社会的权力关系，又接受了其他场域的影响，并将这些影响内化，成为下一次探察的前结构和生存心态。②而这无疑对公民进行了参与社会生活和政府决策能力的锻造。

“公共新闻”的进化史也充分揭示了政府、媒体与公民“共同进化”的可能。美国纽约大学新闻系主任杰伊·罗森，是最早提出“公共新闻”理论的学者，在美国被公认为“公共新闻”运动的领袖，现在，网络等新兴媒体的出现，让他及其他“公共新闻”的倡导者们意识到，“公共新闻”可以从20世纪90年代由媒体发动公众讨论，寻求公共问题的解决方案的模式，进入到社会公众可以不依赖传统媒体，自主发表观点、形成舆论甚至组织，进而影响媒体、影响公共事务决策。③顺着“公共新闻”往上追溯，20世纪20年代李普曼（Walter Lippman）和杜威（John Dewey）关于民主进程中新闻记者基本的政治责任的争论、1947年哈钦斯（Robert M.Hutchins）的新闻自由授权报告、威尔伯·施拉姆（Wilbur Lang Schramm）等人提出的传媒的社会责任理论，等等，都为“共同进化”提供了支持。

新兴媒体的出现让“公共新闻”和“参与式新闻”融合，并和“草根新闻”“博客新闻”“自媒体”等概念发生交集。《我们媒体：民治民享的草根新闻》（*We the Media: Grassroots Journalism by the People, for the People*）的作者吉尔默（Dan Gilmore）认为，在互联网和博客以前，所谓的新闻传播不过是大型媒体、新闻企业以及专业记者的特权，一般民众无缘享用。博

① 布尔迪厄.关于电视[M].许钧，译.沈阳：辽宁教育出版社，2000：62.

② 布尔迪厄对“生存心态”（惯习、习性）的解释，参见高宣扬.布迪厄的社会理论[M].上海：同济大学出版社，2004：113-135；皮埃尔·布尔迪厄.实践感[M].蒋梓骅，译.南京：译林出版社，2003：79-100.

③ 蔡雯.美国“公共新闻”的历史与现状（下）——对美国“公共新闻”的实地考察与分析[J].国际新闻界，2005(2)：27-29.

客等Web2.0技术的出现恰恰使得原先处于新闻被动读者地位的观众，参与到了新闻制作和传播过程之中，真正实现了广大民众的新闻传播自由。吉尔默将以博客为代表的新的新闻形式称为“公民媒体”（Citizen Media），它对受政治势力、商业资本以及职业群体左右的主流传播业是一种补充，甚至是一种挑战。2007年，美国《时代》周刊评出的年度人物就是“网民”。《时代》总编施滕格尔（Richard Stengel）的理由是：Web2.0的主力军的迅猛发展使得网民自创内容和参与性爆炸性地增长，影响力日益增加；“社会正从机构向个人过渡，个人正在成为‘新数字时代民主社会’的公民”。①

二、政府对于媒体的双向利用

罗斯福的广播“炉边谈话”显示了美国政府对媒体的良性使用。肯尼迪（John F.Kennedy）竞选总统成功、奥巴马（Barack Hussein Obama）的竞选总统成功，则分别和他们有效地驾驭了电视、网络媒体密切相关。在中国，领导人们也充分认识到，新闻媒体从来都不简单地只是一个信息传播的工具。从毛泽东强调的要“政治家办报”，到邓小平提出的“要使我们党的报刊成为全国安定团结的思想上的中心”，到江泽民关于舆论导向与党和人民利益攸关的“祸福论”，都充分说明了中国领导人对媒体工作的重视，以及对媒体重要作用的期望之高。②2016年2月19日，习近平在新闻舆论工作座谈会上的讲话指出：“做好党的新闻舆论工作，事关旗帜和道路，事关贯彻落实党的理论和路线方针政策，事关顺利推进党和国家各项事业，事关全党全国各族人民的凝聚力和向心力，事关党和国家前途命运。”这是对党的新闻舆论工作地位和作用的新认识、新概括。

在网络与新兴媒体的力量开始充分显现时，党和国家领导人就已先后多次到各类媒体视察工作。尤其是，2008年6月，中共中央总书记、国家主席胡锦涛视察人民日报社时通过人民网与广大网友交流，表明了他对网上民意的关注，网络已经成为不可或缺的信息载体。2009年2月28日，国务院总理温家宝首次接受中国政府网、新华网联合专访，与海内外网民在线交流。2010年2月27日，温家宝再次到中国政府网、新华网访谈，同海内

① 刘晗.参与式互联网与数字野蛮主义[J].读书,2011(2):81-82.

② 杨振武.切实承担社会责任,不负党和人民重托[J].新闻战线,2010(1):4.

外网民进行了两个多小时的在线交流。党和国家领导人用自己的行动向各级党政官员表示：要懂得这条沟通渠道的重要性，重视网络民意。这一中国网络问政新风，正说明网络正在推动中国政治民主化的进程，正在改变中国政府的执政方式和理念。这一网络问政也真正地让广大普通公民能够和最高领导人进行零距离的接触，对于公民参与社会生活的意识、素质的提升都具有深远意义。

中国地方政府也对媒体加以了有效利用。2009年2月，“躲猫猫”事件发生后，云南省委宣传部在云南官方网站刊登公告，面向社会征集网民和社会各界人士代表4名，作为调查委员会成员参与调查。“躲猫猫”调查委员会的创意人伍皓，是两个月前上任的云南省委宣传部副部长，上任前他是新华社云南分社记者。

更为客观巧妙的是采取“信息补贴”的策略。“信息补贴”，是指“为求获得媒体的时间与空间，从而向媒体提供补偿的手段”。在新闻生产过程中，消息源扩散自己影响的有效方法之一，就是帮助新闻单位降低新闻生产成本，具体做法包括运用各种公关措施，向新闻单位提供信息，或者提供新闻采写的方便，这就是“信息补贴”策略。现代社会，很多国家采取这种信息补贴的办法，比如普遍在政府各部门、军方等官方机构中设立新闻发言人制度。在海湾战争中，西方媒体的消息就主要来自美国军方新闻发言人在新闻发布会、吹风会上的信息发布。而且，“在美国，传媒与公共舆论是相对保守的，媒体往往使用官方的消息源，对社会运动往往视而不见，轻描淡写，甚至歪曲报道”①。

三、公民借助媒体影响社会并提升自身

曾一果在考察美国当代著名学者道格拉斯·凯尔纳的媒介文化研究时认为：虽然法兰克福学派的批判理论是凯尔纳美国媒体研究的理论基础，但凯尔纳还是清醒地意识到法兰克福学派理论的局限性，按照法兰克福学派的媒介观点，媒介是资本主义的一种控制工具，资本主义新兴的媒体工业塑造了雷同化、复制化的大众文化，也塑造了趣味一致的文化大众，而

① Gitlin, T.The Whole world is Watching: Mass media in the making and unmaking of the new left.Berkley: University of California Press, 1980, p56.

在此过程中大众毫无辨别力，更无抵抗意识。对此，凯尔纳是不赞成的，他认为尽管媒体和统治权力勾结紧密，是统治阶级欺骗大众的工具。但媒体文化是一种复杂的“意识形态”，媒体的意识形态并不单一，大众也可以借助媒体宣扬自己的“意识形态”。一方面，统治阶级和广告商可以利用媒体推销他们的价值观念和商业产品，另一方面，媒体文化也为受压迫群体提供了话语空间。①

当然这种借助媒介的反抗，有时是“捣蛋式”的抵抗，从表面上来看是有害或无价值的，或者暂时看来是有害或无价值的。在美国，《华盛顿邮报》网站就曾经关闭了其下一个博客的评论功能，因为该博客的某政治性文章引来大量不太合适的评论。美国的文化保守派人士安德鲁·金（Andrew Keen）认为，目前的网络民主化带来的是互联网上大量的垃圾，使得各种言论观点充斥在博客、个人空间之中。②根据现有媒介的现实，目前新兴媒体上集聚了大量的这种表达。比如网络微视频（视频短片）、网络论坛、博客、微博等中的“话语”表达。

但是只要仔细分析，我们仍可以看出其中蕴藏的有益的因素。一些网络微视频对中央电视台名牌栏目《新闻联播》《走近科学》《艺术人生》《动画城》进行恶搞或挪用，当然，这些恶搞确实在一定程度上对于一些认知上缺乏理性的人会造成误导，但是如果能积极地看待并应对，它也是一剂苦口的良药，将能够警醒传播工作者、文化工作者及管理者，促使采取一定的改革措施，进而从内容到形式来提升中国的文化产业的品质。而一旦文化品质得以提升，反过来又将有助于公民素质的提高，公民素质的提高又会通过正负反馈来推动文化产业的发展，最终形成文化、媒体与公民素质之间的良性循环互动。

劳伦斯·莱斯格（Lawrence Lessig）以“9·11”事件为例，以传统媒体作为对照，说明网络媒体的异军突起及公民所发挥的重要作用。“9·11”发生的那个星期和接下来的数周，媒体不断地重复讲述一位美国人亲身经历过的故事。我们之所以把这看成复述，是因为他们所描述的东西都是人们耳闻目睹的。……这些重复的叙述给人的感觉越来越熟。节目空当里的

① 曾一果.重建批判的媒介文化研究——道格拉斯·凯尔纳的“媒介文化研究”[J].国际新闻界，2010(3):52.

② 刘晗.参与式互联网与数字野蛮主义[J].读书,2011(2):82-83.

配乐听着耳熟，各种图片从屏幕上闪过。访谈都循着一个定式进行，所有的素材编排之间都维系着一种微妙的“平衡”，即严肃和轻松的互相调和。新闻的编排方式日益朝着我们期望的方向靠拢——“新闻也是娱乐”，即便这新闻本身其实是一场悲剧。但除了这些关于“9·11”事件的新闻产品之外，关注网络的人会看到另外一种截然不同的表现方式。网络到处都有与这件事情相关的内容，但是它们的风格迥异。有些人从世界各处搜集图片，配上文字，并用幻灯片的形式播放。有些人写了公开信，有些人提供了现场录音，到处都充满着愤怒和沮丧的情绪，人们试图将事情的来龙去脉弄清楚。①

劳伦斯·莱斯格对博客的“公共领域”性质及其对美国民主政治、政府决策、公民的影响力也进行了分析，他认为，“有些人只是简单地运用博客来讨论自己的个人生活，但是很多人通过博客加入了公共讨论之中。他们探讨公共事务、批评他们认为错误的观点、嘲讽政客们的决策，为公共问题提供解决思路。事实上，博客创造了一种公共集会的感觉。……可以说，博客目前为我们提供了最为重要和不经设计的公共讨论形式”。而且，“随着越来越多的公民开始表达自己的想法，开始通过写作博客来捍卫自己的观点，人们对公共问题的理解方式将发生转变。想法有什么错误或是被什么人误导十分正常，难能可贵的是让你的观点去接受其他人的评判。当然，很少有人会被别人说服，承认自己犯了错误。但更少见的是，一个人在被证明犯了错之后仍旧置若罔闻。把想法、观点、批评都写出来有助于提升民主”。他还列举了网民通过网络方式最终导致特伦特·洛特（Trent Lott）不得不辞去参议院多数党领袖职务的案例。②

联系美国社会现在的民主实施现状，我们更能体会到互联网、博客、微博等社交媒体的重要意义。徐斌在评析美国奎尔克教授的近著《法院与国会：美国的不成文宪法》（*Courts and Congress: America' s Unwritten Constitution*）时说：如果仔细阅读美国宪法文本就可以发现，美国国父们一开始建立的宪政并不是洛克式的严格的三权分立，而是以议会主导为原则。……但是在后来的宪政实践中，议会、法院和总统之间重新分配了成文宪法中的宪法权力，形成了一套不成文宪法：国会把战争和和平的权力

① 劳伦斯·莱斯格.免费文化[M].王师，译.北京：中信出版社.2009：22-23.

② 劳伦斯·莱斯格.免费文化[M].王师，译.北京：中信出版社.2009：23-24、25、27.

交给了总统；把对美国的社会、道德和文化的决定权交给了非民选的法官们。成文宪法中确立的议会主导原则逐步被总统至上和最高法院至上的原则所取代，形成了一个“双寡头”权力秩序。徐斌认为，真正的问题在于这个不成文宪法危害了美国的民主，使民众的精神堕入奴役。……尽管总统和最高法院可能做出正确的决定，但是这样的过程“使人们丧失了民主政治的体验和改正自身错误的道德教育，公民们丧失了自我治理的技能”。在双寡头权力运行几年后，国会将彻底丧失承担宪法责任的意愿和能力，而如此治理下的公民也将堕入到依附中央集权的奴役之路，成为“奥威尔的一九八四”[①]。

在中国，“躲猫猫”事件发生后，“躲猫猫”一词通过网络论坛、QQ、MSN等网络渠道迅速传播，很快成为网络流行语，并引起了社会公众对真相的质疑。质疑将舆论从调侃娱乐转向对真相的追问，并形成舆论压力，使有关部门及时注意到了公众愈演愈烈的质疑情绪，促使相关部门立即采取行动，尽快发布真相。使用网络流行词汇并非仅仅是时髦之举，而是代表了思想的萌芽，反映出民众积极参与社会公众事件的态度。而公民尤其是网民的参与在某种程度上影响了政府对公共事件的决策，也充分体现了媒体对政府决策的影响。当这种影响由个别扩展为一般时，将会形成一股强大而稳定的推动力量，在长远的时间范围内有利于推动政府信息公开，这对于中国民主政治的影响具有深远意义[②]。

2010年是中国的“微博元年”。《瞭望新闻周刊》充分论证了微博的特性及其对政治、公民素质的影响，微博裂变式的广泛传播，微博内容形式的简短更适合普通大众，微博多种终端尤其是小型手持移动终端更新的便捷，不仅使得微博的覆盖范围和影响力远远超过博客、论坛，也改变了以往博客、论坛等网络应用受时间、地点限制的状况，微博往往成为第一时间信息传播的载体。同时，微博还具有自发传播的特性，据北京市网络媒体协会调查，近半数的用户喜欢在微博上对有价值、有趣或有时效的信息进行转发。微博让每个人都成了一个“自媒体”，每个人都是信息的生产者

① 徐斌.被遗忘的宪法条文[J].读书,2011(4):26-27、29-30.

② 张晋升,谢璇.网络政务监督流行语解读——“躲猫猫”事件的符号特征与传播意义[J].国际新闻界,2010(3):93.

和消费者。[①]而2014年以来，比起微博，微信传播信息的方便、快捷，似乎更胜一筹。微博、微信等网络社交媒体将对中国公民参与社会生活的广度、深度产生极大的推动作用，也将对政府决策、民主政治产生深远影响。

结　语

政府的媒介管制开放，使媒体有可能更积极有效地为政府、国家、社会发展服务，而公民有可能通过媒体在参与社会生活的同时塑造自身；媒体本着社会责任、科学发展观念来进行信息传播，会帮助政府决策、促进社会发展，公民也才有可能享受到媒体的教育并成长为精神健康、目光远大的公民；公民积极通过媒体参与社会生活，才能有助于政府更加民主，才能使媒体拥有坚强的群众基础。在社会发展中，政府、媒体与公民形成了一种微妙的三足鼎立的相互制约关系，这为三者的共同进化提供了可能。正如凯文·凯利所说，随着时间的推移，在共同进化的过程中，动态的平衡总是可以实现的。

① 瞭望刊文评微博与宜黄事件关系：微博渐为舆论中心[EB/OL].[2010-11-08].http://news.ifeng.com/mainland/detail_2010_11/08/3033852_0.shtml.

第二编

公益慈善传播与社会治理

DI　ER　BIAN

GONGYI　CISHAN　CHUANBO　YU
SHEHUI　ZHILI

公益慈善报道的社会功能

随着社会的发展，我国公益慈善事业越来越常态化。作为公众认知的一个重要窗口，媒体需要负担起公共公益职能。以新闻及纪实性内容传播为例，无论是在门户网站进行关键词搜索，还是在学术网站进行关键词搜索，公益新闻、慈善新闻、公益报道、慈善报道、公益节目、慈善节目，以及公益慈善新闻、慈善公益新闻、公益慈善报道、慈善公益报道、公益慈善节目、慈善公益节目、爱心慈善类节目等名称都会出现。鉴于这些名称之间的复杂关系，考虑到新闻传媒在版面或新闻节目中常常将公益和慈善的内容并置，这里统一用“公益慈善”这一指称。同时，由于我们主要研究的是各类媒体的、涉及公益慈善的新闻性的内容，不包括各类媒体刊播的公益慈善研究论文、散文，也不包括各类媒体上以娱乐或教育或生活服务为主要功能的音视频内容，而新闻性内容无论是在纸媒还是广播电视媒体都是以报道体为主、评论体为辅，同时我们的研究统一采用“报道”这一概念。

那么这些概念究竟有何异同？公益慈善报道、社会主义核心价值体系，以及社会主义核心价值观等概念之间又有怎样的关系呢？

一、公益慈善报道与公益慈善节目

（一）公益慈善报道

要厘清公益慈善报道的概念，必须先从公益新闻、慈善新闻两个概念说起，而公益新闻和慈善新闻的关系，则可以从国家有关部门和学者对公益事业和慈善事业概念的厘定得到启示。

郑功成认为“慈善事业，是以社会成员之间的善心奉献与互助以及通过民间公益组织具体运作为基本特征的一项社会救助性事业”[①]。《中国慈善事业发展指导纲要（2006—2010）》没有界定“慈善事业”，但开篇提到“广泛开展以公民、法人和其他社会组织自愿捐赠资产和劳动，为扶贫济困、安老助孤、帮残助医、支教助学等慈善事业奉献爱心的活动，是中华民族传统美德和人类社会文明的重要组成部分”[②]。这就将慈善事业主要定位于“扶贫济困、安老助孤、帮残助医、支教助学等”。

1999年公布的《中华人民共和国公益事业捐赠法》对公益事业做了具体界定：“公益事业是指非营利的下列事项：救助灾害、救济贫困、扶助残疾人等困难的社会群体和个人的活动；教育、科学、文化、卫生、体育事业；环境保护、社会公共设施建设；促进社会发展和进步的其他社会公共和福利事业。”

综上可知，《中华人民共和国公益事业捐赠法》界定的“公益事业”的第一项大概等同于《中国慈善事业发展指导纲要（2006—2010）》所指的“慈善事业”，即“公益事业”在内涵和外延上包含了“慈善事业”。相应地，两者运作主体也有不同，慈善事业是以社会成员之间的善心奉献与互助，以及通过民间公益组织具体运作，公益事业则除了这些运作主体，更多的事业项目是需要国家相关部门来完成的。所以说，慈善事业是公益事业是成立的，但公益事业不仅仅是慈善事业，相应地，公益新闻的定义要

① 郑功成.论慈善事业[J].中国社会工作，1997(3)：11.

② 中国慈善事业发展指导纲要(2006—2010)[M]//民政部社会工作司.中国社会工作相关政策法规汇编.北京：中国社会出版社，2010：167.

比慈善新闻的定义更宽，其适用范围也更广泛[1]。

据此，这里采用公益慈善报道这一概念，把它作为论文以及新闻传播实践中出现的公益新闻（报道）、慈善新闻（报道）的合称。一般来说，公益新闻是围绕着公益事业的开展，展现公益事业中各参与方（既包含投身公益的一方，也包含受助获益方；既有个人、群体，也有组织、政府部门）的行动、心理、故事，以呼吁社会参与公益事业，监督公益事业，推动社会科学发展的新闻报道。慈善新闻则是围绕着慈善事业（扶贫济困、安老助孤、帮残助医、支教助学等）的展开，展现慈善事业中各参与方的行动、心理、故事，以呼吁社会对需要救助的特殊人群进行必要救助，并监督推动慈善事业健康发展，以实现社会科学发展的新闻报道。

（二）公益慈善节目

对于广播电视媒体，从业者和研究者更多地使用“节目”这一概念，即便是新闻类节目，人们也常常没有将它的新闻属性用在指称它的名词中。以公益慈善为核心宗旨的节目，在内容特征和功能上，既有新闻类节目，也有综艺娱乐类节目、社会教育类节目、社会服务类节目，而且很多节目从属性上兼具新闻性、教育性和服务性，甚至也会有娱乐因子。

在研究广播电视媒体乃至网络音视频节目中的公益慈善报道时，采用公益慈善节目这一概念可能更符合节目内容的现实。

关于公益慈善节目的概念，目前学界还没有形成统一的认识。目前发表于专业刊物、学术刊物以及报章的文章中有“慈善节目”“公益节目”“公益慈善节目”“慈善公益节目”“爱心慈善类节目”等指称。

《新闻晨报》2011年6月的一则新闻《慈善节目闯入黄金档 电视公益能不能有张娱乐脸》的导语称：“在各大卫视纷纷购买海外版权，各种综艺秀泛滥荧屏之时，湖南卫视却把一档公益慈善节目放上了每周四的黄金时档。然而，节目甫一播出，严肃正经的节目风格让不少人觉得与‘芒果台’整体的综艺风格格格不入，节目的收视率因此仅在同时段排名中位于中后。”紧接着，第二段又说：“电视公益节目叫好却难叫座，似乎是业内共识的问题。而公益节目能不能进行娱乐化包装，更是电视人思索的难题。”抛开这则新闻的内容不论，就在这短短的两小段文字和新闻标题中，先后出现了“慈善节目”“公益

① 罗宜虹，郭习松. 慈善报道转型探析[J]. 新闻前哨，2009(11)：65.

慈善节目”“公益节目”等几个指向栏目《帮助微力量》的指称。

另一则新闻《国家广电总局刊文高度肯定湖南卫视公益慈善节目》导语称，国家广电总局《收听收看》日报第197期，刊文专题点评“湖南卫视《帮助微力量》倡导慈善援助”，此文从节目的四大特性方面，高度肯定了湖南卫视致力于传播现代公益理念，践行透明慈善所做的努力。导语之后又有一段开头即称“《帮助微力量》作为以慈善援助为目的的公益节目”。在此新闻中，先后用“公益慈善节目”“公益节目”“以慈善援助为目的的公益节目”来指称《帮助微力量》。比较起来，这则新闻在概念的逻辑隶属关系上显得更为清楚。

新闻稿的特性决定了它不可能对一个概念进行论证梳理，这是可以理解的。但是，作为学术研究的文章，则应该将这些概念加以厘定。付卓认为“所谓电视慈善类节目就是通过电视手法来体现人间需要接受帮助的人的生活状态和情感经历，以呼吁社会和节目或频道的亲身参与对需要救助的特殊人群进行必要救助，其核心是‘利他’，并且不带任何功利色彩。其节目形式多样，可以是谈话类，也可以是纪录类，甚至是慈善性的电视晚会和慈善性的电视公益活动。只要是以情感和慈善为脉络贯穿节目都属于慈善节目的范畴”①。

公益节目、慈善节目概念的关系也可以从前文引用的国家有关部门和学者对“公益事业”和“慈善事业”的厘定得到启示。由此，可以认为，公益节目是围绕着公益事业的开展，展现公益事业中各参与方（既包含投身公益的一方，也包含受助获益方；既有个人、群体，也有组织、政府部门）的行动、心理、故事，以呼吁社会参与公益事业，监督公益事业，推动社会科学发展的节目。慈善节目则是围绕着慈善事业（扶贫济困、安老助孤、帮残助医、支教助学等）的展开，展现慈善事业中各参与方的行动、心理、故事，以呼吁社会对需要救助的特殊人群进行必要救助，并监督推动慈善事业健康发展，以实现社会科学发展的节目。

梳理上述引用文献，我们还是能看出公益节目和慈善节目有内涵和外延上的不同，慈善节目一般都是公益节目，但是是公益节目的则不一定是慈善节目，大体上，慈善节目是“以慈善援助为目的的公益节目”。当然，具体到电视栏目，往往不是每一期都是以慈善援助为目的的公益内容，可能还有其他类型的公益内容，因此用“公益慈善节目”可能更符合具有公益性质的电视栏目节目内容的实际情况。

---

① 付卓.论电视爱心慈善类节目的特点及发展趋势[J].新闻天地(论文版).2008(6):36.

它们的节目形式多样，可以是新闻报道类、谈话类、纪录片类、晚会类、活动类、游戏类等。这里主要研究的是新闻报道类的公益慈善节目。

二、社会治理与社会主义核心价值体系、核心价值观

2013年11月12日，中共十八届三中全会审议通过了《中共中央关于全面深化改革若干重大问题的决定》。全会指出，全面深化改革的总目标是完善和发展中国特色社会主义制度，推进国家治理体系和治理能力现代化。并提出，加快形成科学有效的社会治理体制，确保社会既充满活力又和谐有序；创新社会治理，必须着眼于维护最广大人民根本利益，最大限度增加和谐因素，增强社会发展活力，提高社会治理水平，维护国家安全，确保人民安居乐业、社会安定有序。要改进社会治理方式，激发社会组织活力，创新有效预防和化解社会矛盾体制，健全公共安全体系。

什么是社会治理？向春玲认为，从内容上看，社会治理是政府和社会组织共同为社会成员提供公共服务，管理国家和社会公共事务，还包括协调社会关系、化解社会矛盾，实现社会的安定有序。具体来说，社会治理，既要发挥政府服务管理社会的作用，也要发挥社会组织、社区自治和公民参与的作用。从方式上来看，传统的管理强调的是行政性，而社会治理除了行政还强调法制建设、思想道德建设、制度建设等多种方式。从方向上看，传统的管理只是单向式的、从上至下的管理，而社会治理强调的是双向的互动。[①]郑昌华也认为，社会治理更强调政府治理和社会自我调节、居民自治良性互动，更强调在市场经济条件下发挥经济手段、法律手段、道德手段、宣传教育手段的作用。“创新社会治理体制”是“推进国家治理体系”的重要组成部分，通过“创新社会治理体制”，最大限度增加和谐因素，增强社会发展活力，维护国家安全，确保人民安居乐业、社会安定有序[②]。关于社会治理的主要任务，韩庆祥认为是：反映群众诉求，规范社会行为，协调社会关系，调解利益格局，化解社会矛盾，解决社会问

① 向春玲.在创新社会治理中增强社会发展活力[EB/OL].[2013-12-05].http://theory.people.com.cn/n/2013/1205/c40531-23755811.html.

② 朱永华.创新社会治理体制 提高社会治理水平[EB/OL].[2013-11-22].http://news.sina.com.cn/c/2013-11-22/071028778483.shtml.

题，增强社会活力①。

社会主义核心价值体系，是2006年10月中共十六届六中全会通过的《中共中央关于构建社会主义和谐社会若干重大问题的决定》提出的一个概念，其基本内容包括四个方面，即马克思主义指导思想、中国特色社会主义共同理想、以爱国主义为核心的民族精神和以改革创新为核心的时代精神、社会主义荣辱观。

社会主义核心价值观是对社会主义核心价值体系的高度凝练和集中表达。据2013年12月23日新华社电、中央办公厅印发的《关于培育和践行社会主义核心价值观的意见》，将24字核心价值观分成3个层面：富强、民主、文明、和谐，是国家层面的价值目标；自由、平等、公正、法治，是社会层面的价值取向；爱国、敬业、诚信、友善，是公民个人层面的价值准则。

可以看出，我国创新社会治理、推进国家治理体系和治理能力现代化的目标和任务，正是社会主义核心价值体系、社会主义核心价值观所要求的，在社会治理的过程中正是需要坚守、弘扬和践行社会主义核心价值体系、价值观的各个层面的内容。

三、公益慈善报道与社会治理、社会主义核心价值观

公益慈善报道（节目）的创办和科学发展，能有力地弘扬社会主义核心价值体系，展示中国形象，推动社会发展。公益慈善报道（节目）中全国人民、海外华人华侨的慈善行为，展现了民族和国家的凝聚力向心力，塑造、展示和传播了“中国形象”。公益慈善报道（节目）对困难弱势群体的帮扶，消弭社会矛盾，正是中国特色社会主义共同理想的“和谐社会”的必然要求。报道和节目所体现的人文关怀、以人为本，正是马克思主义的终极目标“实现人的自由而全面发展”的题中应有之义，是社会主义荣辱观的重要体现。可以说，社会主义核心价值体系的提出，正给予了公益慈善报道（节目）存在与科学发展的思想与现实基础。另一方面，公益慈善报道（节目）的健康发展，不仅能有效传播现代慈善文化，也在这一过程中有效地传播与弘扬了社会主义核心价值体系。

---

① 韩庆祥.为什么要创新社会治理体制[EB/OL].[2013-11-28].http://theory.people.com.cn/n/2013/1128/c371950-23683192.html.

《中国慈善事业发展指导纲要（2011—2015）》指出：“继承和发扬中国优秀传统慈善文化，吸收国际先进的慈善理念和管理方式，不断丰富与社会主义核心价值体系相统一，与人道主义精神、现代财富观、社会责任感等相融合的现代慈善文化。”①这又说明，公益慈善精神（文化）与作为社会主义核心价值体系内核，体现社会主义核心价值体系的根本性质和基本特征，反映社会主义核心价值体系的丰富内涵和实践要求，是社会主义核心价值体系的高度凝练和集中表达的社会主义核心价值观，是相统一的。这样，作为反映和弘扬社会公益慈善精神、报道公益慈善行为与实践，扶危济困，促进社会和谐、化解社会矛盾的公益慈善报道，则也就是在弘扬社会主义核心价值观，对社会治理发挥了重要作用。

可以认为，社会治理、核心价值观和公益慈善报道三者具有这样的关系：社会治理的目标和任务是社会主义核心价值观各层面内容的实现，社会主义核心价值观的弘扬和践行，又进一步为社会治理营造了有利的氛围，而公益慈善报道因其对与社会主义核心价值观相统一的公益慈善精神的弘扬，必然对社会治理发挥重要作用。此外，公益慈善报道所报道的社会组织、公民、企业等主体对弱势群体的帮扶、参与公益事业等，本身就是各主体参与社会治理的表现。一言以蔽之，三者之间构成了彼此联系的互动关系，如图1：

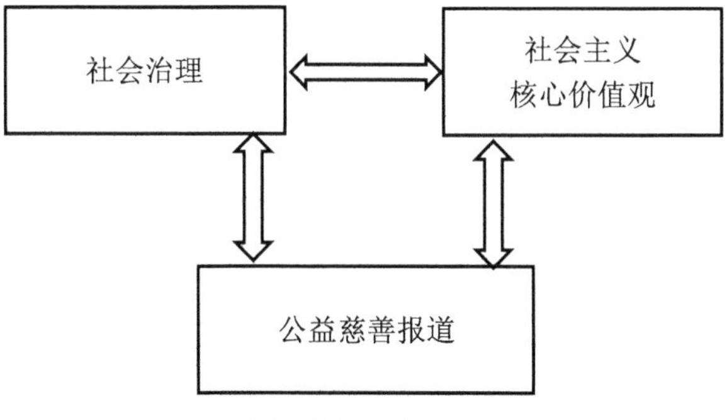

图1　公益慈善报道与社会治理之互动关系图

事实上，从我国公民以参与公益慈善事业的形式来参与社会治理的实践效果来看，媒体的公益慈善报道所积聚的援助力量更具有可信性。我国不少公益慈善组织先后曝出了腐败、捐款和捐助物资被挪用和毁坏的丑闻，

① 中国慈善事业发展指导纲要(2011-2015)[EB/OL].[2011-07-08].http://www.china.com.cn/policy/txt/2011-07/08/content_22951170.html.

公信力受到破坏[①]；更有很多公民个体不了解公益慈善组织，想捐助而无门而入。在这种情况下，我国媒体尤其是传统媒体因其长久积累的公信力，成为很多公民乃至组织进行公益慈善行为时首先选择的中介机构。而大量公民看到、听到媒体的公益慈善报道（节目）后立刻捐款捐物、参加志愿活动，正是对社会主义核心价值观的弘扬和践行。同时，也是公民社会参与这一社会治理体系的重要一环，更是公益慈善报道（节目）重要作用的直接证据[②]。

① 夏春.安徽省社会组织公信力现状调查[M]//安徽省社会科学界联合会.美好安徽 圆梦中国:自信·自觉·自强——安徽省社会科学界第八届(2013)学术年会文集,合肥:合肥工业大学出版社,2013:44.

② 在谢志平一书中提到的一个调查中,当问及“如果您有一定的帮助能力,您对媒体报道的有关失学、孤寡、残幼、重疾等请求捐助的事例”的态度时,68.7%的被调查者选择了“比较关心,会在自己能力范围内捐助”。(谢志平.关系、限度、制度:转型中国的政府与慈善组织[M].北京:北京师范大学出版社,2011:78)

公益慈善节目与弘扬社会主义核心价值观

一般说来，人们认为公益慈善节目在社会发展中能发挥重要作用，比如它通过实施慈善援助，褒奖慈善行为，监督慈善事业发展，传播慈善文化，让慈善意识、慈善理念深入人心，推动社会和谐发展。在这当中，对于现代慈善文化的传播与弘扬是这类节目的核心内容，而现代慈善文化是与社会主义核心价值观相统一，与人道主义精神、现代财富观、社会责任感等相融合的。那么在受众那里，这种作用真正存在吗?

笔者对身边的青少年进行了实证研究，同时考虑到新媒体的冲击、媒体竞争格局、青少年看报纸读公益慈善报道的机会和可能性，笔者选择对公益慈善节目在大学生中的传播与接受现状进行研究。

一、我国公益慈善节目的现状

我国公益慈善节目是在什么样的背景下出现并发展的呢？这首先得益于慈善事业的恢复与发展。新中国成立以后，慈善与慈善事业被作为私有制社会的产物被抛弃，但仍然不能改变它自古以来就是社会救助有机组成部分的本来面目。随着20世纪80年代开始的经济改革的不断深化，我国社会经济及社会成员的阶级结构均发生了深刻变化，这种新的时代背景决定了当代社会仍然需要发展慈善事业，而我国新时期的慈善事业是以1995年4月12日中华慈善总会的成立为起始标志①。付卓认为，“慈善”的正名，为电视慈善节目提供了产生的依据，我国慈善节目产生于1999年，以湖北电视台的慈善节目《阳光行动》为例②。而2005年3月5日，温家宝总理在政府工作报告中明确提出支持“发展慈善事业”，这是“慈善事业”首次出现在政府工作报告中。此后，公益慈善节目在各地电视台的出现如雨后春笋。

中央电视台从2006年开始，也掀起了一股“公益高潮”，涌现出大量公益慈善题材的节目，如“春暖”系列、“圆梦行动”、“感动中国”年度人物评选活动、《梦想合唱团》节目等。

笔者做了一个初步的统计，制作出了我国各省级电视台及省会城市台公益慈善节目的统计表如下：

表1　我国省级电视台、省会城市台公益慈善节目一览表（2012年统计）

省份	电视台	公益慈善节目
安徽	安徽电视台	《帮女郎，帮你忙》
	合肥电视台	《非常帮助》
广东	广东电视台	《万家灯火》《心绘彩虹》《公道》
	广州电视台	《公益新生活》
山东	山东电视台	《惊喜！惊喜》《慈善真情》《一帮到底》《做客》《天下父母》《和为贵》《银龄金秋》
	济南电视台	《今晚我帮你》
甘肃	甘肃电视台	《中华慈善行》《非常任务》
	兰州电视台	—
湖南	湖南电视台	《帮助微力量》《爱星来了》《智勇大冲关》《帮助直通车》《变形计》
	长沙电视台	—
天津	天津电视台	《帮助》《我们同行》
福建	福建电视台	《爱心帮帮团》《海西志愿者》
	福州电视台	—

① 郑功成．论慈善事业[J]．中国社会工作，1997(3)：11-13．

② 付卓．论电视爱心慈善类节目的特点及发展趋势[J]．新闻天地(论文版)，2008(6)：36．

续 表

省份	电视台	公益慈善节目
广西	广西电视台	《爱心在行动》
	南宁电视台	《帮得行动》
北京	北京电视台	《新闻手语》《生活广角》《青年公益心》《温暖》《愿望》《好人故事》
浙江	浙江电视台	《爱心浙江》《关爱行动计划》《范大姐帮忙》《百万赢家》《学习雷锋好榜样》《我爱行动计划》《福彩帮帮帮》《中国梦想秀》《梦想新生活》
	杭州电视台	《圆梦》《十分关注》
陕西	陕西电视台	《助你成才》
	西安电视台	—
黑龙江	黑龙江电视台	《帮忙》
	哈尔滨电视台	《万家灯火》《生活报告》
上海	上海电视台	《闪电星感动》《帮女郎》
海南	海南电视台	《生活帮帮帮》
	海口电视台	—
江苏	江苏电视台	《万家灯火》
	南京电视台	《日子》
四川	四川电视台	《中国爱·大歌会》《让爱作主》《真情人生》
	成都电视台	—
贵州	贵州电视台	《中国农民工》《真情纪实》
	贵阳电视台	—
湖北	湖北电视台	《阳光行动》
	武汉电视台	—
河南	河南电视台	《爱心社区》《民星在行动》《爱心调解》
	郑州电视台	《郑州大民生》《健康郑州》
江西	江西电视台	《金牌调解》
	南昌电视台	—
河北	河北电视台	《非常帮助》《阳光访谈》《非常关注》《公共关注》
	石家庄电视台	《公益行动》《阳光社区》
内蒙古	内蒙古电视台	《百姓热线》《寻人找物》
	呼和浩特电视台	—
新疆	新疆电视台	《真情关注》
	乌鲁木齐电视台	—

续 表

省份	电视台	公益慈善节目
青海	青海电视台	《天天低碳》
	西宁电视台	—
宁夏	宁夏电视台	《倾听》
	银川电视台	《知音人间》
吉林	吉林电视台	《有事您说话》《真情帮办》
	长春电视台	《长春帮》《情暖天下》
辽宁	辽宁电视台	《正在行动》
	沈阳电视台	《为爱向前冲》

此外，媒体竞争所带来的节目细分与受众细分化，和谐社会、社会主义文化大发展大繁荣、弘扬社会主义核心价值观等发展战略与政策要求，国家新闻出版广电总局基于电视节目过度娱乐化的“限娱令”等，都给公益慈善节目的创办与发展带来了机遇。“社会责任与公益意识已经逐步成为电视媒体彰显其价值的孪生兄妹，所以，打造具有公信力的公益节目，是电视媒体提升品牌影响力的重要因素。”①那么，类型如此众多的公益慈善节目的传播效果如何？其对弘扬与现代慈善文化相统一的社会主义核心价值观能否发挥作用呢？

二、公益慈善节目的比较实验与调查

2012年3月27日，笔者在所任教的安徽师范大学皖江学院广播电视新闻学专业大二全体学生中进行了一次公益慈善节目的小型收视调查。具体操作方法如下：选取中央电视台《身边的感动》、北京电视台《青年公益心》、山东电视台《慈善真情》、湖南电视台《帮助微力量》4档节目的各一期节目，依次播放给学生观看，在播放之前不做任何关于节目主题、形式等的提示，全部播放完毕后请学生填写问卷。

问卷只设置了5个问题，分别是：对节目的喜好程度；节目是否充分唤起了公众参与慈善的意识；对节目的总体评价；做出上述评价的原因；看过这些节目是否决定为公益慈善事业贡献力量。前面3个问题采用了5级量

① 任炜峰.理论：如何做好电视公益慈善类节目[EB/OL].[2010-11-30].http://gsrb.gansudaily.com.cn/system/2010/11/30/011791645.shtml.

表对学生的态度进行测量，答题者必须且只能从5种层级中选择一种；后面2个问题列举了一些选项供选择，并允许自行填写答案。

之所以选择这4档节目，首先，它们分属于不同的地域、有不同层级和地域色彩的文化特色；其次，其所属电视台均为行业佼佼者；再次，这4档节目形式上分别属于纪录短片、谈话、新闻专题、谈话加活动等。

具体说来，《身边的感动》选择的是草根慈善人物阿里木辛苦摆摊卖羊肉串却无私助学的故事，纪录短片形式，时长约6分钟。《青年公益心》是一个谈话节目，通过主持人、嘉宾主持和一个青年慈善工作者、现场观众的演播室访谈，外加资料小片展现救助中的故事，层层深入地讲述和探讨了慈善工作的甘苦、慈善工作的使命等深层次内容，时长约40分钟。《慈善真情》是一个新闻小专题，报道了一个企业及其领导捐资助学的事迹，采用主持人演播室播报、画外音解说，外加对于企业领导的现场采访及同期声，时长约8分钟。《帮助微力量》采用主持人演播室主持、明星在帮扶人群中生活的体验活动、明星回到演播室现场的讲述与和帮扶有关的表演活动，有关方面的现场认捐，多种元素结合，完成一次帮扶，时长约80分钟，所以在播放时只选择了前面20多分钟的段落（明星深入帮扶人群中进行体验和帮扶）。

笔者期望通过从学生对这4个节目的比较，来检验公益慈善节目的效果，以及受众对于公益慈善节目的认知的影响因素，为公益慈善节目在传播与弘扬社会主义核心价值观方面如何发挥作用这一问题找到些许答案。

本次调查受众具有以下特点，被调查者为广播电视新闻学专业的大学生，他们具备一定的电视纪实节目的理论知识和制作技术；作为“90后”，思想活跃，个性张扬，很少会为了迎合他人而掩盖自己的真实想法；作为在校大学生，他们之前未观看过上述节目。这些都保证了实验调查的有效性。有助于我们在一定程度上进行推理，并得出结论。

本次调查收回问卷52份，其中有效问卷51份。通过对回收的问卷进行统计与研究，得出初步结论：

（1）观众对于公益慈善节目的喜爱程度，与节目对于公众参与慈善的意识唤起的充分程度具有正相关关系。即观众越喜欢一个公益慈善节目，他由节目而产生的参与慈善的意识就越强。

表2 对节目的喜爱程度

栏目名称	非常喜欢	比较喜欢	一般	不喜欢	非常不喜欢
《身边的感动》	8	34	8	0	1
《青年公益心》	22	15	11	1	2
《慈善真情》	2	1	20	23	5
《帮助微力量》	22	22	4	2	1

表3 对“节目是否充分唤起了公众参与慈善的意识”的评价

栏目名称	非常充分	比较充分	一般	不充分	非常不充分
《身边的感动》	6	30	13	2	0
《青年公益心》	16	25	8	2	0
《慈善真情》	2	1	25	17	6
《帮助微力量》	18	23	8	2	0

观察表2，我们发现，绝大多数学生对于《帮助微力量》《青年公益心》《身边的感动》三个节目都给予了“非常喜欢”“比较喜欢”的评价；而相应地，在表3中，绝大多数学生对于这三个节目在唤起公众参与慈善的意识的充分程度方面做出了“非常充分”“比较充分”的评价。反之，绝大多数学生对于《慈善真情》做出了“一般”“不喜欢”的评价，相应地，绝大多数学生认为该节目在唤起公众参与慈善的意识方面的充分程度是“一般”“不充分”。

这一发现告诉我们，电视公益慈善节目是否能引起观众的喜爱、观众对于节目的喜爱程度与节目对于公众参与慈善的意识唤起的充分程度之间，可能具有相当大的正相关关系。这就启示国家有关部门如文化部门、宣传部门、民政部门，要做好现代慈善文化以及社会主义核心价值观的弘扬，应该重视公益慈善节目的创办与创新。

（2）观众对于公益慈善节目的喜爱程度，不仅与节目对于观众参与慈善的意识的唤起程度有正相关，可能还与观众投入慈善事业的行动强度有正相关关系。即，公益慈善节目不仅能影响观众参与慈善的态度，还能直接影响观众的行动。

表4　对“看过这些节目是否决定为公益慈善事业贡献力量”的回答

栏目名称	非常愿意，立刻开始	非常愿意，但以后开始	比较愿意，但以后开始	不愿意，因为个人力量太弱，公益慈善应是政府、企事业单位、有钱人的事	说不好	其他（请自填）
《身边的感动》	14	16	16	0	5	0
《青年公益心》	21	17	7	1	3	2
《慈善真情》	7	7	17	5	14	1
《帮助微力量》	14	24	6	2	3	2

从表4可以看出，《青年公益心》《帮助微力量》《身边的感动》三个节目让大多数学生做出了“非常愿意，立刻开始”和“非常愿意，但以后开始”的回答，而《慈善真情》节目在这点上则作用甚微。将表2、表3和表4联系起来进行比照，可以看出，《青年公益心》《帮助微力量》《身边的感动》三个节目恰恰在被喜爱程度、对参与慈善的意识的唤起程度上面相较于《慈善真情》高，而学生所表达的看过节目后加入慈善事业的行动强度也相对较弱。这进一步说明，公益慈善节目的质量好坏以及相关的被喜爱程度，可能直接影响公众参与慈善意识的唤起，进而直接影响公众对慈善行动的付诸实施。

（3）公益慈善节目存在不少问题，“宣传味道太浓”最受诟病。

从学生的回答（见表5），我们可以看出，“宣传味道太浓”被提及54次，是最受诟病的问题；“节目形式不好”被提及38次；“视听语言没用好”被提及13次；“主持人没主持好”被提及8次。学生还认为节目中被帮扶者的主体性表现太少，节目都太侧重宣传爱心人士的美德了；节目的深刻性因此也有削弱。当然，“节目反映的情况太多了”不是节目本身表现的问题，这种情况正是公益慈善节目要报道的，关键是怎么把这样的节目做好，让观众喜爱，触动他们的心灵，进而影响他们的行动。

表5　对节目存在问题的反映①

问题	《身边的感动》	《青年公益心》	《慈善真情》	《帮助微力量》
1.节目反映的情况太多了	9	5	0	8
2.宣传味道太浓	1	9	36	8
3.节目形式不好	7	11	14	6

① 注：有学生对于节目的问题进行了多选，故合计值可能大于51.其中，问题项6、7、8、10，是学生自己填写，原来问卷中没有涉及。

续 表

问题	《身边的感动》	《青年公益心》	《慈善真情》	《帮助微力量》
4.视听语言没用好	5	3	3	2
5.主持人没主持好	0	6	2	0
6.被帮助人的主体性表现太少	1	1	0	0
7.不深刻	9	0	0	2
8.参与性差	0	0	1	1
9.其他	7	2	1	6
10.自行填写好评(节目优点)	12	19	0	20
合计	51	56	57	53

（4）公益慈善节目尽管可以百花齐放，形式多样，但还是需要拥有一些基本的特质，其中“真实感人”（“触动心灵”“引起共鸣”）是最重要的。

表6 对节目优点（好评）的自行填写①

优点	身边的感动	青年公益心	慈善真情	帮助微力量
真实感人(触动心灵、共鸣)	10	5	0	14
体验式采访	0	0	0	5
节目形式好(《身边的感动》简洁明快;《青年公益心》《帮助微力量》层层深入、多而不乱)	3	10	0	5
互动性好	0	3	0	1
贴近性强,操作性强	2	1	0	0

在这次实验中（见表6），播放给学生看的节目形式各不相同，其中除了《慈善真情》让学生觉得新闻性弱，宣传味浓，其他三个节目都有学生主动填写了好评。在这些好评中，“真实感人”及其相近的表达被提及29次。在节目形式方面，学生认为《身边的感动》的纪录短片形式简洁但不简单，草根慈善，很贴近普通人的实际，示范性强，很多人表示“从现在开始，从身边小事开始做慈善”；《青年公益心》是演播室谈话形式，没有游戏，没有表演，涉及慈善问题的层面也很多，但是节目层层深入，循序渐进，多而不乱，非常深刻；《帮助微力量》有明星艺人与被帮扶者的深入互动，真实性强，感人肺腑。

① 注:没有设计本选项,部分学生主动填写;学生自填的好评有的有几项,就分拆到各点下面.所以,每个节目合计后的优点数可能超过表5中的“好评”数字。

公益慈善节目，需要讲究形式的精妙，体现互动性、贴近性、体验感、参与性、情感性以及被帮扶者的主体性，并最终实现以情动人，使观众产生共鸣。借助这种共鸣唤起慈善意识、传播慈善文化、实施慈善行为。

结　语

公益慈善节目在慈善事业的迅猛发展中得以迅速发展，社会主义核心价值观的传播与弘扬更为公益慈善节目的科学发展提供了思想支撑和动力源泉。公益慈善节目只要真正有“以受众为本”“以人为本”的传播理念，注意受众调查，真正从受众角度出发，在内容、结构、表现手法、主持风格、视听语言等方面加以精益求精，就一定能够获得受众的认同。

公益慈善报道与弘扬社会主义核心价值观

本文着重对公益慈善报道进行考察，即选择的实验材料在体裁上主要是新闻报道体。当然，即便都是新闻报道体，其中又有表现方式、叙事方式、风格上的细微差异，有的是平实简短的消息，有的是充实饱满的新闻专题，有的是注重艺术性的新闻纪录片，有的是情感倾向较为外露的介入性的帮扶报道。同时，本章在研究中还选择了一个对比验证性的公益慈善节目，明星参与答题赢得公益基金用于公益慈善项目，理论上是娱乐性吸引力较强，通过把这个节目放在实验材料中以考察新闻报道体的传播力影响力是否受到具有娱乐性的公益慈善节目的冲击。

一、研究方法

2014年9月5日，研究者在所任教的安徽师范大学皖江学院2012级广播电视新闻学专业全体学生（实到58人）中进行了一次公益慈善报道（节目）的小型调查。具体操作方法如下：选取安徽省芜湖市的晚报《大江晚报》（芜湖市是安徽省一个地级市、是综合实力仅次于安徽省省会合肥市的安徽第二大城市，该报是芜湖市惟一的晚报）的一则公益慈善报道《一位普通工人和他的爱心陪护团队》、安徽电视台经济生活频道《帮女郎 帮女忙》的一则爱心帮扶的视频新闻、安徽电视台卫视频道的公益慈善节目《全星全益》（明星为要帮扶的弱势群体、救助对象答题，赢得奖金）、中央电视台一套《身边的感动》（草根慈善人物阿里木辛苦摆摊卖羊肉串却无私助学的故事，纪录短片形式，时长6分钟左右）、《新闻联播・凡人善举》（扫桥爷爷窦珍的事迹，新闻专题，时长4分钟），共5条报道（节目），依次播放给学生观看，在播放之前不做任何关于节目主题、形式等的提示，在全部播放完毕后请学生填写问卷。

选择的媒体从行政级别来说涵盖了中央级媒体、省级媒体、地市级媒体；从媒体种类来说既有电视媒体，又有报纸媒体。从作品类型和内容来说，主要是新闻报道体或新闻纪实体的作品，分别是中央电视台《新闻联播》一条新闻专题、纪录短片《身边的感动》，两者都是讲述草根人物公益慈善行为的故事体；安徽电视台经济生活频道的一则消息，内容是对一项公益慈善活动“助学”行为的报道；《大江晚报》的报道也是一个草根人物的公益慈善行为的故事体。至于把安徽卫视《全星全益》这个融公益慈善内核、明星益智答题与竞赛的真人秀形式、外拍平民英雄的励志行为与公益慈善行为短片、轻幽默轻娱乐于一体的公益慈善节目放进试验，是为了作为比较，来考察新闻报道体和具有娱乐色彩的节目在公益慈善传播效果上的差异。

问卷只设置了6个问题，分别是：对该作品的喜好程度；对作品的总体评价；作品能否充分唤起公众参与慈善的意识；对作品的优劣质素的分析；看过这些作品是否决定为公益慈善事业贡献力量；你认为该作品弘扬了什么样的价值观。前面3个问题采用了5级量表对学生的态度进行测量，答题者必须且只能从5种层级中选择一种；后面3个问题列举了一些选项供选择，并允许自行填写答案。

二、变量测量

研究对能够进行量化的前3个问题进行了相关性分析，对于后面3个问题则进行了定性的梳理与评估。进行量化的3个问题形成3个变量如下：

（1）受试者对公益慈善报道（节目）的接受程度：首先考察受试者对所选的5条公益慈善作品的喜好程度，喜好程度划分为非常不喜欢、不喜欢、一般、比较喜欢、非常喜欢，分别赋值1—5分。接着考察受试者对作品的总体评价，总体评价划分为非常不好、不好、一般、比较好、非常好，分别赋值1—5分。

（2）受试者对作品能否唤起公众参与慈善的意识的认知：这里划分为非常不充分、不充分、一般、比价充分、非常充分，分别赋值1—5分。

对能够量化的指标，我们运用了SPSS19.0版本进行了数据分析。

三、研究目的

研究者期望通过从受试者对这5个作品的比较，来检验公益慈善报道（节目）的效果，以及影响受众对于公益慈善报道的认知的因素，考察公益慈善报道在唤起公众参与慈善（也就是社会治理的一种方式）的意识的程度，在弘扬社会主义核心价值观方面的作用层面，从而进一步证明公益慈善报道在社会治理、弘扬社会主义核心价值观方面具有重要作用。

当然，这一实验与调查并没有进行系统的抽样，也不是在全国范围的各种职业与年龄的人群中进行。但是，窥一斑而知全豹，广播电视新闻学专业的大学生，已经具备了一定的新闻报道采制的理论知识和制作技术；作为90后的他们，思想活跃，个性张扬，很少会为了迎合他人而掩盖自己的真实想法；在大学校园里，他们很少买报纸看新闻、无法在电视台播出时间收看相应的电视节目，此前他们很少有人在媒体刊播这些作品时看过这些作品。这些都保证了实验与调查的真实。这种真实，能够帮助我们在一定程度上进行推理，并得出结论。

四、研究发现

由于问题不多，在下课时就立即收回了58份问卷，问卷全部有效。通过对回收的问卷进行统计与研究，得出初步结论：

（1）受众对于公益慈善报道（节目）的喜爱程度，其对公益慈善报道

（节目）的评价之间，可能存在正相关关系。

表1　对作品的喜好程度

作品名称	非常喜欢	比较喜欢	一般	不喜欢	非常不喜欢
大江晚报《一位普通工人和他的爱心陪护团队》	2,3.45%	27,46.55%	28,48.28%	1,1.72%	0,0.00%
安徽经视《帮女郎 帮你忙》	1,1.72%	4,6.90%	26,44.83%	24,41.38%	3,5.17%
安徽卫视《全星全益》	8,13.79%	28,48.28%	17,29.31%	4,6.90%	1,1.72%
央视一套《身边的感动》	24,41.38%	29,50.00%	5,8.62%	0,0.00%	0,0.00%
央视一套《新闻联播·凡人善举》	29,50.00%	20,34.48%	9,15.52%	0,0.00%	0,0.00%

表2　对作品的总体评价

作品名称	非常好	比较好	一般	不好	非常不好
大江晚报《一位普通工人和他的爱心陪护团队》	5,8.62%	31,53.45%	22,37.93%	0,0.00%	0,0.00%
安徽经视《帮女郎 帮你忙》	2,3.45%	5,8.62%	34,58.62%	15,25.86%	2,3.45%
安徽卫视《全星全益》	9,15.52%	19,32.76%	24,41.38%	5,8.62%	1,1.72%
央视一套《身边的感动》	12,20.69%	35,60.34%	11,18.97%	0,0.00%	0,0.00%
央视一套《新闻联播·凡人善举》	25,43.10%	23,33.96%	8,13.79%	2,3.45%	0,0.00%

将表1和表2联系起来看，即受众越喜欢一个公益慈善报道（节目），他对其的评价也就越正面。也许二者本身就是一个问题，或者说换了一个角度来问，受试者仍然做出了对应程度的评价，更加说明受众越是认为一个公益慈善报道（节目）做得越好，他就越喜欢这个节目，反过来也可能他越是喜欢一个报道，他就越认为该报道好。

（2）受众对于公益慈善报道的喜好程度，与作品对于受众参与慈善的意识唤起的充分程度之间，可能具有相当大的正相关关系。即，受众越喜欢一个公益慈善报道，他由报道而产生的参与慈善的意识就越强。

观察表3，我们发现：①绝大多数学生对于中央电视台一套《身边的感动》《新闻联播·凡人善举》、安徽卫视《全星全益》给予了“非常喜欢”

“比较喜欢”的评价；而相应地，在表2中，绝大多数学生对于这三个节目在唤起公众参与慈善的意识的充分程度方面做出了“非常充分”“比较充分”的评价。②分别有接近半数的学生对《大江晚报》的公益慈善报道选择了“比较喜欢”“一般”，个别学生选择了“非常喜欢”，剩下的个别学生选择了“不喜欢”；而在表3中，学生对于该作品在唤起公众参与慈善的意识的充分程度方面的比例关系与表1几乎是一一对应，分别是接近半数学生选择了“比较充分”“一般”，极少数学生选择了“非常充分”和“不充分”。③反之，较多学生对于所选的安徽经视《帮女郎 帮你忙》的一则爱心帮扶的消息做出了“一般”“不喜欢”的评价，相应地，较大多数学生认为该作品在唤起公众参与慈善的意识方面的充分程度是“一般”“不充分”。

表3　对“作品是否充分唤起了公众参与慈善的意识”的评价

作品名称	非常充分	比较充分	一般	不充分	非常不充分
大江晚报《一位普通工人和他的爱心陪护团队》	3,5.17%	26,44.83%	26,44.83%	3,5.17%	0,0.00%
安徽经视《帮女郎 帮你忙》	1,1.72%	7,12.07%	26,44.83%	19,32.76%	5,8.62%
安徽卫视《全星全益》	3,5.17%	20,34.48%	23,39.66%	10,17.24%	2,3.45%
央视一套《身边的感动》	8,13.79%	32,55.17%	18,31.03%	0,0.00%	0,0.00%
央视一套《新闻联播·凡人善举》	24,41.38%	25,43.10%	6,10.34%	3,5.17%	0,0.00%

这一发现告诉我们，受众对于公益慈善报道的喜好程度与报道对于公众参与慈善的意识唤起的充分程度之间，可能具有相当大的正相关关系。这就启示国家有关部门如文化部门、宣传部门、民政部门，要做好现代慈善文化以及社会主义核心价值观的弘扬，应该重视公益慈善报道及节目的创办与创新。

（3）受试者对公益慈善作品的喜好程度、对作品的总体评价、作品对公众参与慈善意识的唤起程度，这3个变量之间可能存在正相关关系。

这可能进一步确定地告诉新闻媒体，一个公益慈善报道乃至其他节目做好了，受众认为好了，那就是真的好；而受众认为好了，他就会喜欢这个节目，这个节目对他的正向态度的唤起作用就更大。如此，可以看出至少在公益慈善报道，在一贯被认为不怎么使用传统媒体、不怎么看电视的青年人当中，充分尊重受众或用户基础上的内容为王，仍然是真理。

为了进一步验证受试者对公益慈善作品的喜好程度、对作品的总体评价、作品对公众参与慈善意识的唤起程度之间是否存在相关关系，更加准确地描述变量之间的线性相关程度，我们运用SPSS19.0软件通过计算相关系数来进行相关分析。相关系数是衡量变量之间相关程度的一个量值。如果相关系数是根据总体全部数据计算，称为总体相关系数，记为ρ；如果是根据样本数据计算而来的，则称为样本相关系数，记为r。在统计学中，一般用样本相关系数r来推断总体相关系数。相关系数的取值范围在-1和$+1$之间，即$-1 \leqslant r \leqslant +1$。其中：若$0 < r \leqslant 1$，表明变量之间存在正相关关系，即两个变量的相随变动方向相同；若$-1 \leqslant r < 0$，表明变量之间存在负相关关系，即两个变量的相随变动方向相反；根据经验可将相关程度分为以下几种情况：

$|r| \geqslant 0.8$时，视为高度相关，$0.5 \leqslant |r| < 0.8$，视为中度相关；$0.3 \leqslant |r| < 0.5$，视为低度相关；

$|r| < 0.3$时，说明变量之间的相关程度极弱，可视为不相关。

我们对5个作品的受试者喜好程度数据290个、总体评价数据290个、唤起公众参与慈善意识的数据290个（58份问卷，每份问卷都对5个节目的这3项考察问题进行了回答），进行了每两个指标间的简单相关分析，得出结果如下：

表4　对公益慈善作品的喜好程度与总体评价之间的相关性分析

				喜好程度	总体评价
喜好程度	Pearson 相关性			1	.785**
	显著性（双侧）				.000
	N			290	290
	Bootstrap[a]	偏差		0	-.001
		标准 误差		0	.024
		93% 置信区间	下限	1	.739
			上限	1	.825
总体评价	Pearson 相关性			.785**	1
	显著性（双侧）			.000	
	N			290	290
	Bootstrap[a]	偏差		-.001	0
		标准 误差		.024	0

续 表

				喜好程度	总体评价
		93% 置信区间	下限	.739	1
			上限	.825	1

**. 在 .01 水平(双侧)上显著相关。
a. Unless otherwise noted, bootstrap results are based on 290 bootstrap samples

受试者对公益慈善作品的喜好程度、对作品的总体评价两个变量之间的相关性系数为0.785，为中度相关，接近高度相关（见表4）。

表5　喜好程度与能否唤起公众慈善意识之间的相关性分析

				喜好程度	能否唤起公众慈善意识
喜好程度	Pearson 相关性			1	.717**
	显著性(双侧)				.000
	N			290	290
	Bootstrap[a]	偏差		0	-.003
		标准 误差		0	.030
		93% 置信区间	下限	1	.642
			上限	1	.767
能否唤起公众慈善意识	Pearson 相关性			.717**	1
	显著性(双侧)			.000	
	N			290	290
	Bootstrap[a]	偏差		-.003	0
		标准 误差		.030	0
		93% 置信区间	下限	.642	1
			上限	.767	1

**. 在 .01 水平(双侧)上显著相关。
a. Unless otherwise noted, bootstrap results are based on 290 bootstrap samples

从表中看出（见表5），受试者对公益慈善作品的喜好程度、作品对公众参与慈善意识的唤起程度两个变量之间的相关性系数为0.717，为中度相关，接近高度相关。

表6　总体评价与能否唤起公众慈善意识之间的相关性分析

				能否唤起公众慈善意识	总体评价
能否唤起公众慈善意识	Pearson 相关性			1	.746**
	显著性(双侧)				.000
	N			290	290
	Bootstrap[a]	偏差		0	.002
		标准 误差		0	.029
		93% 置信区间	下限	1	.693
			上限	1	.794
总体评价	Pearson 相关性			.746**	1
	显著性(双侧)			.000	
	N			290	290
	Bootstrap[a]	偏差		.002	0
		标准 误差		.029	0
		93% 置信区间	下限	.693	1
			上限	.794	1

**. 在 .01 水平(双侧)上显著相关。
a. Unless otherwise noted, bootstrap results are based on 290 bootstrap samples

可以看出（见表6），受试者对作品的总体评价、作品对公众参与慈善意识的唤起程度之间相关性系数为0.746，为中度相关，接近高度相关。

（4）媒体公益慈善报道（节目）取得一定成绩，但仍存在不少问题，“形式不好”“宣传味道太浓”最受诟病。

从表1、表2来看，央视的两条作品在受试者对其喜好程度、总体评价、唤起公众参与慈善的意识的充分程度方面都较大幅度地高于安徽媒体；而在所选的安徽媒体的3条作品中，在受试者对作品的喜好程度和总体评价方面，安徽卫视《全星全益》、安徽芜湖的《大江晚报》的一则公益慈善人物报道，互为一、二名，而安徽经视的《帮女郎 帮你忙》在喜好程度和总体评价方面都在三者中位居末位。

在对作品优劣质素的分析中，大多数学生不仅对公益慈善报道（节目）存在的问题进行了选择，还主动填写了他们喜欢某些报道（节目）的原因，本文用“对作品优劣质素的分析”进行了统计（见表7）。从学生的回答，我们可以看出：①学生们对央视两个节目评价相比于安徽媒体的要正面些，具体原因有待进一步研究。②对于安徽媒体公益慈善报道（节目）的评价中，安徽经视一则公益慈善报道获得的优劣点评价，全部是负面的，没有学生主动填写优点；《大江晚报》的文字新闻的缺点累计被提及超过60%，但还是有学生填写了它的优点。③结合几则公益慈善报道（节目）的内容、形式的分析，我们发现获得较多正面评价的几个作品有着共性，《大江晚报》我们所选的实验材料是以讲故事形式呈现的公益慈善人物事迹报道，中央电视台一套两个报道也都是以讲人物故事形式呈现的纪录短片。④安徽卫视的《全星全益》不是新闻报道体，它是一个融公益慈善精神内涵与益智答题、明星访谈的娱乐性、草根慈善人物、帮扶对象的励志故事于一体的节目，之所以放在实验中，也是想用来对比考察受众对于公益慈善传播的接受偏好，而从实验结果来看，似乎可以看出这个节目的一点娱乐气质（娱乐明星的答题表现及其与主持人的幽默活泼的对谈）、外拍短片的故事化，为该节目赢得了受众。⑤至于“作品反映的情况太多了”不是公益慈善报道本身表现的问题，这种情况正是公益慈善报道需要做的，关键是怎么做好，让受众爱读爱看，触动他们的心灵，进而影响他们的行动。

表7　对作品优劣质素的分析①

问题	大江晚报《一位普通工人和他的爱心陪护团队》	安徽经视《帮女郎 帮你忙》	安徽卫视《全星全益》	央视一套《身边的感动》	央视一套《新闻联播·凡人善举》
1.作品反映的情况太多了	10,16.13%	2,3.03%	12,19.05%	6,9.52%	5,8.06%
2.宣传味道太浓	3,4.84%	38,57.58%	13,20.63%	17,26.98%	12,19.35%
3.形式不好	29,46.77%	23,34.85%	19,30.16%	13,20.63%	7,11.29%
4.视听语言没用好	6,9.68%	2,3.03%	4,6.35%	7,11.11%	5,8.06%
5.主持人没主持好	0,0.00%	1,1.52%	1,1.59%	3,4,76%	0,0.00%
6.说不好	4,6.45%	0,0.00%	1,1.59%	1,1.59%	5,8.06%
7.作品真实全面	8,12.90%	0,0.00%	0,0.00%	6,9.52%	5,8.06%
8.传递正能量、感人	1,1.61%	0,0.00%	2,3.17%	8,12.70%	18,29.03%
9.贴近群众	1,1.61%	0,0.00%	11,17.46%	2,3.17%	5,8.06%
合计	62,100%	66,100%	63,100%	63,100%	62,100%

① 注：有学生对于作品的问题进行了多选，故每一作品的选项合计值（每一列的合计值）可能大于58.其中，6–9的问题项，是学生自己填写，原来问卷中没有涉及。

（5）公益慈善报道（节目）尽可以百花齐放，形式多样，但还是有一些基本的特质，其中“真实全面”“传播正能量”“感人”“贴近群众”特征非常重要。实验问卷没有提供优点选项供受试者对所选材料进行评价，但受试者仍然主动填写了他们认为的上述作品所具有的优点，经过合并内容后，可以归结为上述几个质素。

（6）受试者对公益慈善报道在弘扬社会主义核心价值观方面的作用，主要认为在友善、和谐、文明三个方面。

表8 该作品弘扬的价值观

问题	大江晚报《一位普通工人和他的爱心陪护团队》	安徽经视《帮女郎 帮你忙》	安徽卫视《全星全益》	央视一套《身边的感动》	央视一套《新闻联播·凡人善举》
友善	34	25	23	37	20
和谐	26	15	14	23	23
文明	13	9	12	14	32
奉献	13	3	6	8	21
爱心	12	9	10	19	4
诚信	6		9	5	2
互助	4	8	7	5	2
公正	2		2		
感动	2				2
爱国	2	1	2	2	4
自由	1		3	1	
真诚	1	1		1	
责任	1	2	1	1	2
团结	1		1		
民主	1		1		1
敬业	1	1	2	1	
坚持	1		2	1	2
法治	1		1		
慈善		4	4	5	
伟大				2	
乐观				1	
勤劳				1	2
平等		2	4	6	

续 表

问题	大江晚报《一位普通工人和他的爱心陪护团队》	安徽经视《帮女郎 帮你忙》	安徽卫视《全星全益》	央视一套《身边的感动》	央视一套《新闻联播·凡人善举》
自力更生				1	
善良					1
决心					1
爱家					1
尊重		1			
功利		1			
感恩		1			
富强		1			
孝道			2		

本次实验允许受试者自由填写其心目中认为的所选各实验材料所体现的价值观，从他们所填的结果来说，友善、和谐、文明无疑最被认可（见表8）。如果进行关键词分析，将受试者所填的词义相近词语合并，可以看出友善、慈善、爱心、善良意思相近，被提及次数最多。和谐、文明两个社会主义核心价值观关键词在所选材料中的体现，需要受试者具有一定的政治思想素养，需要看懂作品、深入思考作品的深层意义后才能得出，而受试者竟然在没有任何提示的情况下指出了公益慈善报道对二者的弘扬，则更说明公益慈善报道在参与社会治理、弘扬社会主义核心价值观方面是大有可为的。

结 语

公益慈善报道（节目）在慈善事业的迅猛发展中得以迅速发展，在社会治理体系构建中也理应得到更大程度的重视，社会主义核心价值观的传播与弘扬离不开公益慈善报道（节目）的科学发展。通过受众调查与实验研究可以发现，某些公益慈善报道（在实验之前学生从来没看过）即便在被认为“挑剔”“娱乐至死”的大学生中，也能够得到高度认同。这就说明，公益慈善报道只要真正有“以受众为本”“以人为本”的传播理念，注重受众调查，真正从受众角度出发，在内容、结构、表现手法、主持风格、视听语言等方面加以精益求精，更能发挥好公益慈善报道的功能。进而，在弘扬社会主义核心观和参与社会治理中发挥出更重要的作用。当然，由于研究条件限制，没有进行严格完备的相关分析、主成分分析等量化方法的操作，但是即便如此所得出的探索性结论仍然具有一定的启示意义。

公益慈善报道与中国形象

近年来，中国发生了一些突发性的灾难性事件，如汶川地震、玉树地震、舟曲泥石流、芦山地震等，在每一次灾难性事件中媒体都进行了持续有力的救灾报道，这些救灾报道中的一部分报道将目光对准公益慈善组织、公益慈善人物及其对受灾群众的帮扶援助，一部分报道将目光对准受灾人民在灾难中体现出的互助、坚韧等美好精神，可以说比较充分地表现中国民众的形象——而这正是中国形象的一部分。由此，本章拟从中国形象视角来分析公益慈善报道。

一、"中国形象"的概念界定

"中国形象"的概念界定要从"国家形象"概念开始。一般而言，人们倾向于从国际层面上对国家形象进行界定，即某一国家外部公众对该国政治（包括政府信誉、外交能力与军事实力等）、经济（包括金融实力、财政实力、产品特色与质量、国民收入等）、社会（包括社会凝聚力、安全与稳定、国民士气、民族性格等)、文化(包括科技实力、教育水平、文化遗产、风俗习惯、价值观念等)与地理(包括地理环境、自然资源、人口数量等)等方面状况的认识与评价。国内公众对本国各方面状况的认识和评价一般被归类为国内形象和政府形象。①也就是说,中国形象可以主要被认为是国外公众对中国政治、经济、社会、文化、地理等方面状况的认识评价。

而国家形象具体由国家实体形象、国家虚拟形象和公众认知形象三个层次组成,其中国家实体形象是国家形象在国际上的客观面貌,是未被评价和认知的原始存在,是一国综合国力的自然状态;国家虚拟形象即通常意义上的媒体国家形象;公众认知形象是国家主观形象,是外部公众对一国形象的认知,是一国希望打造的国家形象的最后作用点,在媒介化社会里公众认知形象主要是通过媒介尤其是大众传播媒介获得的。②由此,我们可以得出关于国家形象的实现路线图:

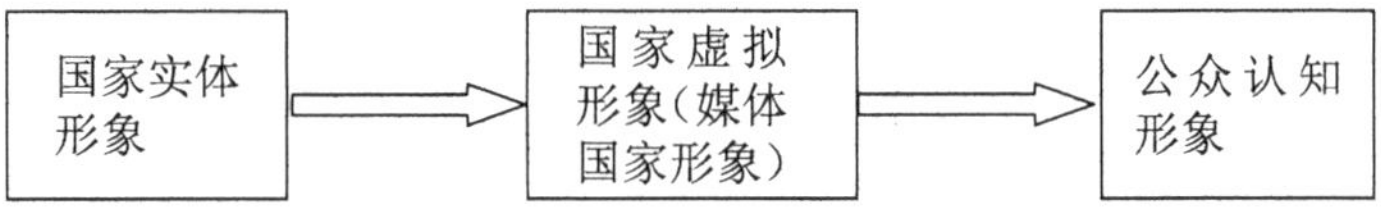

图1 媒介化社会国家形象的层次与实现

而如前文所述,公益慈善报道是公益新闻(报道)和慈善新闻(报道)的合称,一般来说是媒体对公益慈善事业、公益慈善事件和活动、公益慈善人物等内容的各种报道。笔者认为,"中国形象"与公益慈善报道的主要关系如下:

首先,公益慈善报道可以从正面展示和传播"中国形象"。从某种程度上讲,一国国家形象的好坏与传媒的长期报道作用于人们头脑中所形成的印象有很大关系。③正如美国学者格伯纳所提出的"培养分析"理论所阐述的那样,媒体尤其是电视媒体具有塑造人们共同的价值观、人生观和世界观的作用。一方面,传媒的公益慈善报道的内容主要是对困难弱势群体的帮扶,对社会问题的关注,具有消弭社会矛盾之用,体现的正是中国特色社会主义共同理想的"和谐社会"的基本要求。公益慈善传播所体现的人文关怀、以人为本,正是马克思主义的终极目标"实现人的自由而全面发

① 段鹏.国家形象建构中的传播策略[M].北京:中国传媒大学出版社,2007:8.

② 段鹏.国家形象建构中的传播策略[M].北京:中国传媒大学出版社,2007:8-10.

③ 李良荣.新闻学概论(第三版)[M].上海:复旦大学出版社,2011:173.

展”的题中应有之义。这些都展现了中国的社会凝聚力、民族性格、价值观念等，直接传递着“中国形象”。另一方面，“中国形象”包含着个人形象、组织形象等不同主体的形象。传媒对个体层面的公益慈善报道，塑造的是参与公益慈善、帮扶他人的个人形象；对政府、企事业单位层面参与公益慈善的报道传播的是组织形象。无论是对个体形象还是组织形象的塑造，都在不同层面传递着国家形象。可以说，公益慈善报道对展现个人无私奉献、乐于助人的精神以及国家和民族的凝聚力向心力，塑造、展示和传播“中国形象”具有重要意义。

其次，“中国形象”视阈下的公益慈善报道也反映出当下存在的一些社会问题。例如留守儿童问题、残疾人救助问题、环境污染问题等。遗憾的是，当下的部分传媒的公益慈善报道往往侧重于“提出问题”，但在如何“解决问题”上往往心有余而力不足。毋庸讳言，解决这些社会问题，更多需要政府和社会的共同努力，但绝不应该被传媒所忽视。

二、关于《共同关注》与“中国形象”的实证研究

（一）目标媒体的选择

本研究以电视为目标媒体，以央视为研究对象。首先，央视是权威媒体的代表，《共同关注》作为其典型的公益慈善栏目，从2003年开播距今已经10多年之久，节目具有深刻的典型性和代表性。其次，央视新闻的覆盖率和到达率在众多电视媒体单位中占有绝对的优势。因此，央视在公益慈善报道中对“中国形象”相关信息的选择和处理直接关系到人们对“中国形象”的认知，对“中国形象”的塑造具有重要影响力。

（二）时间范围的选择

《共同关注》是中央电视台（以下简称“央视”）新闻频道一档以公益慈善为品牌特色的日播专题栏目，致力于打造央视第一公益品牌。2009年8月《共同关注》改版后全新亮相，新版《共同关注》以新闻资讯为主，附带央视评论员评论。本研究选取2009年10月、2013年10月为研究时段，之所以选择这两个时间段是因为本文以央视《共同关注》栏目为个案作内容

分析。选取2009年10月份是因为该时间段处在改版初期，从其播出内容可推测其今后节目走向；选取2013年10月份是因为此时距改版已有5年，将其播出内容与2009年10月份做同期比较，分析该节目在公益慈善报道方面的发展。

（三）分析方法的选择

本研究采取非介入性研究方法，在《共同关注》官方网站中获取2009年10月份和2013年10月份的全部节目，共计新闻视频1861个，以内容分析法的要求对分析单位进行统计和计算。首先，对其资讯内容进行全方位搜索梳理，保证信息的全面和充分。其次，以所有在相关时间范围内报道过的新闻资讯为分析单位，按照播出日期、新闻总数、国内新闻所占条数、国际新闻所占条数、公益慈善新闻所占条数、公益慈善新闻内容等类目建立数据表格。通过对各个变量的横向、纵向的计算和对比，观测央视在公益慈善栏目中对“中国形象”的塑造及报道态度。

三、研究发现

经过对央视新闻频道《共同关注》2009年、2013年10月期间的视频资料的分析，整理出了如下统计表格：

表1 央视《共同关注》2009年10月份报道内容

播出日期	新闻总数	国内新闻	国际新闻	公益慈善新闻	公益慈善新闻内容
10月1日	27	18	9	7	国庆60周年盛典：我们共同的光荣
10月2日	25	17	8	6	首都各界庆祝60周年国庆、国庆60周年阅兵式
10月3日	34	27	7	8	汽车旅游绿色出行、带孩子游园 避拥挤人群
10月4日	30	21	9	8	旅游新选择、“保单门”揭航意险制假冰山一角
10月5日	33	18	15	10	国庆庆典的记忆、“茉莉”将不会影响我国近海
10月6日	26	15	11	7	陈观玉：爱心见证中英街的变迁
10月7日	31	22	9	9	错峰游成好选择、云端行窃：一个航班揪出三贼
10月8日	33	17	16	5	“茉莉”致2人死亡 数百航班取消
10月9日	36	23	13	8	湖南冷水江锑矿罐笼坠落、56民族谱和谐赞歌
10月10日	27	17	10	8	“笆玛”造成153人死亡

续　表

播出日期	新闻总数	国内新闻	国际新闻	公益慈善新闻	公益慈善新闻内容
10月11日	29	22	7	12	商家作案高科技窃听令人忧
10月12日	32	21	11	11	天价烟局长获刑、日军大轰炸案诉讼暂告段落
10月13日	35	19	16	7	官兵救援被夹驾驶员
10月14日	29	17	12	5	亲友诱骗传销 触目惊心、手机网店遭“无间道”
10月15日	33	25	8	13	石嘴山爆破事故、小学“贵族班”挑战教育公平
10月16日	31	17	14	7	公款豪华游海事法院院长被免网络征婚藏陷阱
10月17日	35	22	13	6	废品站“酿”出品牌酒
10月18日	36	25	11	9	“地下警察”替人出头、母子失散八年终团聚
10月19日	25	9	16	12	电费将划阶梯、“保密焦虑症”困扰白领
10月20日	27	18	9	6	翻新洋垃圾年销旧衣上亿、小学生干部也贿选
10月21日	31	21	10	11	彩票诈骗又出新招南昌:捆绑收费惹争议
10月22日	25	13	12	7	九百万亩土地受旱、“差生”入选北大保研争议
10月23日	32	23	9	6	“乙肝”维权首案胜诉日企主动赔偿中国劳工
10月24日	29	16	13	9	洞庭湖持续干旱、“炒房处长”被判无期
10月25日	26	10	16	5	求职者“被办卡”落入透支陷阱
10月26日	28	21	7	8	智障康复机构进小区难、入秋引发哮喘患儿激增
10月27日	27	15	12	3	四类人不能接种甲流疫苗、告慰英雄感动化行动
10月28日	30	19	11	2	湖北:市民送别三名见义勇为大学生
10月29日	28	20	8	7	重庆留守儿童人数达30万、北京甲流患者增加
10月30日	32	23	9	9	今年首个寒潮到、井盖丢失五年受害市民众多
10月31日	28	17	11	11	大雪突降供暖提前

表2　央视《共同关注》2013年10月份报道内容

播出日期	新闻总数	国内新闻	国际新闻	公益慈善新闻	公益慈善新闻内容
10月1日	20	19	1	7	特别调查:新中国成立64周年 我爱你中国
10月2日	23	17	6	5	假期出行莫忘“带文明”
10月3日	23	18	5	7	假期景区不文明现象调查
10月4日	25	16	9	8	直通景区、爱国让你想起什么
10月5日	27	20	7	7	直通景区、爱国是情感更是责任
10月6日	39	33	6	9	国庆旅游看文明、爱国让你想起什么
10月7日	26	21	5	10	黄金周盘点、中国军队的“老兵”和“新兵”

续 表

播出日期	新闻总数	国内新闻	国际新闻	公益慈善新闻	公益慈善新闻内容
10月8日	36	23	13	16	建筑垃圾非法倾倒调查、"非特"余威凶猛
10月9日	34	20	14	6	北京市容委研讨曝光内容
10月10日	34	17	17	13	余姚防汛形势严峻、万元利息为何缩水？
10月11日	37	25	12	8	航拍余姚、多地现超长期保值储蓄利息缩水
10月12日	29	16	13	10	证件办理遭遇"踢皮球"
10月13日	28	21	7	8	晒被子比孝心、余姚深水中送补给
10月14日	30	16	14	8	求医问药最头疼什么、余姚灾后秩序恢复正常
10月15日	35	16	19	6	厦门"疯狂礁石"屡困游客、"圆仔"满百天
10月16日	33	14	19	4	民政部：下拨1.18亿助浙闽救灾、关注服务
10月17日	28	21	7	6	安徽滁州"忽悠"非个例
10月18日	25	18	7	11	雾霾阻击战、公交车上的暴力
10月19日	26	21	5	10	关注北京治霾
10月20日	27	24	3	6	规定缺乏人性化行业服务引争议
10月21日	33	22	11	10	雾霾笼罩东北三省、关注万象：保护动物
10月22日	29	17	12	11	雾霾笼罩东北三省、打击非法行医
10月23日	34	19	15	7	关注东北雾霾、爱心企业捐助"最美乡村教师"
10月24日	28	13	15	5	行车记录仪 分清责任防碰瓷、打击非法行医
10月25日	36	22	14	8	"神医"再现江湖 涉嫌害死青年
10月26日	23	8	15	3	湖南永州：又到候鸟迁徙季 私下售鸟仍存在
10月27日	32	23	9	8	北京香山公园迎客流高峰、真假"花旗"
10月28日	28	19	9	4	"魔术烟"误导孩子、理解偏差"消费"成禁忌
10月29日	31	13	18	2	"干扰器"盗车内财物
10月30日	33	22	11	7	沉迷手机的"低头族"、如何辨别染色脐橙
10月31日	39	26	13	7	如何辨别转基因和非转基因产品、松原地震

根据上表，我们把与环境保护、自然灾害、调查维权等内容相关的新闻视频归类于公益慈善新闻一类，对其中的公益慈善新闻报道内容具体分析如下（见图2）：在《共同关注》2009年10月31天的节目中，环境保护类有3天，涉及绿色出行等；灾害报道有5天，涉及台风"茉莉"等报道；监督维权报道有8天，涉及"炒房处长"被免职曝光等；社会乱象报道有10天，涉及彩票诈骗等内容；公益服务报道有14天，涉及"告慰英雄：感动化行动"等。在2013年10月份31天的节目中，环境保护类报道有6天，涉

及全国各地的雾霾天气等报道；灾害报道有9天，涉及台风“菲特”松原地震等；监督维权报道有5天，涉及市民“办证难”等；社会乱象报道有10天，涉及建筑垃圾非法倾倒等；公益服务报道有11天，涉及“如何辨别转基因和非转基因产品”等新闻，如下图：

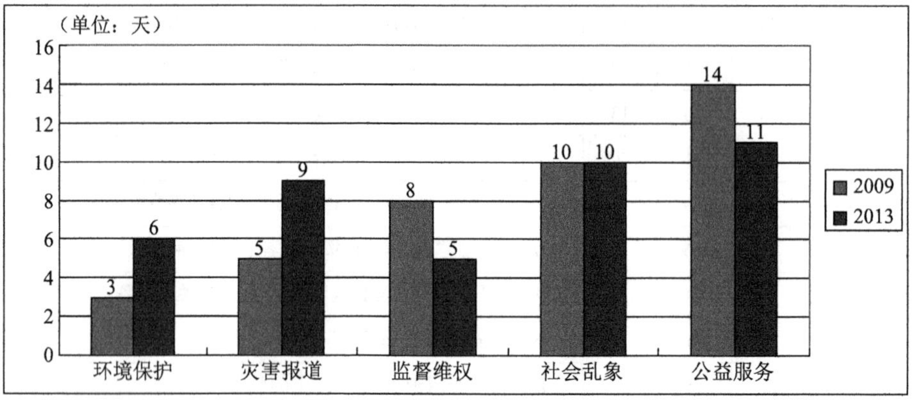

图2　《共同关注》2009年、2013年10月各类公益慈善新闻报道出现天数分布

(一)公益慈善报道的内容涵盖面扩大,注重监督性和服务性

根据上文，我们分析新版《共同关注》关于公益慈善报道的特征有以下三点。首先，《共同关注》中的公益慈善报道涵盖的范围较广，从环境保护到监督维权，从灾害报道到公益服务甚至是人民群众中的不文明现象都予以了报道，对“中国形象“的塑造更加全面。其次，公益慈善报道的新闻性、监督性、服务性较强，最典型的如对“雾霾”天气的报道、对转基因食品的科普性报道等，对“中国形象”的塑造更加真实。栏目以社会类题材为主，围绕“民生、民情、民意”，反映具有普遍意义的社会热点、难点，并力图推动问题的最终解决，如“余姚水灾”和“东北雾霾”的新闻就保持了连续几天的追踪式报道，栏目强调互动性、贴近性和服务性。最后，每条新闻时长较短，在每天50分钟的节目中，从几分钟到十几分钟的公益慈善报道，力图在最短的时间把最重要的信息传递给观众，与原版《共同关注》专题式的报道相比，对“中国形象”的塑造更加直接。

通过对2009、2013年10月间《共同关注》的分析，可以看出《共同关注》已从单纯的公益慈善电视栏目发展成为一档新闻资讯报道为主的节目。环境保护、自然灾害、调查维权等类别的公益慈善报道在这两年10月间都有数量相当的报道。节目都保持了良好的延续性，例如：在这两年的

10月中，都有关于台风的灾害报道内容。

(二)中国形象需进一步融进公益慈善报道

原版《共同关注》一直致力于打造央视第一公益品牌，以活动托栏目，提升社会影响力。如：2004年底《共同关注》栏目联合多家公益机构推出公益大行动《心愿之旅》，2005年推出《我要上大学》等公益行动，都产生了很好的社会动员效果。新版《共同关注》在塑造“中国形象”方面更加全面立体，在公益慈善报道中加入了监督性、批判性、互动性元素，将涉及公益慈善的个人、社会组织、国家机关单位等主体全都包含在内。但是，个体的形象、组织的形象尚未得到充分的塑造。

以《共同关注》“救助帮扶”残疾儿童或贫困大学生群体的报道为例，其报道形式桎梏于“说故事”式的新闻专题形态，停留在报道信息的层面上，传播只是达到呼吁公众关注慈善、参与慈善的效果层面，细节性的、情感性的东西较少，捐助人、志愿者的美好情操表现不够充分，受助人的自强不息、主体性也展现得不够。影响范围也仅局限于某一特定群体中，没能在更大范围上传播公益慈善理念；报道采取的方法、形式和众多省级卫视的公益慈善节目相比，并无多少创新。

四、“中国形象”视阈下公益慈善报道的发展策略

从《共同关注》栏目的发展来看，公益慈善报道对“中国形象“的塑造已经朝着更加多元的方向发展，从正反两面全面传播当下中国的真实图景，让人们在看到社会正能量的同时，保持对社会问题的关注与思考。“中国形象”视阈下公益慈善报道如何才能在更持久的时间中保持较强的传播效果，仍需要我们不断地探索。

(一)公益慈善报道对“中国形象”的展示应走“群众路线”

目前，包括《共同关注》在内的很多电视栏目、新闻报道，在传播公益慈善内容时，仍满足于采访分管领导、社区干部，对老百姓的声音展现较少；在报道方式上，仍较多地是信息告知，缺少互动。也就是说，很多公益慈善传播性质的栏目、报道，只告诉人们“来参与”，没有告诉人们

"为什么来参与"。其实，通过微海采，通过在相关新闻报道后面、在节目中设置群众短信互动环节、微信微博选读环节，可以让广大群众知道公益慈善事业的重要意义，知道"赠人玫瑰，手有余香"，知道"爱人者，人恒爱之"，知道社会是一个互动的系统，每一个人的行为都体现了一个社会、国家和民族的道德水准，每个个体和组织的形象都在展示国家的形象。事实上，人人都在进行形象传播。

(二)营造公益氛围，弘扬公益慈善精神，进而展现中国形象

媒体通过对公益慈善行为的报道、对公益慈善文化的高扬，对身处逆境仍自强不息的群体的讴歌，参与弘扬社会主义核心价值观，为社会发展营造良好的公益氛围，在这一过程中也就同时完成对"中国形象"的塑造、展示和传播。大众传播有社会行为示范效果，通过一些模范例子或者行为去影响别人，通过模仿或者追随的形式，使得爱公益、做慈善的人越来越多。公益慈善报道的主要思想是弘扬公益慈善精神，传播公益慈善文化，一方有难八方支援，每个人在一生中都会遇到困难的时候，别人的一点救援，可能就会改变自己的一生①。公益慈善思想，是一种道德，一种理念，我们不能把它当作一种任务，而应该积极面对，将其当作一种生活态度，以身作则，弘扬善举。在践行的同时，中国人的形象自然会高大于世人面前，中国形象自然得到西方认同。

(三)完善社会保障制度，帮助受助者获得自救能力，完美中国形象

我国的社会保障制度还处在调整的过程中，在今后的公益慈善报道中，需要监督有关部门构建综合性的社会保障救助机制，将相关公益慈善团体活动进行连续报道，并且加入人性化主题，融入社会主义核心价值观。当然，社会发展中出现一些问题，不仅仅是捐款的捐助方思想观念的问题，也不仅仅是监督和管理的问题，还有受助者本身的问题②。

公益慈善报道中，受助者的"中国形象"应不卑不亢，不应被贴上"弱者"的标签成为其生活的负担。公益慈善报道要鼓励受助者展现自救能力，树立自立自强的观念。公益慈善报道中，不能简单的把视角放在贫困

① 张会琳.完善我国公益性捐赠的所得税激励政策研究[D].西南财政政法大学硕士论文，2008：5.

② 王丽花.慈善报道存在的问题及对策分析[J].采写编，2007(6)：20.

者的穷苦或者捐款者捐了多少钱物等等上面，而应该多花点时间和精力去鼓舞受难者调整心态，树立正确的生活观念，鼓起勇气，正确面对困难，通过自身努力去克服困难。如此，中国形象就是丰满的、立体的、全面的、可信的。

（四）勇敢“揭丑”，建构别样美丽的“中国形象”

传播全面真实的“中国形象”，公益慈善报道还需要在舆论监督上发挥更加建设性的作用，勇于揭露社会丑恶弊病，把人民群众关心的热点问题推向台前，实事求是，将舆论引导和舆论监督相统一。新版《共同关注》中就加入了很多监督性公益慈善报道，有力地维护了人民的权利和尊严，这其实为受众呈现了更加真实的“中国形象”，在使人们感动之余，激发人们对社会问题的思考，促使其为了解决问题采取行动。这也符合麦库姆斯和肖提出的“议程设置”理论的最新发展，即传媒不仅应该告诉人们“想什么”，还应该告诉人们“怎么做”。

结　语

今天，我们对公益慈善报道的认识还不够全面深刻，纠正公众对于公益慈善报道的错误观念是非常有必要的。在“中国形象”视阈下，媒体要坚持把公益慈善报道同我国实际国情结合起来，要加大对公益慈善理念的宣传和对错误思想观念的纠正，加强对公益慈善事业背后深层次社会弊病的挖掘，加强对公益慈善事业的监督和管理。唯此，才能在更高层次上树立和传播“中国形象”。

公益慈善报道与中国慈善公信力

中国红十字会（以下简称中红会），可谓中国公益慈善组织的代表，在其悠久的发展历史过程中，名誉良好，形象深入人心。然而2011年6月，新浪微博上一个名叫“郭美美Baby”的网友颇受关注，这个自称“住大别墅，开玛莎拉蒂”的20岁女孩，其认证身份居然是“中国红十字会商业总经理”，由此发生的郭美美事件及媒体相关报道，极大程度地引发了人们对于中国红十字会的信任危机。

始于2011年6月21日的“郭美美事件”，引发了社会各界对中国红十字会乃至整个慈善事业的强烈关注：一方面是公益慈善机构的登记与管理问题；另一方面是募捐中的主体资格以及捐献规范等问题，其中要求慈善机构的透明化管理呼声强烈。同时，对于中国慈善公信力的强烈质疑引发了全民的心理动荡。这也似乎表明媒体是时候承担起维护中国慈善形象和稳定人民情绪的重任了。

2011年，中国慈善事业可谓风波不断。玉树地震的善款风波、壹基金的身份之痛、各种诈捐传闻以及郭美美事件等，引起了种种质疑和舆论硝烟，人们痛定思痛，社会究竟需要什么样的慈善？

“中国社会并不缺少慈善，缺少的是对公益组织的信心。”这是国际著名咨询机构麦肯锡公司对中国公益事业做出的评估。搜狐网曾就“中国慈善事业落后的主要原因”这一主题进行过在线调查，结果得出中国慈善组织公信力弱化的结论，因为有62.26%的选民将其归因于“中国慈善机构的公益性令人怀疑”。如何在如此逆境中对提升中国慈善公信力发挥余热，媒体作为种种慈善信息的发布者和传播者已经成为不得不去动用的力量。

一、文献回顾

随着新闻传播的发展，慈善逐渐成为人们关注的焦点，也因此成为研究的重头戏之一。然而关于“慈善公信力的提升”与“媒体慈善报道”二元关系的研究却是极少。笔者以“中国期刊网”为调查数据库，检索“主题”为“慈善公信力”，“匹配”为“模糊”，以“时间”为排序，检索到从1999年至2011年的有关论文共105篇，其中有效论文即相关文献量共98篇。以论文研究维度为划分标准，可以将其作以下类目建设：

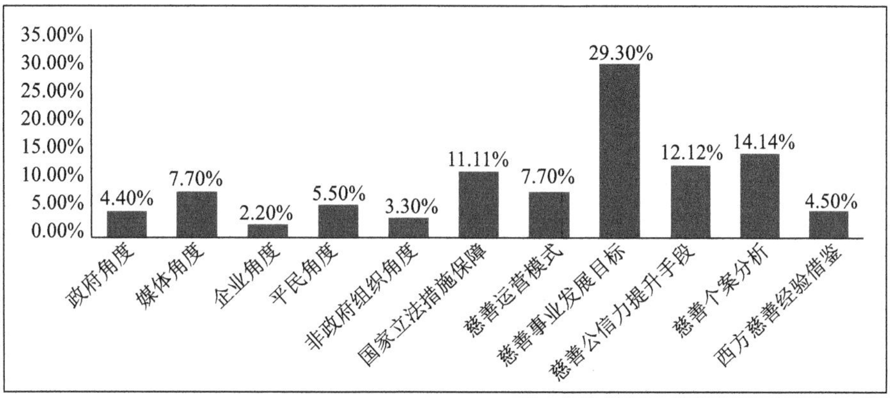

图1　1999—2011我国慈善公信力研究状况

由图可知，专门从媒体维度研究慈善公信力的文章共5篇，而其中4篇是针对慈善电视节目本身所作的分析，另一篇《搭建慈善新闻的平台》也只是对慈善新闻的单一探索。当然，占相当分量的“慈善事业发展问题与解决”研究以及“慈善公信力提升策略”研究等在其内容中不乏提及提升慈善公信力的媒体策略，但终究只是其中一小部分。

此外，以媒体“慈善报道”为主题的研究文献亦为数不多，并且其研究多定位于慈善报道手段思考、法律思索、伦理问题、媒体慈善报道呈现状况以及慈善报道转型等方面。

据此，本文立足研究媒体报道慈善新闻时的选择和把关行为，详细考察媒体的公益慈善报道是否和怎样对慈善事业和慈善组织的公信力提升发挥作用。

二、研究方法

（一）时间范围的选择

本文选取了2011年6月21日—2011年8月10日为研究时段，之所以选择这个时间点是因为以“郭美美事件”为个案作内容分析。虽然该事件引起的余震至今仍在，但众多媒体关注和报道的时间点集中于这段时间。本文选择那些包含“郭美美”与“慈善”双重关键词的报道为主要分析对象，至于该事件后对于郭美美本人相关信息的报道不在研究范围之列。因为只有如此，才能将研究精准定位于媒体与慈善的关系，而非媒体与明星的关系或明星与慈善的关系。

（二）目标媒体的选择

本文以电视为目标媒体，以中国中央电视台（以下简称央视）为研究对象。首先，央视作为权威媒体的代表，最能直接代表国家的声音、党的声音、老百姓的声音。央视关于郭美美事件的报道具有深刻的典型性和代表性。其次，央视新闻的覆盖率和到达率在众多电视媒体单位中占有绝对的优势。因此，央视对新闻信息的选择和处理直接关系到人们对事件的认知，并对事件本身的发展具有重要影响力。

（三）分析方法的选择

本文采取非介入性研究方法，以内容分析法的要求对分析单位进行统计和计算。首先，在央视网资料库中，对各个新闻栏目进行全方位搜索，从“往期回顾”中获得视频内容，保证信息的全面和充分。其次，以所有在相关时间范围内报道过郭美美事件的新闻栏目为分析单位，按照报道时间、新闻栏目、节目时长、视频个数以及报道内容等类目建立数据表格。通过对各个变量的横向、纵向的计算和对比，观测央视对该事件的报道频次和内在报道态度。

研究者整理了央视不同栏目对该事件的报道频数和进程后，发现它们之间存在一定的相关度，而且媒体在报道此类负面慈善新闻时在力度和角度方面是有所选择的，并且认为选择的目的和标准正是媒体维护慈善公信的手段所在。

三、研究结果

（一）郭美美事件央视报道现状

表1 央视“郭美美事件”报道情况

时间	栏目	总共时长	视频个数	报道内容
6月25日	《24小时》	6分18秒	1	究竟谁是郭美美;“郭美美事件”中红会再发声明回应;“郭美美事件”除了声明更需证明
6月28日	《24小时》	3分18秒	1	中国红十字会回应“郭美美事件”:对声誉影响恶劣
	《中国新闻》	1分40秒	1	“郭美美”发微博澄清身份
6月29日	《午夜新闻》	6分11秒	1	“郭美美事件”始末;中红会回应:“郭美美”事件对红会影响恶劣
6月30日	《24小时》	14分09秒	1	“郭美美事件”留下的真正疑问;与中红会合作,为了公益还是商业?合作公益项目,共用同一邮箱?邱振良:我不认识郭美美和郭长江
	《东方时空》	21分06秒	1	“郭美美”事件真相调查
7月01日	《24小时》	1分33秒	1	中红会:暂停商业系统红十字会一切活动
7月02日	《东方时空》	1分44秒	1	中红会对“郭美美事件”第三次发表声明
	《中国新闻》	3分52秒	4	“郭美美事件”持续引关注,网上炫富引发慈善危机;中国商业系统红十字会:一切活动被叫停
7月04日	《东方时空》	17分58秒	1	郭美美事件追踪:公益性项目盈利商业?郭美美男友浮出水面
	《24小时》	8分02秒	1	“郭美美事件”身份渐明,男友系中红博爱股东;“博爱小站”几易其手,盈亏难料;一出连续的悬疑剧,何时水落石出

续 表

时间	栏目	总共时长	视频个数	报道内容
7月05日	《东方时空》	26分47秒	1	央视专访商业系统红十字会会长王树培；追踪：红十字总会与商红会是业务指导关系；追踪：公益项目商业运作是否不受拘束；“郭美美事件”继续发酵
	《中国新闻》	12分09秒	4	中红会开微博回应“郭美美事件”；郭美美自份渐明，男友系中红博爱股东；中红会开微博回应事件；“郭美美事件”渐明朗；男友系中红博爱股东
7月07日	《24小时》	34秒	1	中红会向社会承诺“两公开两透明”
7月20日	《中国新闻》	36秒	1	中红会公布三公经费
7月22日	《东方时空》	1分23秒	1	中红会总会：两年内实现全系统信息公开
7月23日	《中国新闻》	19秒	1	中红会两年内全系统信息公开
7月31日	《中国新闻》	39秒	1	中红会总会捐赠信息发布平台上线
	《东方时空》	5分48秒	1	中红会总会捐助信息发布平台上线；发布平台信息遭质疑
	《共同关注》	26分02秒	1	红十字会总会捐赠信息平台上线；匆匆上线，平台时现数字错误；有形式更要有内容；7月最后一天，发布平台上线
8月01日	《中国新闻》	36秒	1	中红会捐赠平台上线
	《新闻1+1》	23分45秒	1	红十字会：为了100%的信任
8月02日	《东方时空》	11分30秒	1	红十字会释疑部分捐款；红十字会为什么有些捐款信息查不到；红十字会计划为每笔捐款设ID码
8月04日	《东方时空》	12分02秒	1	中国慈善信息公开加快脚步；美国基金会中心严格监管基金会；信息公开应关注捐助人感受；基金会信息公开依旧困难重重；红十字会基金会查询平台较为详细；中华慈善总会捐款详单停在2008；聚集全国基金会齐晒“账单”：我国基金会共有2302家
8月06日	《海峡两岸》	5分37秒	1	郭美美再搅局，慈善事业伤不起
	《新闻调查》	42分18秒	1	被质疑的红十字会

以上是2011年6月21日至8月6日期间，央视各新闻栏目中出现的关于郭美美事件的各次报道（见表1），综合统计，可以得出在此期间，8个不同栏目共计26次在不同时间从不同角度报道了该事件（见图2）。

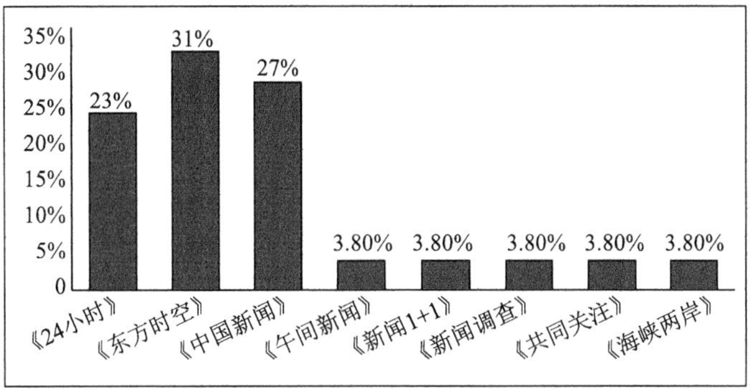

图2 央视各栏目“郭美美事件”报道比较

其中《24小时》有过6次报道，《东方时空》有过8次报道，《中国新闻》有过7次报道，《午夜新闻》《新闻1+1》《新闻调查》《共同关注》以及《海峡两岸》栏目各有一次报道。从上图可以发现，首先，对郭美美事件给予了关注和报道的电视栏目均定位于新闻性栏目；其次，所有报道相对集中于上述8个栏目，其他新闻性栏目如《新闻纪实》《焦点访谈》《今日说法》等均未出现相关样本；再次，在以上栏目的报道记录中出现了频次和时长的较大偏差，报道频次多者达8次，少者只有1次。虽然有的栏目频次较少，但是报道时长却占绝对分量，如《新闻调查》以42分18秒的篇幅作了一次性报道。

(二)央视对于郭美美事件的报道特征

1.“含蓄关注”

“含蓄关注”是指从央视对于郭美美事件的报道频率和篇幅上看，央视并无狂轰滥炸之势或大肆渲染之意。甚至有些栏目采用“一事一报”的处理模式，一次报道就将事件交代清楚或者报道完毕。该事件的重要性和影响程度似乎未尽宣扬，然而从另一层意义而言，这种“含蓄”的表达正是为了不在民怨声起的同时引起沸腾，以似弱非弱的处理保全慈善的公信形象。

2.“合纵连横”

虽然关于此事件的报道似乎不多，但是却注重动态信息及时跟踪与深度信息的挖掘，此所谓“合纵连横”。郭美美的微博澄清，红十字会的回应声明、承诺及作为等信息，都及时以报道形式呈现给观众。此外，如郭美美的身份疑问、红十字商会的管理运作以及他们之间牵扯的关系等并未明朗的信息，央视媒体在对相关人物深入采访和详细追问该事件始末报道时也进行了深度挖掘，希望理清当中原因，让观众知情，力求向所有曾向红十字会捐献以及现在仍旧关心慈善的人还原真相，消除信息的不确定性，避免引起不必要的动乱和无尽的民愤。

3.持之以恒

央视报道的持之以恒，尤其体现在面对郭美美事件信息不明的情况下其仍未中断报道。郭美美炫富只是一个导火线，而由此引发的种种猜想和关于红会运作管理的质疑以及红会在遭到如此信任危机之下采取的安抚民心的种种举动等连锁反应，也都在报道中反映出来，可见此次事件虽然非常敏感，但是央视并未因此避而不谈或者避重就轻，而是以持之以恒还原本相的方式推进事态发展，而非实行粗糙模糊的一次性报道。

4.主动探索

主动探查郭美美事件因果是央视得以察明事实还原真相的关键原因。事件发生后的一段时间，真相未明，仿佛悬疑剧般扑朔迷离，相关人物三缄其口，使得人们的猜测和愤怒愈演愈烈。在这样的情况下报道并未中断，媒体采取主动出击的方式寻求真相。对知情郭美美身份的商会代表及红十字总会的负责人等的采访，直面问题本质，粉碎流言。

当然，央视在对郭美美事件的报道中由于各种原因也存在着局限之处，但是其报道选择和处理方式体现了媒体在报道慈善事件时的倾向和社会功能。

(三)央视报道与事态发展

“郭美美事件”自爆发之日起就引发了相当多的口水战，从网友到观众皆怒从中来，最终殃及中国红十字会（以下简称中红会），造成慈善丑闻。央视各栏目在人们的质疑和愤怒声中进行调查和报道，而事态的发展亦在谩骂中沉浮。并且在“郭美美事件”发生后的50天里，央视的报道也随着事态的变化呈现出阶段性的变化。

1.前期：调查事件真相阶段（6月21日—7月5日）

6月21日—6月30日期间，人们质疑郭美美富从何来，并由此猜测中红会内部存在违规操作。《24小时》栏目于6月25日、28日以及30日连发疑问，并分别对究竟谁是郭美美、中红会对该事件的回应如何、人们的疑点何在以及相关知情人物作何解释等问题作采访并提出质疑。6月29日，《午夜新闻》栏目也带着疑问对“郭美美事件”始末及中红会的态度作简要阐述。6月30日，《东方时空》更是以21分06秒的时长深度展开“郭美美事件真相调查”。这些及时的探索性报道，以公开的态度让人们了解该事件的存在，使人们相信政府、媒体对此类敏感性事件并未敷衍或粉饰，而是站在社会、人民与公益事业的立场倍加正视，从某种程度上缓和受众激励情绪，维护社会稳定。并提醒相关人物和部门认识到已引起的社会矛盾，亟须处理，以正视听。

7月1日—7月5日期间，由于该事件疑云重重，中红会的运作受到强烈影响，不得不于7月1日暂停一些相关活动。同时，央视报道也渐渐为观众解开谜团，拉开真相的帷幕。7月4日、5日期间，《东方时空》《24小时》以及《中国新闻》等对郭美美身份的公开、郭美美男友身份的浮出水面以及中国红十字会与红十字商会关系等问题集中报道，至此“郭美美事件”日渐明朗。

在这个阶段，央视媒体关于事件本身的真相展开主动报道和深入调查，试图公开信息、澄清事实，止住谣言、流言满天的突发情形，亦积极推动了事态的发展。

2.中期：推动红会工作阶段（7月6日—7月31日）

7月6日—7月31日期间，在媒体的报道和监督之下，郭美美事件虽然日渐清晰，人们了解到事实的真相，因此杜绝了相当一部分人的胡乱猜疑，但是战火却从郭美美转移至中国红十字会，红十字会活动和声誉受到极大的影响。为了挽回形象和改善中国红十字会生存境况，7月7日，中红会承诺“两公开两透明”；7月20日，中红会公布三公经费；7月22日，中红会承诺两年内实现全系统信息公开；7月31日，红十字总会捐赠信息平台上线。对于这些信息，《中国新闻》《东方时空》《24小时》以及《共同关注》等均及时给予发布。一方面，央视的新闻质疑和报道推动了红十字会工作进展，另一方面，中红会也适当利用了央视的新闻平台，为其危机公关做出努力。

3.后期：反思慈善事业阶段（8月1日—8月10日）

8月1日—8月10日期间，虽然中红会最终为自己的制度缺陷付出代价，也急于作出弥补，但余音未了，人们也在将信将疑中观察着它的努力和变化。媒体在此阶段亦作出了反思报道，一方面，对中红会在紧急情况下匆匆完成的补救行为作后续监督和反思。如《东方时空》于8月2日、4日的两次报道中对中红会信息平台部分捐款信息错误和缺失释疑，并且对其他基金会的信息和“齐晒账单”的举措加以报道，这些报道让人们了解到经过这次事件，中国慈善的公开化步伐正在加快，值得欣慰。另一方面，部分栏目对整个事件及其反映的问题和引起的矛盾进行了总结和反思。如8月1日《新闻1+1》作了专题性报道《中国红十字会：为了100%的信任》以及8月6日《新闻调查》作出的长达42分18秒的报道《被质疑的红十字会》。通过这些跟踪和反思，让人们痛定思痛，真正了解了中国慈善的缺陷在哪里，从而知晓改进的方向，并重塑信心。

四、讨论：媒体公益慈善报道在慈善事业发展中的定位

“郭美美事件”及央视对其的报道，更加让我们坚信慈善是一项全社会的公众事业，媒体理应积极主动介入，但是如何介入，既是对媒体综合素质的考验，更关乎慈善事业成败。因此，媒体要定位好自己在公益慈善报道中的角色和功能，有意识地维护慈善在人们心目中的公信力，不仅为爱心人士、爱心企业与受助者之间牵线搭桥，而且主动成为建构慈善文化和巩固慈善向心力的力量。

（一）媒体要以旁观者身份做好公益慈善报道①

以旁观者身份意即不偏不袒，公正无私，端正报道动机，尊重受众知情权，以媒体的力量促进慈善的透明度，博得社会信任。如对郭美美事件的报道要以公正的立场，以第三方诉说者的态度告知公众事态详情，切莫妄加评论，以免煽动公众情绪或者让公众误以为媒体不公。而做好公益慈善报道的策划，可以采用连续报道、系列报道等多种方式和手段，让公众在媒体的引导下了解真相，参与慈善，相信慈善。人们对于未知的恐慌或者对于流言的追逐不利于事态的发展，媒体的报道要让他们感觉自己身在其中又作用巨大而且倍受尊敬，才能最大程度发挥受众的积极性。郭美美事件的发生发展，尽管是个丑闻，并且暴露出种种问题，但是受众在批判

① 龙卫国.做好当前慈善新闻宣传的思考[J].城市党报研究，2008(5)：27.

郭美美和红十字会的过程中获得了参与感，只要在媒体的带领下觉察出了事态得到解决和发展的倾向，便不会出现相比于信息完全封闭之时的毫无信任和群体慌乱乃至背离的情况。

(二)媒体以监督者身份助推公益慈善事业的发展

没有监督的权力容易滋生腐败，没有监督的慈善同样容易发展畸形。慈善事业是大众的事业，是平民与精英的共同事业，是需要全社会共同关注共同支持才能得以发展的事业。媒体以监督者的身份助推慈善发展，将慈善事业置于一个公开的平台，实现全社会的共同监督，归还大众应有的权利。一方面，慈善中的组织、个人、社区甚至各个环节在公众的监督中吸取教训、广纳意见，在阳光中更能有机的成长和发展；另一方面，给公众监督的权利等于给公众更深入参与的权利。中国的慈善事业如果一直在孤单中成长必然势单力薄，只有更多人参与进来，中国慈善才能获得迅速发展的资本。“郭美美事件”中央视的全程监督从侧面反映了媒体与慈善的互动性发展。

(三)媒体以谨慎的态度完成民意舆论引导

媒体对慈善活动的正面报道对宣传慈善起着重要作用，然而如果遇到突发性慈善丑闻，媒体的角色变得微妙并且重要。信息化时代，舆论的出现再难含蓄如沉默螺旋，相反，如果处理不好，便一发不可收拾。媒体在公布信息报道事实的同时必须考虑如何正面引导，让慈善事业的发展有一个更好的舆论环境。

首先，让受众了解真实的事件比遮掩哄骗要更为聪明。因为受众自己找出事实的真相永远只是时间问题。其次，报道语言客观规范，避免以主观倾向性言词表述，以免产生心理煽动。再次，对于慈善丑闻的报道角度和力度，媒体应采用不激化、不夸张、不渲染以及不过度的方式，让丑闻对象承认错误、面对错误，但绝不责骂。谨遵鲁迅先生的教诲，“辱骂和恐吓绝不是战斗力”。

(四)媒体作为参与者与公益慈善机构共同开展公益慈善活动的策划[①]

如果说上述定位强调媒体培养受众的参与感与发挥社会的积极性，那么媒体作为参与者的定位更加强调媒体本身直接参与慈善机构的公益活动。在策划活动中，媒体以举办者或承办者身份与慈善机构合作，媒体能够发现更多的需要救助者，能为更多的想施救者牵线搭桥。通过媒体的力量，可以放大双方的需求，从而展示慈善的力量。同时，媒体的强势报道将参与慈善的人、物和整个事件或活动置于亿万大众的眼睛下，如此在推广善举的同时，也扩大了监督的力量，通过广大的受众来审核受救助对象的真实性。如郭美美事件的开端，只是一条炫富的微博认证，但是因为是公开的平台，便可小事化大，引起舆论。央视对于中国红十字会的一系列追踪报道，正是满足了受众知情监督的权利，相反受众的一系列批判和不满的声音也同时推动了事态的发展。换句话说，媒体让受众看到了慈善不足的地方，并且督促其改正、改进。

(五)媒体应成为慈善文化的传播者

慈善只有成为一种文化和全民意识才会有长久的生命力。卡耐基认为，一个人在巨富中死去是一种耻辱。一个有社会责任感的企业和个人，在从事的一切慈善事业中都应该明白，这是对社会的回报，而不是对某个人或某个群体的施舍，因为成功的企业和个人是社会培养的。[②]因此，媒体作为慈善意识的传播者是其所有慈善报道、慈善行为的终极目标。“郭美美事件”从某种程度上伤害了人们的慈善心，但是央视的报道、质疑、批判和反思又何尝不是以一个反面教材来唤起人们的慈善意识并呼吁保护所有的慈善行为。

慈善应是一种文化而非一种施舍。对于慈善事业而言，真正在乎的是爱心，真正重要的是形成全社会的慈善文化。赠人玫瑰，手有余香，正是这样的道德增值才是人们向善行善的内在动机。

具体到实践上，媒体应切记爱心为上，善念是宗，切莫将慈善物化、

① 龙卫国.做好当前慈善新闻宣传的思考[J].城市党报研究,2008(5):27.

② 张伟,释喻,高翔.慈善新闻探索[J],新闻前哨,2008(1):53.

量化、庸俗化。以往报道中出现热衷于报道在某某灾难中，某某单位、某某人捐了多少钱物的现象于无形中扭曲了慈善的本义。慈善行为若成了一种相互拼富比阔的行径，打击的将是大多数人的慈善热情。慈善最终能成其为文化，最重要的是要让大众成为主体，让他们的力量成为主力，而不能沦落为富人的游戏。

中国的慈善作为一种文化并非空穴来风，它与中华文明一脉相承。“老吾老以及人之老，幼吾幼以及人之幼”是中国古代文化宣扬和提倡的传统美德，更可谓是慈善的一种雏形。相互的友好和关爱体现了慈善的精神内涵。

此外，当今社会主义和谐社会的理念也与社会慈善文化形态遥相呼应。第三次分配理论认为劳动者通过劳动报酬实现第一次财富分配和政府凭借公权力实现第二次分配后，在社会发展方面依然会留下一些空白，需要第三次分配来填补。同时，市场和政府分配的缺陷也要靠第三次分配来补充。[①]那么，慈善行为作为第三次分配形式能够极大地保障和谐社会的稳定与发展，充分体现了中国的民主与平等。

(六)媒体应坚持人本化的慈善传播方式

媒体对于善举行为的纯客观报道，在某种程度上是对当事人隐私的一种泄露和侵犯。经过报道，捐助人遭遇索捐，受捐人照片等相关信息被曝光以及由此造成的人格权利、人格自尊被损害的事件屡见不鲜。因此，慈善的核心是关怀人的存在与发展，因此，慈善报道当中媒体应当自觉维护捐助人和受助人权益。[②]

中国富人拥有的社会财富占80%以上，但是他们的慈善捐赠却少于15%。[③]这种极大的反差表明，慈善的理念并未深入人心，慈善作为一种文化还未被社会认同。如此窘境之下，媒体更是责任重大。对于媒体来说，要善于抓典型人物、典型事件，通过生动、富有感染力的报道，晓之以理，动之以情。通过报道宣传的方式让人们明白社会需要慈善；通过歌颂赞扬的方式让人们相信慈善的人心所向。媒体不断地作出肯定性报道和强

① 杜婷婷.比较视野下的中西慈善理念[J].法制与社会.2010(12):289.

② 何良京.媒体介入社会慈善事业的思考[J].城市党报研究,2008(2):40.

③ 梁亚宁,王丽花.慈善报道存在的问题及其对策分析[J].安阳师范学院学报,2008(4):138.

烈呼吁，尽力引起人们对慈善的认同，挖掘人们的善心善念，从而培养大众的慈善理念。但同时应当注意，对于以情动人的表现手法，切忌过犹不及，泛滥的哭腔报道只会让听众产生反感，再无感动。

结 语

总之，慈善的发展需要政府、社会组织、慈善机构、社会民众以及媒体等多方面的合力，作为桥梁的媒体力量不容小觑，不论是正面慈善行为报道，还是如郭美美事件般的负面报道，都是媒体发挥其维护慈善公信力的机会。中国慈善发展路途漫漫，媒体之行任重道远。

第三编

涉农传播与科学发展

DI SAN BIAN

SHENONG CHUANBO YU
KEXUE FAZHAN

《舌尖上的中国》与传播的终极目的

关于纪录片《舌尖上的中国》的成功，很多文章都做了论述。有文章认为该片成功在于其“真诚”，文章说“‘不是空洞地宣扬饮食文化的博大精深，而是从美食背后的制作工艺和生产过程入手，配合平常百姓的生活，在情感上引起共鸣。’一位网友的评价，指出了该片的成功所在：真诚的态度，真实的力量。”又说，“‘带着对食物的敬意和感情做这个纪录片’。导演陈晓卿这句话令人印象深刻。真诚是艺术的第一要义，感动自己才能感动别人，自己相信才能说服别人，这是该片走红的‘秘诀’，也是每个文化创作者应该深思的问题”。[①]诚然，真诚是该片的一大典型特质，但是网友的评论和陈晓卿导演的自述，恐怕并不是只能解读为“真诚”和“真实”。

事实上，在上述转引的网友评论中还有些关键字眼，其中的“不是”与“而是”的对比，可以理解为宏大主题和温情细节、平凡生活的对立统

① 范正伟.《舌尖上的中国》何以走红[N/OL].人民日报，[2017-07-27].http://edu.people.com.cn/GB/n/2012/0727/c1006-18614250.html.

一，尽管在很长时间内人们或是某些传媒工作者、宣传工作者是将二者对立起来的[①]，这种对立统一应该是该纪录片获得巨大成功的重要原因。同时，网友评论的"平常百姓的生活"在情感上引起共鸣云云，恐怕也反映出了"平民化"的美学特质在受众那儿产生的认同——这种美学特质恰恰和中国纪录片、电视新闻已经进行多年的"平民化""人文化""人本化"努力一脉相承。情感的共鸣，以及陈导的"带着对食物的敬意和感情"，则不仅反映出情感传播的巨大力量，恐怕还得进一步深入分析，笔者认为这种"敬意和感情"进一步反映出了创作者的情感立场——食物来自于哪？食物来自自然的馈赠，经过普通劳动者的辛勤劳作。那么陈导的敬意和感情也许正是对于大自然的敬畏和热爱，对于普通百姓的敬意和爱，如果是这样，这种对大自然的敬畏和热爱正反映了对于工业化时代以来产生的一味向自然贪婪索取的观念的反拨，这种对普通劳动者的敬意和爱则反映了纪录片创作者的情感偏向——电视观众正是普普通通的劳动者或从劳动者而来——如果从意识形态角度进行分析，对普通劳动者的敬意和爱正是最深刻和最伟大的爱，反过来又反映了先进的"平民化""人文化"的传播理念。所有这些，恰恰在思想意蕴、情感基调、表现方式、美学风格、传播理念等方面契合了先进而朴质的传受观。

也有文章认为，该片在客观上传播了中国国家形象是其成功原因。确实，片中对中国各地各民族美食的展现过程中，将镜头投入到食物来源地的美丽自然风光，让观众在享受了对美食的眼福的同时，尽览了山水秀美。同时，片子透过美食的生产及美食背后的文化，平静地展现了普通劳动者在采集、制作美食时的吃苦耐劳、伦理亲情、家国之爱等精神品质，让观众体会了劳动者的酸甜苦辣，感受到了深沉的社会的伦理的美，反映了中国人的精神高度，传播了国家形象。

归结起来，该片的成功大概可以归结于宏大主题和温情细节、平凡生活的对立统一，平民化、人文化和情感化的传播，自然风光和社会劳动之美的交织，国家形象的精妙传达，而后面这几点又可以说是从各个方面对第一点的实现。当然，该片还有值得深究的成功基因。

① 当然，范正伟《〈舌尖上的中国〉何以走红》对此也已经有明确表达："作为商业纪录片，《舌尖上的中国》告诉我们，即便是'爱国主义'的宏大主题，也可以充满细节与温情；即便是对外传播中国形象，也应该展示普通中国人的喜怒哀乐；即便是纯粹的商业类节目，也可以实现艺术与经济的双赢。"

一、价值观：将颠倒了的生产—消费关系和城乡关系再颠倒回来

表现“中国”，却选择了“吃”，仿佛很庸俗；而这里面的“吃”，主要是普通劳动者和食物的关系，不是宣扬名品特产和名人的结缘；即便是名品、地方特产，也不是着力刻画其名头，只是平实地讲述劳动者在采集、种植、收获与加工食物中的辛劳、智慧和情感。所有这些，从着眼点上，就已经将艺术之根深深扎在了泥土中，体现了本真的劳动——消费关系与城乡关系。

（一）劳动得到礼赞，普通劳动者成为主角

这体现在人物上便是普通劳动者，而且是以农民为主的普通劳动者成为了节目的主角。

当今社会被思想家认为是“消费社会”，整个社会是以消费能力的高低来评价人的身份地位的高低，在很多人的认知中，一个人消费能力的高低与个人身份地位的高低成正比例关系。于是，整个社会竟出现了嘲笑生产劳动、膜拜消费的现象。于是，消费能力强的歧视消费能力弱的，如果是整天生产劳动，却没有金钱用来消费购物是被人看不起的；而大肆消费购物但不用从事生产劳动或很少需要劳动的人，却是商家争抢的对象，是大众传媒消费购物节目、奢侈品广告、影视剧所极力赞美或表现的对象。“至少在西方，生产主人公的传奇现在已到处让位于消费主人公。……是因为他们身上值得夸耀的总是花天酒地、纸醉金迷的生活”。[①]消费成为了神话，变成了社会进行自我表达的方式，变成了个人价值的体现和身份地位的划分标准，具有社会一体化的力量。“当然，驾驶两马力车子的富人不再令人赞叹，但却更加令人难以捉摸了：通过消费的方式，通过风格，他与众不同，独树一帜。从炫耀到审慎（过分炫耀），从量的炫耀到高雅出众，从金钱到文化，他绝对地维系着特权。”[②]然而，这是一种异化，是本应一种基本生存需要的满足的异化，也是人的异化。此时，“在这里关键的并被悲剧性地展现给我们的，是异化了的人决不只是一个衰竭了、贫乏了但在

① 让·波德里亚．消费社会[M]．刘成富，全志钢，译．南京：南京大学出版社，2006：20.

② 让·波德里亚．消费社会[M]．刘成富，全志钢，译．南京：南京大学出版社，2006：28.

本质上仍完整如故的人——而是一个颠倒了的人、变成了恶、变成了自己敌人的人、反对自己的人”。[①] “消费并不是普罗米修斯式的，而是享乐主义的、逆退的。它的过程不再是劳动和超越的过程，而是吸收符号及被符号吸收的过程。”[②]在这一消费社会的成型过程中，大众传媒和集体意识的相互作用发挥了重要作用。“如果没有‘集体意识’中对享乐的预料和自省式协同增强作用，消费就只会是消费而不会具有社会一体化的力量。它就只会是一种比以往更富有、更丰饶、更加分化的生存模式而已，而不会获得比以前它曾经具有过的更多名义，即没有任何东西把那曾只是一种生存方式（吃、喝、住、穿）或特权阶级的奢侈花费（项链、城堡、珠宝）指定为集体价值、参照性神话。”[③]

遗憾的是，这种被西方先哲所极力批判的现实，在今天中国的社会生活中也出现了，这种对消费的正面的大量的呈现，在中国大众传媒中也比比皆是。今天大量的电视购物节目、商品广告宣扬的是高档品牌的化妆品、服饰、汽车，大量休闲旅游节目、生活服务类节目面对的是有强购买力的人群。与此同时，普通劳动者所迫切需要的实用信息和他们生活水准相应的服务，却很少有媒体做。

这种以消费凌驾于生产之上的关系表现在城乡关系中，就是对具有高购买能力和消费能力的城市的礼赞，对具有较低购买力的农村农民的忽视与矮化。

这样的关系体现在广电节目生产中就是，广电媒体大量制作的是面对城市市民生活方式、生活水准的节目，而和农业、农村、农民有关的并且是为这三者服务的节目却是凤毛麟角——比如，几乎所有的省市广播电台都有交通广播，为有车（私家车）一族提供交通路况信息，但是全国开设农村广播的电台却屈指可数；几乎所有的省市电视台都有各种适合城市市民欣赏口味、生活水平的各类频道和节目，与此同时，全国省市台加在一起却只有几个三农频道。对照我国巨大的地区差异、城乡差异，原因大概不难找出——在我国，城乡差异，事实上往往意味着在总体上城市人口的收入和购买力远远超出农民的收入和购买力。而在市场经济环境下，在

① 让·波德里亚.消费社会[M].刘成富，全志钢，译.南京：南京大学出版社，2006：160.

② 让·波德里亚.消费社会[M].刘成富，全志钢，译.南京：南京大学出版社，2006：161.

③ 让·波德里亚.消费社会[M].刘成富，全志钢，译.南京：南京大学出版社，2006：163.

"企业化运作"的现实中，广播电视媒体是要靠广告和其他经营收入来生存的，在这种情况下，占全国人口大多数的农村人口在电视新闻节目之外的电视荧屏上就很少呈现。

而在《舌尖上的中国》中，普通劳动者，尤其是遍布于中国各地乡村、小镇的各民族的农民、渔民、山民、牧民等等——这些用自己勤劳的双手为自己为家人也为社会酿造甜蜜生活的劳动者，完完全全占据了整个节目，而且是主角。不仅如此，第一集结尾，解说词明确说"当我们远离自然享受美食的时候，最应该感谢的是这些付出劳动和智慧的人们，而大自然则以她的慷慨和守信作为对人类的回报和奖赏"。这种对劳动的礼赞，则迥异于部分风光猎奇式的涉农节目，更迥异于某些劳动者进行刻板化呈现的报道。这是种对生产劳动的礼赞，体现了本真意义上的生产—消费关系，而因为这些美食的提供者主要是农民，体现了对农民的敬意和爱，这也是对长久以来已被颠倒了的城乡关系的反拨。

（二）充满感情与敬意的镜头语言

云南的单珍卓玛和妈妈一天走了11个小时的山路采集松茸，走一公里才能找到一棵松茸，两个月下来就挣5000元人民币；作为职业挖藕人，每年茂荣和圣武要只身出门七个月，采藕的季节他们就从老家安徽赶到有藕的地方，较高的人工报酬使得他们愿意从事这个艰苦的工作，他们用自己的孤独和艰辛劳动在家乡盖起了楼房、供养子女完成学业；陕西的老黄在每年冬天从农历十一月开始，每隔三天，会拉着自己家做的七百个黄馍馍，骑一个半小时的三轮车，到县城里去卖……他们的劳动收入比起城市中的时尚产业、垄断产业等来说非常微薄。劳动的艰苦是很多人无法承受的，而他们因为劳动并且不保养而晒黑的脸、弄糙的手、皱纹丛生的皮肤、满是泥土的手指甲缝等，更是和"白富美""高富帅"这样的形容词毫不沾边。但是，即便如此，纪录片的主创者们仍然不吝惜笔墨对他们的劳动过程进行了充满敬意和感情的长镜头展现，给予了他们的手、脸、眼睛等以大量近景和特写镜头。

老黄骑着三轮车在并不平坦的坡上缓慢地走着，旁边是静默无言的黄土高原、屋舍、光秃秃直挺向空中的冬树，一幅静谧的全景镜头；老黄和妻子在做黄馍馍，他们像对待自己的孩子样耐心地揉面、蒸馍、捡馍，镜头对着他们劳作时的手，对着他们汗涔涔的脸、满足的笑容和一道道皱纹，一个个朴实的特写镜头。挖藕人站在泥泞的藕塘里挖藕，周围一大片似乎望不到边的、裸露着黑色泥土的塘、枯黄摇曳的芦苇类植物，劳动环境似乎毫无秀美田园的味道的全景镜头；挖藕人举着自己挖出的沾着黑泥的大藕，咧嘴笑着，满胳膊和手都是黑泥……

也就是说，这种给予普通劳动者（他们的身材、皮肤、衣着迥异于时尚审美的要求）的大量长镜头、近景、特写、大特写，在视听语言上将颠倒的生产—消费关系和城乡关系再颠倒回来。因为不同的镜头反映了主创者的不同情感倾向。“极大部分景都只是为了使观众容易看清楚、看明白故事采用的。唯有特写镜头（还有近景，从心理学看，两者是相同的）和全景，它们一般都具有一种明确的心理内容，而不仅仅是在起描写作用。”① 法国电影理论家让·爱浦斯坦认为，特写的特征是“演出与观众之间不存在任何隔阂了。人们不是在看生活，而是深入了生活。它允许人们深入到最隐秘处。在放大镜下，一张脸赤裸裸地暴露在人前，毫无遗漏地把它热烈的模样展示出来。……这是真正存在的奇迹，是生活的展览，它就像一只被剥开的石榴那样暴露于众，易被人们接受，然而它又是那样离奇”。② 并且，“无疑，最能有力地展示一部影片的心理和戏剧涵义的是人脸的特写镜头，而这种镜头也是内心电影最基本的、最终的也是最有价值的表现”。③

二、艺术传达：平民化与情感化的深度结合

很长时间以来，一谈到爱家爱国主题，媒体往往是选择展现那些做出了丰功伟绩的人物，或是有着很高政治经济文化地位的人物。我国的传媒充满着各种各样的典型人物报道，用这些报道来为普通人树立典范，其中不少典型人物被塑造成了“高大全”的人物，以至于不少读者在看报看电视时自动跳过这部分内容。当然，这不仅仅是当代大众传媒的问题，事实上我国传说和史书早就有这种对典型人物的“高大全”呈现，比如大禹治

① 马赛尔·马尔丹.电影语言[M].何振淦，译，北京：中国电影出版社，2006：20.
② 马赛尔·马尔丹.电影语言[M].何振淦，译，北京：中国电影出版社，2006：21-22.
③ 马赛尔·马尔丹.电影语言[M].何振淦，译，北京：中国电影出版社，2006：22.

水，《孟子·滕文公上》载，“禹疏九河……八年于外，三过家门而不入”，这多少有些让很多人无法相信，觉得不符合人性。在电视纪录片中，表现伟人、英雄人物的纪录片在一定时期也很多。即使有平民百姓在片中出现，也往往是背景中的人物，很少对片子的内容起决定作用。

（一）“群众路线”与“平民化”的巧妙传达

《舌尖上的中国》却将普通劳动者的言谈举止，他们的劳动过程以同期声、推拉镜头、特写镜头、长镜头等，大量地展现在荧屏的中心位置，这是百姓意识、平民视角和人本精神的综合呈现。它在表现主体上让平民百姓成为纪录片所着力表现的人物，在观察视角上以一种平等平常平和的态度看待人和事，在视听语言上让平民百姓的言谈举止成为纪录片的内容重点，在思想理念上充分相信平民百姓的主体性。

当然这不是神来之笔，而是对1991年以来我国电视纪录片、电视新闻领域此类创作理念的发扬。其实，自1993年5月1日《东方时空》开播，尤其是其子栏目《生活空间》的出现，被认为是中国电视语态改变的开始，从此“平民化”成为观众和专家评价电视新闻节目以及其他媒体新闻作品的一个重要术语。2002年1月1日电视民生新闻节目《南京零距离》开播后掀起的民生新闻热潮，进一步使平民化或民众化的节目理念深入人心。此后，其他非新闻性节目如娱乐节目、生活服务类节目也都涌现了大量平民化的节目，平民选秀、草根选秀等真人秀节目此起彼伏。而文化旅游类节目也大量走进山村田野、海角渔村，如《远方的家》《走遍中国》等。2011年8月以来，“走基层转作风改文风”在新闻传媒领域、思想文化战线的开展，是我国文化思想战线的“群众路线”在新时期的具体表达，在一定程度上也可以说是“平民化”的一种权威表达。

而在纪录片领域，纪录片研究者何苏六先生在分析我国电视纪录片的人文化纪录片时期（1978—1992）和平民化纪录片时期（1993—1998）时认为，在人文化纪录片时期，人的意识开始觉醒，原来的英雄的主题开始被人的主题所取代。但是，那个时期所关注的个体，还不是一个完整的独立的个体，真正属于他们个人的内心情感和生存状态并没有被关注，只不过是把一个集体和社会分解成一个个人，并用这一个一个的人来解读这一个群体或社会。因此，这种关注的中心是集体或社会，而不是人。而在平民化纪录片时期，个人的生存状态成为中国电视纪录片题材中最主要的关注点。[①]也就是说，何苏六先生认为的平民化不仅仅是纪录片中人的形象在数量上的增多，而是人的言谈举止真正成为纪录片的关注重点，是纪录片真正将关注的起点和终点放在个人本身，真正关注的是人的生存状态、人的喜怒哀乐、人与环境的关系，在片中的个人才开始是每个人自己，而不再只是一个个反映某种理念的符号。

《舌尖上的中国》正是在这一背景下将平民化推进一步的优秀作品，在片中每个农民、渔民、山民等生活在最基层、劳动最辛苦的百姓的命运、情感，他们的生存状态，真正成为片子不可或缺的内容元素，主创者满含着敬意和感情走进他们的内心，倾情纪录他们，不回避不拔高，真诚平等平和。也正因为主创者的平等态度，镜头前的百姓一个个自信从容，闪烁着劳动的美，进而成为中国形象的完美呈现。

（二）中国形象的深刻诠释

诚然，百姓才是中国形象代表，“中国在开放过程中，喜欢树立精英的形象。当然，一定程度上，中国精英们的形象也会在国外产生对中国人形象的整体影响。也有美国朋友告诉我，他们不认为，精英形象就可以代表中国人的形象。精英个案在美国很多，但并不能代表美国人的形象，相反大众形象更具有代表性。……最能代表中国人的，尤其在改革开放以后，每一个中国人的个体形象越来越突出，其走出去的一言一行、一举一动最终汇聚成的中国人形象，这是更实在，更具体，更具代表性的形象”。[②]

在此意义上，《舌尖上的中国》可以说是近几年思想性、艺术性甚至宣传性结合得最好的作品。在此之前，我国的电视纪录片有不少佳作，仅以2005年以来的两部同样有着全国性议题使命的名篇为例，《长安街》作为新中国成立60周年的献礼片，以长安街的变迁反映国际的变迁，反映人民生活的变迁等等，艺术上很精致，普通人在镜头中出现也很多，但是比起《舌尖上的中国》，它的普通人还显得高端了些——主要是城市人、知识人；《森林之歌》作为备受赞誉的我国主创的自然纪录片，同样出自陈晓卿

① 何苏六.中国电视纪录片史论[M].北京：中国传媒大学出版社，2005：85-86.

② 纪硕鸣.大公报：百姓才是中国形象代表[EB/OL].[2011-12-01].http://www.chinanews.com/hb/2011/12-01/3500563.shtml.

导演之手，艺术上很精致，光线运用、景物选择、动植物的人化呈现、森林的全国性集中扫描，都堪称国内之最，但比起《舌尖上的中国》，它还是显得主题讨巧，不涉及价值观的显性表达。《舌尖上的中国》选择了人，不回避价值观的显性表达，将镜头对准了最最基层的各地劳动者，而且“带着对食物的敬意和感情”——其实就是对生产了这些食物的劳动者的敬意和感情。而因为这种感情，他们不仅充分捕捉到了普通劳动者劳动的美，而且抓住了在他们和食物制作有关的辛勤劳动背后的情感脉络——因为热爱家人，为了养活家人而以苦为乐地劳动；因为爱护子女，不愿给子女增加负担，而即便年老仍然自食其力……普通劳动者的朴实坚忍、自尊自爱、热爱家国，都昭示了中华民族儿女的可爱可敬，令观众无法释怀。

劳动者在劳动和生活中的亲情、友情、怀乡之情等，也都得到了动人的展示。单珍卓玛担心妈妈在寻找松茸时晕倒，所以坚持带着妈妈走一条路线，尽管这样只能得到一份的松茸产量。湖南的苗家姑娘翻山越岭上学，妈妈给女儿带上腌咸鱼，送女儿走山路，女儿在妈妈的呵护下走出了自己的美好生活。宁波的老阿婆做着一打打年糕，呼兰河边的阿妈做了一瓶瓶泡菜，而子女、孙子女、曾孙子女，在一旁“帮忙”，全家团圆，亲情乡情代代相传。76岁的郭少芬在香港大澳做虾膏虾酱，经营着百年老店，以前和丈夫两个人打理着老铺，直到相濡以沫的丈夫在2011年去世。现在只有阿婆和儿子做虾膏虾酱，一个人静静地坐在门前看日升日落。“大澳是香港观赏日落最理想的地方，在这里，指的也许不仅是风景。”诚然，在阿婆，是那种相濡以沫的感情留存，是对乡土的深情，让大澳成为最美的地方。对游人和过客来说，和人情混合在一起的风景最美。

《时间的味道》一集末尾，解说词不得不发：“这是盐的味道，山的味道，风的味道，云的味道，这也是时间的味道，人情的味道。这些味道，已经在漫长的时光中，和故土、乡亲、勤俭、坚忍等等情感和信念混合在一起，才下舌尖，又上心头……”

正是这种情感给中华民族的民族性烙上了鲜明的印记，在人类家族中不可替代。

三、终极关怀：生态文明的深沉表达

《舌尖上的中国》对生态文明的明暗表达很多，尤以第一集《自然的馈赠》表现得最多。

（一）可持续发展理念的细节呈现

单珍卓玛和妈妈采松茸，往往走几公里才能找到一棵松茸，采过松茸后，卓玛小心翼翼地用松针把菌坑掩盖好，只有这样菌丝才可以不被破坏，“为了延续自然的馈赠，藏民们小心翼翼地遵守着山林的规矩”。诚然，只有保护好菌丝，才能长出新的松茸，才会源源不断地有松茸可采。两天后，再来到两天前掩盖的菌坑，果然发现了新长出的松茸，只不过因为今年雨水少，长出的松茸较小。这不是朴素的可持续发展的生态文明意识及其实践吗？山林的规矩就是自然法则之一。

在吉林，凌晨四点，查干湖的渔民出发到冰冻的湖捕鱼，他们在冰冻的湖面上凿坑、下网，网在冰下走了8个小时，才到了收网的时候，渔民们得到了馈赠，“令人感慨的一幕发生了，大鱼们肥美的身躯刺激着所有人的神经，但是没有人会注意到一个细节，拉上来的网中竟然没有一条小鱼，每条鱼的重量几乎都在两公斤以上，只有老把头知道，这正是查干湖渔民心口相传的严格规定，冬捕的渔网是6寸的网眼，这样稀疏的网眼只能网到5年以上的大鱼，这样未成年的小鱼就被人为地漏掉了。郭尔罗斯蒙古族有一句话叫做猎杀不绝，讲的就是这个道理”。这一段解说词中，解说者的感情和渔民的心情一起变化，为他们的期望而悬心，为他们的收获而喜悦，声音虽然尽量克制以求平稳，但是感情的变化仍然流溢出来。这里的渔民和整个民族的“猎杀不绝”、渔网的尺寸限定，都是为了可持续发展，否则一次性用过密的网把大鱼小鱼一网打尽，就破坏了自然界的再生产机制，导致物种灭绝和资源枯竭，最终导致处于生态圈食物链另一端的人类无法生存。渔民们心口相传的严格规定，是对自然资源可持续利用的朴素维护。

湖南稻田里的禾花开了，在稻田里还放养着鲤鱼，鲤鱼吃着禾花，鱼粪便肥沃着稻田，这种变废为宝、资源的循环利用，既收获了不需施加化肥因而绿色的稻米，又能享用肉质细嫩甜美的鱼肉。而吃不完的鱼，苗族人会用特殊的方法做成风味独特的腌鱼。

所有这一切，在两千多年前的中国先哲那儿就有明确的表达。《孟子·梁惠王上》中说："不违农时，谷不可胜食也；数罟不入洿池，鱼鳖不可胜食也；斧斤以时入山林，材木不可胜用也。"尽管纪录片有如此的深度，但它恪守自己作为艺术作品的本分，绝不空洞地直接发言。所有这些道理都在对于劳动过程和细节的纪录中，自然地流淌出来，让观众自己去体会。

（二）敬畏自然的冷静叙说

纪录片不过分臆测自然，第一集提到海南的船老板林红旗在南海远航捕鱼，他知道自然的馈赠时常不遂人愿，机会要靠自己把握。在这一年的出海中他已经出了两次海，亏损了好几万。最终，经历了种种焦虑和等待后，"林红旗载着一船鱼回到了陆地，但他知道这只是短暂的停留。人们未来将如何适应海洋环境，只能静观其变"。我们似乎从解说词的"静观其变"，看到了纪录片主创者对当前生态恶化、资源减少的焦虑、担忧和求解，但是他仍然尽力压下自己的内心，克制地表示静观其变，这是一种客观冷静的做法，是对自然力量的尊重——在很多问题还有争议的时候，静观其变比贸然行动，更是对自然和人类的负责。

当然，纪录片也偶尔对自然资源的日益消失直接发表感慨，颇有叹惋之意。第一集末尾在展现广西京族三岛高跷捕鱼时，说到这项过去很发达的渔业劳动现在已经成为民俗旅游项目，会高跷捕鱼的人只剩最后一个，"站在海岸线上，总会有资源将尽的感慨"。

2012年11月8日，中国共产党的十八大报告指出，建设中国特色社会主义，总布局是经济建设、政治建设、文化建设、社会建设、生态文明建设五位一体。生态文明建设的重要性被正式写进国家发展的纲领性文件中。而在《舌尖上的中国》，这种对人与自然环境关系的呈现，对自然馈赠的感谢，对自然资源将尽的感慨，正是生态文明建设的另一种艺术表达。

结 语

丹纳说，"倘若浏览一下伟大的文学作品，就会发现它们都表现一个深刻而经久的特征，特征越经久越深刻，作品占的地位越高”。[①]《舌尖上的中国》正是因为它深沉地反映了民族精神中最深刻的特征，反映了信息传播中最本质的尊重最广大受众的理念，反映了人类生活中最核心的情感原则，反映了人类发展的最基本的人与自然共生共存的生态准则，才具有岁月磨蚀不了的艺术魅力。

① 丹纳.艺术哲学[M].傅雷，译.合肥：安徽文艺出版社，1998：394-395.

《记住乡愁》的文化表达

2015年1月1日起，中央电视台国际频道播出大型纪录片《记住乡愁》的第一季，迄今共播出了五季，推出了数百个古村落和古镇。纪录片以“关注古老村落状态，讲述中国乡土故事，重温世代相传祖训，寻找传统文化基因”为宗旨，真实记录“忠孝勤俭廉，仁义礼智信”的中华传统美德千百年来在村落里传承的故事。古建筑学界专家认为《记住乡愁》是“立体的教科书，现成的博物馆”；历史学者认为《记住乡愁》呈现了一幅生动的历史画卷；民俗学者从《记住乡愁》节目中看到了一个个非物质文化遗产的活化石；社会学家认为，在传统古村落中留下了许多社会治理、国家治理的宝贵智慧和经验，对于当代社会来说同样具有非常重要的现实意义。[①]诚哉斯言。然而作为一部思想性、艺术性俱佳的纪录片，该纪录片的深意和创作者们的诚意并不只是如此抽象。一方面，镜头里每每出现的乡村景物，一条河、一棵树、一口古井、一座老房子，为人们提供了另一种

① 纪录片《记住乡愁》：聚焦传统文化 引发热烈反响[EB/OL].[2015-03-03].http://www.xinhuanet.com/book/2015-03/03c_127538488.htm.

释放、缓解乡愁之苦的出口，也礼赞了我们的祖先和这些村落那种早已有之且传承至今的对于生态环境、对于经济文化社会的可持续发展观，同时也提醒着今天的人们对于生态环境应有的重视与保护。另一方面，该片以我国部分传统村落的乡土风情为可见表达，以对中华传统文化、道德的宣传为隐性表达，并将之与社会主义核心价值观有机结合，试图激发全社会对社会主义核心价值观的强烈共鸣，显示出央视作为国家主流媒体的气魄与担当和对于中华优秀传统文化的弘扬。

一、乡土情结、家国情怀和生态文明的同频共振

"乡愁"首先是一种故土情结，是一种人文情怀，是一种对故乡一草一木一山一水的牵挂之心，是对故乡亲人的思念，是对故乡文化的认同。然而近年来在我国，却同时出现了两种令人忧心的现象：一是作为乡愁的文化载体的乡村，数量减少，环境恶化。随着中国城镇化脚步的加快，无数人走出村庄去往城市打拼，城市人口日益膨胀，村庄景象日渐凋零。据媒体报道，2000年时我国尚有370万座村庄，但到了2010年这一数字就降至260万，10年消失110万，平均每天有300座村庄消失。①很多古老村落逐渐消失于城镇化进程中，村口的参天古树、儿时流连忘返的叠叠青山、流传百年的宗族祠堂，在轰隆的机械声中不复存在。二是人们对于乡村的感知出现了异化。在飞速发展的社会中，在城市化的浪潮中，有一些人被物质消费、物质享受所淹没甚至"异化"，故乡，尤其是乡村故乡，已经成为一些人努力抹去、划清界限的所在。乡村，对于不少出生于城市、长于城市的人来说，也可能是贫穷、落后、愚昧、不适宜居住与生存的他者。同时，当今社会被思想家认为是"消费社会"，表现在电视节目、影视剧及其他文化作品当中，出现了一种"贵城贱乡"的现象，其主人公主要是生活在城市里的具有高消费能力、高收入的人士。②

在这样的语境下，《记住乡愁》第一季却对60个乡村进行了真实的记录，对村民的一日三餐、田野劳作、婚丧嫁娶、喜怒哀乐、矛盾冲突和化

① 张贺.乡愁，如何才能记得住？[N/OL].人民日报，[2014-02-20].http://opinirn.people.com.cn/n/2014/0220/cl003-24411921.html.

② 马梅.乡土也可以如此之美——也谈《舌尖上的中国》的成功基因[J].今传媒.2014(4):14.

解，对村民赖以生存的山川河流、草木虫鱼进行了朴素的、平视态度的影音记录，是非常值得所有观看者尊敬的。在镜头里，创作者对村民耕种田地、手艺劳作的辛苦进行了长镜头记录，劳作时脸上的汗水、肢体的动作都自然地展现出来，深沉地礼赞了劳动和劳动者，并且自然地、以“用事实说话”的方式，让观众自己去得出结论，也因此村民的朴实坚韧、乐观坚强、诚实守信等美德与品质也就更加可信。这样的社会美、精神之光，是乡村值得人眷念和讴歌的根本原因，是乡愁得以绵延不绝的灵魂。

能够唤起“乡愁”的乡村，还需是保留了人们儿时记忆、没有被快速发展的经济和城市化污染和破坏的乡村。乡村作为乡土文化的载体，是乡愁的寄居地。皮之不存，毛将焉附。一旦乡愁赖以生存与寄托的生态环境遭到破坏直至消失，故土情怀就像断了线的“风筝”不知飘向何方。《记住乡愁》中，随处可见对于故乡小到一草一木大到民俗建筑的描写，保存完整的传统古村落以及人与自然和谐的生活环境相得益彰。片中记载了很多村落的村民制定村规民约，禁止砍伐村中树木和周围山林，禁止污染水源、乱倒垃圾，还描述了一个村落——江苏苏州市吴中区西山岛明月湾村的全村居民为了保护村中的古樟树，集体凑出钱财粮食，甚至以性命与土匪相搏。片中村民这种对于家乡山水、生态环境的保护，使人们看到我们的祖先和民族早就有生态保护的传统，有正确的环境意识和生态观。在推进城镇化发展、大力发展经济的今天，更要遵循乡村自身发展规律，留住乡村风貌、留住青山绿水，给乡愁以栖身之地，更何况绿水青山就是金山银山。[①]由此，看似古老的乡土情结与看似现代的生态文明意识紧紧相连。

在真实的记录下，乡土的自然风光之美与人文人情之美，交互为用，真正让人感受到乡村、乡土是值得人尊敬和热爱的，也就更容易唤起所有人对乡村乡土的重视与眷念。于是，“乡愁”就不仅仅是文人墨客在有钱有闲时的浪漫吟唱，也能够成为所有人珍视的东西，乡土乡村也能够成为所有人愿意为之奉献的所在。这对今天的城乡一体化建设，对于唤醒人们对劳动和劳动人民的热爱，改变城市“异化”，改变对乡村的舍弃与破坏，无疑是具有重要意义的。

乡愁即乡土情结，和家国情怀天然相连，一国之内，随着离开故乡的

① 周咏南，应建勇，毛传来．一步一履总关情——习近平总书记在浙江考察纪实．浙江在线，[2015-05-30].http://zjnews.zjol.com.cn/system/2015/05/30/020675694.shtml.

距离由近及远，乡愁主要寄寓在故乡的那个村、那个镇、那个县、那个城市或省份，而离开祖国，乡愁便扩展到故国。于是，怀念亲人，怀念故乡的人，怀念故乡的山川草木，而若要人们能始终保有乡愁，让游子心有故乡，就必须要保护和建设故乡，自然也要保护故乡的环境。由此，乡愁看似小小的个人情感，其实延展性极强，它能将乡土情结，家国情怀和生态文明连贯成线。而这正是《记住乡愁》的意蕴深沉之处。

二、优秀传统文化和社会主义核心价值观的质朴表达

中华优秀传统文化是社会主义核心价值观的源泉，社会主义核心价值观是中华优秀传统文化在当代中国的集中体现。培育和弘扬社会主义核心价值观必须立足中华优秀传统文化。

2013年12月，习近平总书记在中央城镇化工作会议上指出，要融入现代元素，更要保护和弘扬传统优秀文化，要“让居民望得见山、看得见水、记得住乡愁”。

党的十八大以来，中央高度重视培育和践行社会主义核心价值观。核心价值观作为提升民族和人民精神境界的支柱来说，发挥着重要作用。一个人、一个民族能不能把握好自己，很大程度上取决于核心价值观的引导。社会主义核心价值观并不是单纯24个字的融合，而是从国家、社会、个人三个层面来说基本理念的凝练。传统的抽象说教，只能让人们机械地“记住”，很难使人们主动地去“做”，而《记住乡愁》中传递的内容则是倾向于留给观众空间，让观众自己去体会与感悟，最后达到真正付诸行动的目的。

纪录片《记住乡愁》第一季的60个村落，涉及全国各个行政区域、各个民族，风俗习惯、风土人情各不相同，但都有自己优秀的传统文化。每一集以全国各地某一处的传统村落作为探访主体，在村落里找寻本村特有的传统文化，将该村的传统文化具象到人物上，通过对人物及其所做事情的冷静记录，传达本集内容所要表达的主题。《记住乡愁》每集都有一个鲜明的主题来契合核心价值观内容。第7集以“远亲不如近邻”为主题，展现辽宁阜新市查干哈达村村民“和谐、团结、友爱”，一户村民供养和自己没有血缘关系的老喇嘛，全村因为最初的互帮互助共同战胜天花疫情而办起

睦邻节并传承至今的感人故事，这里就具体阐释了“文明”“和谐”“友善”的社会主义核心价值观。第30集中，以浙江永嘉苍坡村全村村民在祭祖日敲锣打鼓集体赶往临近的“兄长村”——方巷村为开篇，引出两村同祭一个祖先的历史渊源，以及村中两兄弟和气分房的故事。在这集内容中充分体现了中华传统文化中“悌”的内涵，即兄弟之间相互关爱、相互谦让。这种家庭的和谐、友爱正是社会和国家层面的“和谐”“友善”的基础。中国古代就有“修身、齐家、治国、平天下”“一室不扫，何以扫天下”之说，表达了从自身逐渐往外的更大的物理空间和社会空间的能量辐射。如今，在新信息传播技术的语境下，每个个体的信息的传出，假如运用社交媒体，也正是“我—粉丝（朋友圈）—粉丝的粉丝（朋友的朋友圈）……”的由小到大的逐层向外辐射。

《记住乡愁》这种将传统文化与社会主义核心价值观的融合传播在节目中比比皆是，而且直面现实，不回避矛盾，不人为拔高，从而更显真实，更加可信。第11集“诚信赢天下”展现的是重庆江津中山古镇四合村村民恪守诚信，世代相传，以诚信为人处世，以诚信经商致富。片中有一段完整的叙事，讲述了靠卖当地特色小吃为生的夫妻两人恪守诚信的故事。冯三姐夫妇有一间小店面，卖一种当地特有的早点“石板糍粑”，在原材料、燃料不断涨价的情况下，一直只卖2元钱，价格不涨但糍粑的品质、分量不变，以诚信赢得村民的支持。

夫妻两人收入并不多，小店的陈设和夫妻两人衣着非常简单甚至显得寒酸，但是在做小吃的原材料和燃料涨价的情况下，他们却没有进行“精明的成本核算”——如果从盈利的角度考虑，当做小吃的糯米、白糖、油和燃料炭火等涨价时，若想维持原来的利润率，可以有3种办法：将每个早点做小一点，或者维持原来大小不变但是涨价，或者早点大小不变，但是暗暗选择质量低劣一点的原材料。前两种办法理所应当，顾客都会明白商家小本生意的不易，只要在门口贴一份通知，说明原材料和燃料涨价事实，表明不得不涨价，那么爱吃这家店小吃的老顾客们不会不理解；后一种办法，顾客还看不出来变化，在理论上也能够说服经营者自己。但是，夫妻两人没有采用这三种办法，他们这种早点以前就利润微薄，现在他们宁可比以前挣得更少一些，也不愿意降低早点品质或做小早点又或是涨价。纪录片对着夫妻两人，拍摄他们简陋的店面、劳作的双手、平凡的面容，店面的对联——女店主父亲当年写下的讲述诚信经商做人的对联，录下他们朴实的讲述，录下店主关于父亲诚信经商的故事和对自己教导的回忆。

这种关于诚信的小故事是那么细致入微，它其实通过店主平实的叙述揭示了普通人曾经经历的关于道德实践的内心搏斗，这样的内心道德搏斗在每个人的生活中随时都有。而且，通过自己和先人的联系，“诚信”就从一个现实的人和事，闪回到了历史时空，阐释了它的世代传承。而这种对于诚信的恪守，在这个村镇，并不只是这一家，于是片子又从这个家庭的故事，伸展叙事链条，进入到古村其他家庭的诚信传承，在空间上多向展开。可以说，纪录片实现了一种无痕化的道德展示。

当今社会，消费社会的大环境已然形成，工具理性和实用主义盛行，人们对物的追逐往往远远高于对于精神的追求：低收入者会为了生存而辛苦劳作，从而无暇顾及精神的涵养；大中专学生会为了便于就业，而更多注重对于技能的学习，而轻视对于自身精神和品德的涵养；未就业者、从大中专院校毕业而待就业者，会因为没有找到理想的工作而暂时鄙弃“精神”。在这种情况下，对人们进行思想教育的工作非常难，但是这部纪录片以平实质朴的视听语言、客观冷静的实录，巧妙传达了价值观，从而能够通过记录传统村落村民的发展状况和生活状况，展现优秀传统文化在民间的延续和发扬，推动中华优秀传统文化对当今社会人们的道德规范、行为准则产生正面积极的影响，加深以及引导人们对于社会主义核心价值观的理解与践行。

可以说，《记住乡愁》以真实的乡村景物、建筑风景、民俗风情为可见的显性层面，以对传统道德观念、制度规则的宣扬为隐性层面，两个层面相互关联、相辅相成，通过具体文化现象表达出节目深层次的主旨，给观众留下感悟的空间，使得观众在观看后可以重新审视自己的价值观是否合乎节目所传达的本意，同时也对中华民族共有的文化产生认同感，也就在潜移默化中受到了社会主义核心价值观的教育。

三、“走转改”的践行让“乡愁”更接地气

中华优秀传统文化是中华民族的突出优势，是我们最深厚的软实力。

社会主义核心价值观是我们进行政治经济文化社会建设的思想基础。如何发挥好我们的软实力，如何通过大众传播进行价值观教育，要想真正收到实效，当然不能靠说教，不能靠灌输，那么到底该怎么做?《记住乡愁》给了我们一个很好的范例。

为推动新闻工作者切实将群众观点、群众路线体现在新闻传播实践中，促进新闻单位更好地深入基层、深入群众，中宣部、中央外宣办、国家新闻出版广电总局、中国记协等四个部门在2011年全国新闻战线组织开展“走基层、转作风、改文风”活动。可以说，《记住乡愁》在新闻传播和思想文化宣传的实践上正是全面践行了“走转改”活动的理念。

在选题上（见表1),《记住乡愁》选择的是一个个分散在祖国各地的乡村，有边境小村，有海岛渔村，有江南山村，有西北村落，有藏羌村寨等。在表现人物上，纪录片以一个个最基层的农民、渔民、手工业者、个体经营者等为主体，以他们的言谈举止为片子的主要影像，以他们的讲述为主要有声语言。

表1 纪录片《记住乡愁》第一季部分内容列表

集数	村名	所在行政区域	主要族别	主题
1	培田村	福建龙岩市连城县	汉族	敬畏之心不可无
2	屏山村	安徽黄山市黟县	汉族	孝道传家
3	明月湾村	江苏苏州市吴中区西山岛	汉族	讲和修睦
4	石堰坪村	湖南张家界市	汉族	天道酬勤
5	诸葛村	浙江兰溪市	汉族	宁静致远
6	白鹭村	江西赣州市赣县	汉族	积善成德
7	查干哈达村	辽宁阜新市阜蒙县	蒙古族为主	远亲不如近邻
8	涧岩头村	湖南永州市零陵区	汉族	和合湘乡
9	街津口村	黑龙江省街津口赫哲渔业村	赫哲族	自尊自强
10	钓源村	江西吉安吉州区	汉族	节义立家
11	四合村	重庆江津中山古镇	汉族	诚信赢天下
12	丁村	山西襄汾县	汉族	以和为贵
13	张谷英村	湖南省岳阳市岳阳县	汉族	和睦有道
14	东风村	福建省福州市平潭县	汉族	同舟共济
15	板梁村	湖南省郴州市永兴县	汉族	仁义兴家
16	迤沙拉村	四川省攀枝花市仁和区	彝族	心怀感恩
17	新叶村	浙江省杭州市建德市	汉族	读可修身
18	万家村	山东省淄博市周村区	汉族	立德树人

在表现手法和语态上，《记住乡愁》以出镜记者亲身体验的形式去探索与发现，带领、观众感受中国最基层的平民百姓真实的生活状态以及乡土风俗。记者在行走中体验乡土文化，同时也召唤着国内外观众，期待他们自己也能去真正体验这种非凡感受。出镜记者代替观众直接亲身体验，以平视视角提问，和村民边走边谈，让这些“体验”更为直接与亲切，将观众日思夜想的“乡愁”具象到家乡的一碗水、一片云、一条河。

在记者的形象定位上，出镜记者深入到每一个普通采访对象的日常生活，不是像以往高高在上、咄咄逼人的媒体人形象，而是还原为普通人。他们就像是背包客，以背包客的心情引导观众欣赏风景、倾听故事。如在第39集，以重庆黔江区濯水村四个不同的人物故事为叙事载体，分别体现了“诚实互信”“诚信经营”“一诺千金”“大诚仁心”，这是优良传统文化的一部分，也正是社会主义核心价值观的“诚信”。本集中出镜记者为了了解濯水村自古以来以诚信立村的各种故事，与被采访者一起亲自翻山越岭体验当年经商者龚明理因山路不好走而发誓为村民修建道路的情景。这样的采访与体验在《记住乡愁》中处处可见，观众在领略不同风土人情之际也感受到了一个个情真意切的人文故事。如此，那些价值观理念不仅在古村世代相传，在片中村民身上得以体现，也在媒体人身上得到鲜明体现和践行。如此，片内片外形成多层召唤，牵引着观众对于中华传统优秀文化和社会主义核心价值观的接受和践行。

可以说，《记住乡愁》没有去迎合当下热闹喧嚣的荧屏，也没有娱乐化，而是真正地走向了基层、深入了基层，脚踏实地，以“清新、自然、流畅”的风格为荧屏吹来一阵清风，用“仰视”的心态对待每一个普通人，怀着敬畏之情缅怀村落里曾发生的事，又用平等平和心态做片子。如此，《记住乡愁》自开播以来，受到了越来越多的人关注。

四、多种传播形式联动，扩大文化影响力

跟以往的电视节目相比，《记住乡愁》传播形式的创新不仅体现在中央电视台和央视网的播出，还体现在纪录片推介与传播的历时性链条打造和多形式呈现。

在《记住乡愁》纪录片播出前，央视中文国际频道进行了纪录片主题

歌歌词的全球征集活动，征集自2014年8月1日开始，至9月15日截止。在一个半月的时间里，组委会收到来自全国各地及海外近40个国家和地区的8000多件来稿。作者中年龄最大的90多岁，最小的13岁，虽然他们身份各异，岗位不同，生活在不同的地方，但他们却有着共同的对故乡的眷恋和赞美。①随后，经过严格评选，选出了30首入围作品。这次征集活动，就让还未播出的纪录片《记住乡愁》为人们所关注和期盼，让中国人的“乡愁”遍布世界的各个角落，既扩大了节目主旨，同时也吸引着人们对于节目本身的关注程度。

接着，2014年12月《百集大型纪录片（记住乡愁）歌词征集入围作品展播》以特别节目的形式在央视中文国际频道播出，节目以央视主持人朗诵入围歌词的音画形式呈现，主持人的倾情朗诵、中国乡村的自然风光、百姓生活照片、舒缓的配乐，构成了节目的视听语言。这次特别节目的节目类型与央视近年来每逢元旦新年、春节、元宵节、清明节、端午节、中秋节等节日所制作的诗会节目一脉相承，让观众在欣赏中华民族的诗词曲乐文化的同时，深沉地体悟作品所内涵的文化精神和核心价值观。

而在2015年1月1日开始连播纪录片之后，央视中文国际频道又在2月11日（小年夜）晚播出了以“我们的梦——记住乡愁”为主题的音乐会。该音乐会融主题曲演唱、主持人吟诵歌词、文化访谈为一体，以纪录片《记住乡愁》为内容背景，以12首主题歌歌曲演唱为节目主线，通过央视数位主播吟诵三段经典诗文《月是故乡明》《乡愁》《我爱这土地》来侧面表达乡愁主题的情感依托，配以穿插其中的三段访谈，从文化传承、民俗风情等方面对“乡愁”进行阐述，以此抒发中华海内外儿女不忘故土、思念家乡之情、守护家园的赤子之情。

整台音乐会以诗化、深情、温暖、平实为基调，处处可见人们心底对于“乡愁”、对于中华民族优秀传统文化和核心价值观的不同诠释。应该说，以电视台播出的纪录片为主题举办音乐歌咏会在国内频道中还较为少见，以歌会友、以歌感人，在歌曲里呼唤着观众“记住乡愁”的同时，也起到了推介节目的作用。而且，音乐会的播出时间节点，选在了小年夜——这是中华民族传统上已正式进入过年时刻的开始，从此夜开始，人们思乡的情感将日益

① 周咏南，应建勇，毛传来．一步一履总关情——习近平总书记在浙江考察纪实[EB/OL].[2015-05-30].http://zjnews.zjol.com.cn/system/2015/05/30/020675694.shtml.

加浓，回乡的行动将步伐加快，此时此刻播出，对于海内外游子的乡愁、民族认同、文化认同、核心价值观认同，无疑是进一步的唤醒或深化。

过去，一个电视节目在电视频道的生存周期很短，往往只在某电视频道播出的时候和人们见面，播出后就是在网上等待人们的点播，偶有好节目会应观众要求在电视频道重播。这次，纪录片《记住乡愁》线上线下的活动，纪录片播出前播出后的延伸活动，都变成了节目，打破了节目在电视频道一次性传播的生存周期，形成了累加的影响力。而且，节目的推介和传播形式多样，除了纪录片本身，还有线下的歌词征集，有正式播出的朗诵型的诗会节目和音乐会节目的配合，形成了整合营销传播。此外，在互联网络上，既有每集纪录片的完整视频，也有抽条播出的单条音乐或单条MV，观众或用户可以自由选择在央视网，或优酷网、土豆网、酷六视频、PPS、搜狐音乐等商业视听节目网站，收看收听和下载纪录片《记住乡愁》视频、12首主题歌歌词的MV和音乐、歌词入围作品朗诵的视频等。

结　语

乡愁，人人都有；乡愁，字面上仅仅是对家乡的思念及唤起的离愁别绪，表面上非常简单。但是《记住乡愁》却用小小的“乡愁”做了深刻的大文章。纪录片透过乡愁，讲述了中华优秀传统文化中的家国情怀、社会责任以及成为我们民族性底色和基石的和谐、诚信、友善、敬业等核心价值观。纪录片播出后，“乡愁”这个词拨动着世界各地的中华儿女的思乡之心，人们在观看之时不仅被勾起浓浓思乡之情，也领悟着其中满含的中华优秀传统文化和核心价值观念。

电视剧《乡村爱情》的美学追求

30集农村题材电视剧《乡村爱情》于2006年10月在不少卫视台播出后，观众反响强烈。2019年，《乡村爱情》已经拍到了第十一部。

《乡村爱情》为何如此引人关注？难道仅仅因为它适逢当下建设社会主义新农村、城乡一体化建设、美好乡村、脱贫攻坚等大背景？虽然我们不排除央视在播出该剧时有配合国家大政方针之意图，但是，传者的主观意图不能代替观众的接受度。事实上，《乡村爱情》在电视剧的美学追求上有着显著的特征，巧妙地进行了适合国人的文化传播。这里仅对《乡村爱情》第一部进行具体分析。

一、质朴淳厚的乡村文化之美

质朴之美是电视剧《乡村爱情》的显著特征之一。剧中没有大腕明星，没有惊心动魄的场面，只有名不见经传的演员、平平常常的日常生活和小人物在爱情、事业上的曲折故事。我们先从审美价值的表现形态上进行分析。审美价值的表现形态可分为六大基本类型，即美、丑、崇高、卑下、悲、喜。[①]《乡村爱情》中有崇高和卑下的对比，有悲和喜的映衬，有美和丑的不同，也不乏滑稽与幽默。所有这些元素的相辅相成，自然而然地将一个个人物的喜怒哀乐展现出来，让人们感受到了真实、淳朴的农村生活。

女主人公王小蒙不计个人恩怨，不顾他人的伤害，始终关怀别人，善待他人，让我们看到了一种精神上的伟大和超越。而王小蒙的“情敌”、村主任的女儿香秀的一切行为却都是为了自己：她为了能到城里生活，先是“抢”了王小蒙的男友谢永强，接着又因谢永强的工作落空和他退亲。两相比较，美和丑、崇高与卑下，便立见分晓。杜书瀛在《审美价值论纲》一文中认为，崇高形式的两个特征是：一为不和谐性，即往往在形式上使人感到失去平衡，时常处于一种动荡的、矛盾的状态；二为不寻常性（或者叫做超常性），即在形式上使人感到突兀、惊奇、激奋、奇特，易于使人的精神昂扬、奋发。[②]从王小蒙身上，我们感到了这种不寻常。而王小蒙在遭受爱情挫折后事业却蒸蒸日上，和谢永强虽“另结新欢”，但心中抑郁、工作无着构成了复杂的悲与喜的对比。

同样，和男主人公谢永强之父谢广坤的趋炎附势、攀龙附凤、首鼠两端相比，王小蒙的父亲王老七宁愿把女儿嫁给瘸子赵玉田也要报恩的朴实憨直，便显得伟大而悲壮了。赵玉田开车帮助王小蒙家卖粮食，谁知路上发生了车祸，赵玉田的腿受了重伤，为此，刘英的父亲和赵家退了婚，赵玉田的问题顿时就变成了王家的问题。首先，为治好赵玉田的腿，王老七给了赵家五千元钱作为医药费；其后，他拿出一万元作为酬谢，托谢大脚为赵玉田说媒。就在赵玉田的相亲一次次失败后，无奈之下，王老七决定让女儿——有“村花”之誉的王小蒙嫁给赵玉田。这种传统的“人情债”的偿还方法，至今在农村，甚至城市还有一定的市场。王老七的“还债”愿望固然真诚，他无奈和歉疚的内心煎熬固然让人同情，但是，以现代观念看来，这种不顾女儿意愿的家长制作风，实在有些愚昧和落后。不过从另一个角度来说，我们也看到了一个善良的、背负传统伦理道德重压的老农民在利与义之间的选择。也许，与当下某种对责任的逃离与疏远相比，

① 杜书瀛.审美价值论纲[C]// 张晶.美学前沿：第 2 卷.北京：北京广播学院出版社，2003：21.
② 杜书瀛.审美价值论纲[C]// 张晶.美学前沿：第 2 卷.北京：北京广播学院出版社，2003：41.

这是另外一种崇高。

二、轻喜剧的乡村生活美学

作为一部具有轻喜剧色彩的农村剧，剧中不乏滑稽、幽默、搞笑、讽刺，让人忍俊不禁。但总的来说，剧中的笑料不夸张、不刻意、不恶搞，它们的设置都有人物前后表现的铺垫与承接，与剧中人物的身份、个性甚至生理特征都非常吻合。“艺术生产中的喜剧，因笑的对象不同，笑的性质不同，笑的形式不同，因而也就有各种不同的种类。譬如，最常见的是对本质丑恶的东西的讽刺、嘲笑，这种笑是无情的、尖刻的，甚至要致丑恶事物于死命。这种笑是一种巨大的批判力量。除了对丑恶事物的讽刺喜剧外，还有一种幽默喜剧。其特点是，它所笑的对象多是好人身上的缺点，就是对象本质上并不丑恶，只是有些局部的缺点、毛病，所以，对这些缺点、毛病的笑，是温和的、宽宥的、善意的。”①

先看看剧中幽默喜剧的因子。在语言上，范伟饰演的王木生的喜剧化表演给人印象深刻。剧中，从一个木匠成为大款的王大拿（赵本山饰）多年鳏居，对谢大脚一见钟情。当他带着儿子王木生去找谢大脚时，却发现谢大脚和自己的老朋友、村主任长贵在一起。儿子为父亲打抱不平，便对谢大脚说：“天涯何处无芳草，何必非在农村找，找也不找你谢大脚。”王大拿为“失恋”夜不能寐，儿子王木生劝告他：“长痛不如短痛，短痛不如不痛，当然，不痛是不可能的。”这两句话，前一句是把古诗名句和大白话相连，又运用顶针修辞格和押韵的手法，在语言表达上造成美学品格的巨大落差；后一句先利用顶针修辞格，后又运用递进、转折，自我颠覆语言内容的真实性，来“以子之矛攻子之盾”，造成语义上的滑稽效果，加之王木生“大舌头”的口齿不清所造成的喜剧色彩，既让人捧腹，又深感其逻辑的真实。

剧中，还有多种善意的笑料，将农村中某类农民的性格刻画得入木三分。如刘能请谢大脚去城里验证赵玉田是不是真的瘸了，谢大脚向刘能要了30元钱，刘能付完钱后顺手拿走了一袋方便面。这一细节将谢大脚的精明和刘能的不吃亏、占小便宜的心理刻画得入木三分。刘能以为赵玉田腿

① 杜书瀛.审美价值论纲[C]// 张晶.美学前沿:第2卷.北京:北京广播学院出版社，2003:57-58.

瘸了，他召开“临时家庭会议”，并不顾女儿的反对向赵家退亲，与赵玉田的父亲赵老四闹翻。几分钟前还是儿女亲家的赵老四立刻翻脸，讹诈刘能踩死了小鸡要他赔30元钱。这神态上的巨大反差颇有喜剧效果，不仅暴露了刘能的自私自利，也反映了赵老四刁钻、无赖的狡黠心理。其实，这些言行和心态鲁迅先生在他的一系列表现国民性的小说中都出现过，只是，与鲁迅先生的犀利相比，电视剧《乡村爱情》更多了一份温和的、善意的讽刺和提醒。

剧中对男主人公谢永强之父谢广坤的某些喜剧化表现，讽刺意味更足。谢广坤为阻止儿子谢永强上山开荒种果园，先是堵在门口，和儿子上演一出“老鹰捉小鸡”；继而无赖似的躺在地上堵住门，口口声声叫嚷“你要是去开荒，除非从我身上跨过去”，没想到儿子真的毅然决然地跨了过去。这一跨，对于谢永强，意味着他人生道路的重大转折；对于传统道德，则给予父权制以致命打击，更对一直以来以谢广坤为代表的落后的家长制作风不讲道理、唯利是图、见风使舵、攀龙附凤以辛辣的讽刺。当然，讽刺的生命是真实，过分夸张有时会走向事情的反面。在这里，电视剧《乡村爱情》拿捏得恰到好处。在谢永强跨过父亲身体之前，剧中做了很多铺垫，表现了父子两人在门口的拉锯战，最后他别无选择，才做出了一反往日“孝子”行为的“忤逆之举”。

剧中还有不少崇高和卑下、美与丑、悲与喜的对比，也有很多滑稽幽默的地方，但总的来说，它们不夸张、不矫饰，从人物性格、剧情发展和生活逻辑而来，真切地表现了农民的喜怒哀乐，表现出朴实无华的美学风貌。电视剧《乡村爱情》的审美价值，恰恰在于它将相反相成的审美形态原生地、本色地融为一体，在丑中见美，在悲中见喜，在卑下中见崇高，在质朴中见华彩。

三、清新朴实的乡村自然之美

电视剧《乡村爱情》没有令人眩目的镜像语言，展现在观众面前的是清新、朴实的乡土风情。浅浅的小河、清清的流水、绿色的田野、窄窄的田间小路、高远的蓝天、无边的土地、慢慢下落的天边夕阳，还有村头的柳树、农家小院的篱笆和果树。色彩清新，意境疏阔，如同一幅淡远的山水画。村头小店三五人群在闲聊，村中路边的豆腐摊主在叫卖，鸡鸭在院里追逐，鸟儿在树上啼鸣。更有农村订亲的习俗：吹喇叭，敲锣鼓，抬着彩礼的欢乐人群，院子里摆开的全村人参加的大宴席……恰似一幅热闹而又和谐的乡土风情画。

在镜头的运用上，与小河、流水、田野、山峦、夕阳、晚霞等意象相配的是大景别镜头，远景、全景、大全景摇镜头，视野开阔，令人心胸舒朗畅快。镜头的切换不追求快速，不过分讲究技巧，而是顺着生活的轨迹自然地行进。在色彩上，透亮的绿色、蓝色清新悦目；在声音上，没有悬疑剧、大片的“暴风骤雨”，有的只是邻里之间朴实的乡间俚语和自然界草木虫鱼的呢喃。

尽管对艺术层面的镜像语言分析了很多，但研究者并不认为《乡村爱情》主要“美在形式”，事实上，它的美可能更在于其内容的充实饱满。它的镜像语言的选择和运用，紧紧围绕着一个中心，这就是以平视的角度，对农民美好情怀的讴歌，对落后思想的批评，对农民真实生活和喜怒哀乐的反映。

结　语

《乡村爱情》剧中，几对年轻人分别用自己的行动展示了农村青年充实的人生，从一定意义上，对建设社会主义新农村、美好乡村建设、城乡一体化建设的一些具体问题做了回答。王小蒙在和将要成为城里人的大学生谢永强分手后，没有自暴自弃，而是勇敢地开始了新的创业。她把家庭豆腐坊办成了具有现代科技含量的加工厂，让自家的豆腐远销到城镇、乡村。刘一水（谢永强、王小蒙的同学和好朋友）在高中毕业后办起了兔子养殖场，并从城里聘来相关技术人员，利用象牙山优良的自然环境，因地制宜，大力发展绿色养殖业。赵玉田也发挥自己的特长和爱好，与刘英一起搞起了花卉种植，开创了自己的天地。谢永强在遭遇城里工作的落空后，毅然冲破家庭和传统思想的阻力，放下身架，进山开辟果园，搞起了果树种植。同样身为大学生的谢小梅没有在城里就业，而是来到刘一水的养殖场当上了专家和副场长。这些年轻人没有外出打工，而是利用自己的一技之长回乡创业。当然，回乡创业不是盲目的。谢永强在决定开山种果树之前，就将山上的土壤标本送到城里的科研机构进行成分检测；王小蒙的豆腐坊在采用新技术的同时，还保留了自己的传统优势。这些都在告诉人们：农民外出打工不是唯一的出路，利用一技之长，因地制宜，依靠先进的科学技术和经营理念，在农村同样可以打出一片天地。城市人也可以到乡村发展，涉农产业也是干事创业的重要领域。城乡一体化发展大有可为。

从这个意义上说，电视剧《乡村爱情》在美的表现领域上熔自然美、社会美、艺术美于一炉。而从镜像语言的运用，从内容和形式的二元对立来看，它既有美的形式，更有美的内容。

电视新闻与“三农问题”

2007年3月至5月，媒体上出现了不少关于“三农问题”的负面资讯，但是令人遗憾的是，其中不少资讯不仅没有起到建设性的作用，没有为“三农问题”服务，反而使农民利益受到重大损失，使农业遭受危机。回顾相关报道，可以让我们更好地认识新闻传播对于“三农问题”的解决应该承担什么样的责任。让我们先从海南“蕉癌”（即巴拿马病，学名香蕉枯萎病）风波说起。

一、祸起谣言

2007年4月7日晚的《焦点访谈》指出，广州3月13日《信息时报》的文章《广州香蕉染“蕉癌”濒临灭绝》说广州香蕉大面积感染巴拿马病毒，这种病毒被称为“香蕉癌症”。文章刊登后，许多网站转载，人们议论纷纷，很多人误以为吃香蕉会得癌症而拒买。此后一周内，海南的香蕉销售量急剧下降，价格猛跌。[①]因此，有人将“蕉癌”风波归罪于《信息时报》的报道。

但是人民网海南视窗特约评论员4月10日指出，“《信息时报》3月13日的报道只是说了广东三成香蕉沾染巴拿马病毒，从头到尾并没有涉及海南。按照常理，广东的香蕉应该更是遭遇灭顶之灾，相对来说，这对海南的香蕉是一个机遇。可是，怎么这场香蕉风波的灾难性后果将降到了海南头上了呢?”[②]

在仔细审查了大量相关报道后，笔者认为，《信息时报》的报道虽没直指海南香蕉，但报道对“蕉癌”的不正确的、煽情的、夸大其词的报道，实际上对海南香蕉遭遇的厄运还是有责任的。退一步说，即使不追究这一责任，该报相关报道的黄色新闻的做法和对新闻话语权的滥用，也严重违背了新闻专业的理念和新闻工作者的职业准则。

如3月13日的报道的副标题：“这种致命的‘香蕉癌症’正在快速扩大感染面积，广州人几年后或吃不到本地香蕉”“幸存香蕉树几年内将枯亡”“封锁不及时病毒四处蔓延”等，这些小标题不考虑发展变化的因素，仅仅沿着“恶化”往前推测。而且让人误解：香蕉会得蕉癌，而人吃了这种香蕉又会“致命”。正文“错过了最佳挽救时机”，“发病中心很快扩散，到最后不能收拾”等表述严重失实。事实上，近年来，通过农业和科研推广部门的共同努力，香蕉枯萎病的防控工作取得了一定成效，其危害程度和蔓延速度与世界其他疫区相比是减轻和减缓的，并未对我国香蕉产业造成严重影响。[③]3月14日刊发的题为《市民不会吃到染“癌”香蕉》的追踪报道，对“蕉癌”与人体癌症之间有无关系等重要问题的阐述，力度不够。[④]其小标题“全国主要产区都发现该病”易让人误认为全国各香蕉产区包括海南都有所谓“致命”的“蕉癌”。而“蕉农无意中成为传播渠道”更是毫无科学根据。因为，香蕉巴拿马病是植物病原物引起的，该病原物一般通过土壤或水等在香蕉树之间传播，在植物与动物之间不传播。该病虽然难于根治，但与香蕉果实没有关系，患病的香蕉树不会结果，结果的香蕉树

① 传言让香蕉滞销 蕉“癌”之惑[EB/OL].[2007-04-07].http://hi.people.com.cn/2007/04/07/301473.html.

② 矢弓.海南香蕉风波的冷思考[EB/OL].[2007-04-10].http://news.0898.net/2007/04/10/301889.html.

③ 董峻.农业部新闻办公室:香蕉枯萎病防控取得成效[EB/OL].[2007-04-10].http://news.0898.net/2007/04/10/301841.html.

④ 董天策,张任青子,何裕华.都是传媒惹的祸?——理性审视“蕉癌”风波[J].新闻记者,2007(5):37.

肯定是不染病的。[①]

一波刚息，一波又起。4月底到5月的“海南香蕉有SARS病毒”的短信在各大城市迅速蔓延。短信称，“目前海南的香蕉中发现了一种病毒，类似于人类的SARS！新闻在报！请转告每个你珍惜的人”。海南香蕉价格应声而跌，几天时间，蕉农损失上千万元。[②]这样算来，自2006年10月至2007年5月已发生3起关于香蕉的谣言事件（另一起是2006年10月的“香蕉乙烯催熟有毒”），若加上2006年7月“西瓜注红药水”的谣言，海南农业则在短短一年时间内遭受4次重创。

虽然，在风波之后的反思中，人们认识到这些风波暴露了我国食品安全问题存在的严重隐患、海南农业在产业结构、农业生产和流通的关系、农业生产的市场准入机制和风险机制建立等方面的问题，这些似乎转移或减弱了人们对媒体的拷问。但是，仔细检视这些风波，我们发现谣言的流传大多与媒体的不全面、不准确、不客观、不负责任的报道有关。因此，传播者更要加强媒介专业素养和职业道德教育。

二、对电视新闻在风波中作为的反思

与报纸、网络、短信形成鲜明对此的是，电视在重创海南瓜果的谣言中发挥了积极作用，尤其是中央电视台（以下简称“央视”）的新闻节目。4月7日，农业部新闻办公室发布辟谣消息，声明香蕉枯萎病与食用香蕉的安全性没有任何关联。4月7日晚，央视《焦点访谈》就“蕉癌”风波作了调查分析，发布辟谣消息，随后4月8日，自3月下旬以来一度十分低迷的海南香蕉价格开始迅速回升。

(一)个体荣辱与社会责任

在4月7日的《焦点访谈》中，节目主持人说：最近一段时间，我们《焦点访谈》栏目不断接到在海南种植香蕉的农户打来的电话，反映他们那里今年香蕉的收购价格低得离奇，而且出现了大面积积压，很多香蕉就要烂在地里。我们的记者随即前往调查，结果发现这一切起因于一个极大的

① 周会昌.谣言重挫海南香蕉产业[EB/OL].[2007-04-06].http://news.0898.net/2007/04/06/301274.html.

② 卜云彤.互联网和短信谣言,成海南香蕉杀手[EB/OL].[2007-06-10].http://www.xinhuanet.com/mrdx/.

误解。但是，为什么要让打电话的农民等上“一段时间”？为什么不第一时间进行采访澄清？

还有，早在3月19日央视《聚焦三农》栏目就已采访香蕉研究专家陈厚彬教授，陈教授在接受采访时就曾说明“香蕉致癌”没有依据。但是，由于《聚焦三农》不是综合频道的新闻栏目，很多人并不能及时了解这个信息，不能认识到这个信息的权威性。如果3月19日就能在央视一套的某个重要新闻栏目中采访那位香蕉研究专家，一切又当如何？

当然央视可能会辩称：3月19日时，我们不可能料到其后的海南香蕉遭受的重创，当时这样一则信息在重要性程度上也还不具备登上综合频道权威新闻栏目的条件；《焦点访谈》担负着全国舆论的导向，真实准确是它的生命，它只能在对事件进行全面核实、调查清楚后才能做报道，不可能在接到受害群众打来的电话后就立刻予以澄清。但是“群众利益无小事”，当群众利益遭受损失的时候（“香蕉致癌”谣言10多天使海南蕉农损失近亿元），媒介就应该毫不犹豫地通过及时准确客观的报道接受和履行对社会的特定义务，这是“社会责任理论”的基本原则[①]。尤其是相对而言具有较大权威性和信誉度的电视媒体的新闻人更应该树立强烈的责任意识，在第一时间为群众利益服务，为农民和农业服务。责任重于泰山，电视媒介也要建立一套快速报道“三农问题”的危机应急机制和绿色通道机制，这也是用实际行动对党和国家建设和谐社会、建设社会主义新农村、实现可持续发展战略的回应。毕竟，农村、农民、农业与城市、工人和知识分子、其他产业处在同一个系统里，存亡与共，“牵一发”会“动全身”。农业遭受重创，农民日子不好过，农村凋敝，城市也要为此而买单，更要“反哺”，国家也要通过宏观调控来确保社会公平。

（二）就事论事与见微知著

几起谣言虽已平息，又有2007年6月初的香蕉降价潮：最差的香蕉每斤只能卖上3分钱，有的蕉农把成熟的香蕉当成饲料喂猪，有的蕉农干脆让成熟的香蕉烂在蕉园里。这一切和有关地方香蕉产业盲目扩大生产、忽视

① 斯坦利·巴兰，丹尼斯·戴维斯.大众传播理论：基础、争鸣与未来[M].曹书乐，译.北京：清华大学出版社，2004：111-116.

流通环节、忽视市场等有关。[①]和“三农问题”联系的还有5月的全国猪肉价格暴涨影响居民生活的问题（农村生猪生产也是这场风波的一个环节）。和2007年猪肉价格暴涨形成鲜明对比的是去年5月猪肉价格暴跌，很多农村养殖户遭受巨大损失。一涨一跌，殊途同归：群众利益受损。事实上，在市场经济飞速发展、经济全球化的今天，几乎每年都会有关于“三农问题”的负面报道。为什么会这样？作为社会公器的传媒理应深入采访、展开调查，积极追踪探寻一件件偶然事件背后的必然，从而为从根本上解决“三农问题”发挥其他媒体所不能及的作用。

在这一方面，央视还应该做得更好。比如2007年4月7日《焦点访谈》对“蕉癌”风波的分析就不应仅仅停留在“香蕉致癌”谣言上，只要细心分析，它就会看到在市场面前暴露的我国传统的个体农业生产的脆弱性，看到农民在遭遇市场危机时的缺乏应对经验，媒体应该指出一条正确之路：要引导农民正确认识市场，应对市场；要提高农业生产的科技含量，进行适销对路的生产，建立健全农产品生产的标准；要建立一种由政府主导的社会化的农业风险补贴机制，减轻农民的损失等。

三、电视新闻如何应对“三农问题”

电视是我国农村真正意义上的大众传媒。从理论上说，它是农民的良师益友，要为农村的两个文明建设服务，为社会各界正确认识“三农问题”、对待“三农问题”服务。具体说来它要及时发布信息，满足知情需求，沟通生产流通；释疑解惑，拨乱反正，掌握传播主动权；传播农科农技，培育科技农民，促进农业发展；传播精神文明，提升思想文化素质，塑造人文农民；破除封建迷信和陈规陋习，营造农村文明氛围；进行舆论监督，扶正祛邪，确保良性发展。然而令人无奈的是：虽然电视新闻在“三农问题”的报道和宣传中有着其他媒体难以企及的强势，但是由于现行电视产业的商业化操作模式和经济利益驱动机制，对“三农问题”报道在目前电视新闻中的弱势地位也是不争的现实。

我国目前电视台开办农业频道的屈指可数：省级电视台中有吉林、山

① 张魁兴.香蕉3分钱1斤，流通环节太“黑”？[EB/OL].[2007-06-11].http://finance.people.com.cn/cn/nc/GB/5848539.html.

东、河南、浙江、河北电视台，城市级电视台中有山东临沂电视台等几家。央视七套虽设立了《每日农经》《聚焦三农》等多个对农栏目，但仍然是和少儿节目、军事节目同在一个频道内。而且，这些频道还都需要安装有线电视才能收到信号，然而在我国农村安装有线电视的还仅仅局限于城镇，广大乡村实际上长期以来只能收到免费的央视一套和本省本市的少数频道。在如今网络与新兴媒体日益成为主流，数字传输、网络传输、移动互联网传输成为人们接收媒体信号的主要方式的时代，乡村往往又很少运用这些方式来看专门的对农节目——或者因为网络费用较贵，以此来看对农节目感觉不划算，或者因为对农节目难以有效针对不同农民的情况，或者因为对农节目播出时间与农民作息时间错位，或者因为既然是乡村居民而觉得更应该看反映城里人的节目来了解城市。然而，农业节目农民看不到，还不是最要紧的问题，“三农问题”不能在第一时间播出、不能在第一时间解决才是当务之急。基于此，必须采取一定措施来确保电视新闻对“三农问题”所发挥的作用。

(一)政府扶持,保障电视新闻持续报道“三农问题”

针对传媒如何持续报道“三农问题”，陈力丹说：“在要求传媒关注三农报道的时候，需要政府出面创造一种良好的投资的环境（包括传媒集团对农村的投资），提供政策和资金的支持，保障传媒有可能持续地报道农村，还要提供可能的规模化的农村受众群。否则，没有规模化受众群的新闻是不可能持久的。方法包括真正实现广电的‘村村通’和传递报刊渠道的低成本。关于后者，在没有解决传递低成本的时候，需要政府直接出资给负有报道农村任务的传媒，至少得保证它们能够维持正常的投入、产出的平衡。”①

确实，由于电视对农节目的广告收益很低，因此在各电视栏目自负盈亏的生存压力和经济利益的驱动下，很多电视对农节目停办了。另外，由于电视对农节目广告收益低，栏目也没有多少资金用于节目的创新和质量的提高，而节目质量不行就更没有收视率没有广告收益，久而久之形成恶性循环，只得停办。央视的《农业新闻》这个唯一的国家级的完全服务于三农的电视新闻栏目的消失也正源于此。因此，对于电视“三农问题”报

① 陈力丹,陈俊妮.论传媒在“新农村”建设中的作用[J].当代传播,2006(3):7.

道，政府应该按照对公益事业的政策来扶持，不仅从精神上做其坚强后盾，更要直接出资解决其报道成本，对于凡是保质保量地进行“三农报道”的电视新闻节目应该毫不犹豫地给予资金上的倾斜，对于超额完成的应该按照比例给予奖励和表彰。有关部门也可以从自身的角度给电视“三农问题”报道提供政策上的支持，设立针对电视“三农报道”的专项奖。比如妇联就可以对电视新闻的农村女性报道设立专项奖，农业部可以对报道农技推广、农村科普工作的电视新闻设立专项奖等。这样就可以极大地调动电视“三农问题”报道的积极性和能动性，形成良性循环。

这样的政策和资金扶持同样适用于农业频道，政府应该尽快让农民能看到专门的农业频道，并不断给予政策和资金支持办好农业频道，让农业频道真正成为农民的良师益友，成为“三农问题”的权威、全面传播平台。

（二）建立绿色通道和危机应急机制，第一时间发布信息

在信息社会里，信息就是生命，第一时间掌握了信息，就能利于及时控制局势，减少损失，化被动为主动。对于我国电视“三农问题”的新闻节目也是如此。

目前，央视一套是我国各地都能免费收看，无须有线接入、安装卫星碟式天线的国家频道，最具权威性；央视七套农业节目需要有线接入才能收看到，而目前我国部分农村地方财政不能足够支持的地区，其有线电视线路一般只到达乡镇一级，很少进村，即使进村了，也有很多农户因为相对较贵的有线入户费和每月交纳的维护费而没有安装有线电视。因此，在现有条件下，有关“三农问题”的重要资讯应该尽量在央视一套播出，而且应该在第一时间播出，以便农民能及时获知信息。针对“三农问题”的负面资讯的客观报道、辟谣性报道，应减少中间环节，开辟绿色通道，让它第一时间在央视一套的新闻类栏目播出，而且应该及时组织报道力量和编播人员，建立危机报道小组，随着事件的进展随时编播后续报道情况。这样就能掌握主动，控制局势，最大的减少农民和农业的损失。而只在本地区内显得特别重要的有关“三农问题”的资讯，各地方电视台也应及时安排在本地区最权威、无须有线接入就能收看的频道播出。

（三）差异化传播，构建立体传播态势

广义的农民不仅分布在农村，还分布在各行各业，因此每个新闻栏目又都或多或少、或隐或显会涉及“三农问题”（电视娱乐新闻栏目例外）。因此，各电视新闻栏目在进行“三农问题”报道时应根据本栏目的定位，明确分工，从不同角度，不同风格和形式来进行，从而进行差异化传播，构建电视“三农问题”报道的立体传播态势。

以央视一套各新闻栏目为例，每晚19时的《新闻联播》庄重严肃权威，涉及重要“三农问题”的新闻可以只是简要叙述事实的来龙去脉；但《晚间新闻》《朝闻天下》《新闻30分》因为在休息时间前后播出，可以轻松些，多一些同期声访谈；各整点新闻栏目则侧重及时快速地播报“三农”领域的简短动态信息；《东方时空》中涉及“三农”的“百姓故事”要更活泼更具有故事性和人性化，而其中“时空连线”“时空调查”板块乃至《新闻调查》《焦点访谈》等栏目在涉及“三农问题”的报道、调查、评论时就要进行更深入地报道，更全面地分析。

（四）讲究平民化、贴近性，进行人本化传播

电视“三农问题”报道角度既有宏观也有微观，有事关大政方针的制定推行，也有反映个人的生活，但是不管何种题材，如果它想取得深入人心的传播效果，它就应该是平民化的、贴近的、以人为本的，充满人文关怀的，这是因为电视传播是一种人与人、心与心的交流。电视“三农问题”报道的表现对象是以广义的农民为核心的人、事、问题，报道毋庸置疑又是给人看的。因此，笔者认为要真正发挥电视“三农问题”报道的作用，就要讲究报道艺术，进行人本化传播。

“所谓人本化传播就是指回归人最本能的状态，调动人的全部潜能和官感传播信息的状态。它以一种生命状态进行信息的内向吸收和外向辐射，具有传播的动态性、信息的全方位性。体现了生活的本真，人体的本能，事物的本性，电视的本质。”[①]具体来说，在思想上，报道者要有一种以人为本的、平民化的、平等的态度，深入“三农问题”现场，以一种生命的本真状态和采访人，进行人与人之间的平等的交流，贴近他们的内心世界；

① 朱羽君．现代电视纪实［M］.北京：北京广播学院出版社，2000:308.

在传播符号上，电视“三农问题”报道应该最大程度地还原现实，要毫不犹豫地摄录下原生态的现场，多用同期声访谈，多让报道中的农民和他人自己说话，让生活自身的声音、光线、色彩、形象、环境等物化为传播符号进行传播，让观众从现场本身构建的信息中去体味、去解读。

结 语

海南“蕉癌”风波最终结束了，但是围绕着“三农问题”的各种事件报道并不会永远结束，电视新闻与“三农问题”的渊源也不会终结。因此，做好电视“三农问题”报道，发挥建设性作用，促进问题解决，实现城乡一体，还是重要课题。

驻村调研采访型扶贫报道的意义

2017年4月底，全国新闻媒体“精准扶贫驻村调研采访活动”开始，来自人民日报、新华社、中央电视台、中央人民广播电台、中国国际广播电台、光明日报、中新社、经济日报、农民日报、中国妇女报、澎湃新闻等媒体的130名记者奔赴脱贫攻坚第一线，深入110个贫困村，每天和村民们同吃同住同劳动，体验当地的生活，并展开为期一个月的驻村蹲点采访调研。自5月18日起，各媒体统一开设“砥砺奋进的五年”专栏，连续推出重点系列报道，集中报道各地脱贫攻坚的动人故事、典型人物、突出经验。6月18日，央视二套《对话》栏目围绕“精准扶贫驻村调研一月间”这一主题，将这些优秀记者的代表和驻村扶贫地区的乡亲、基层干部，请进演播室，共话脱贫攻坚战役中的故事。在这一段时间，主流媒体的扶贫报道数量多、播发集中、质量高，而事实上自从2013年习近平总书记提出精准扶贫战略思想以来，我国主流媒体的扶贫报道就大量涌现。那么记者驻村调研采访以来，我国主流媒体的扶贫报道及其记者角色有无变化？其对于乡村建设的作用究竟如何呢？

一、主流媒体扶贫报道与驻村调研采访型扶贫报道的媒介特性

当前，我国主流媒体对于三农的报道，从关注的集中度与受众聚集上大概分为四种：①在要闻版、新闻类节目（包括央广《新闻和报纸摘要节目》、央视《新闻联播》、各省市广播电视台主要频道的时政新闻）、民生新闻节目中会有数条新闻和三农有关，但没有专门的三农版面（栏目）；②开设专门的农业栏目，如报纸、网站的三农专栏，广播电视的专门栏目则可能是农业新闻类节目，也可能是综艺、社教等类型节目，但没有专门的广播农业频率、电视农业频道；③少数主流媒体开设了专门的三农专版、三农频道，如央视农业频道、陕西广播电视台农林卫视、吉林广播电视台乡村频道和乡村广播、安徽广播电视台农村广播等（省级三农频道7个，省级农村广播频率14个）；④专门的农业媒体，如《农民日报》《新农村商报》。也就是说，从全国范围来看，主流媒体的专门的对农传播是比较少的，更多的还是涉及三农题材的传播活动——“涉农传播”，如纪录片《舌尖上的中国》、涉农公益节目《第一书记》、大型公益活动《寻找最美乡村教师》《寻找最美乡村医生》等，不是对农传播，但却是涉农传播。

（一）主流媒体扶贫报道的涉农传播本质

1.解决三农问题需要所有人的参与

我国广播电视领域有对农节目这一概念，这一类节目是以三农为题材，被认为是为农民办的，给农民看的。而以三农为题材的新闻报道、节目不能认为仅仅是给农民看的、仅仅是对农村农民进行传播的；那些因为种种机缘进入城市从事非农产业且定居城市的游子，那些在外求学的学生、在外打工但阶段性返回农村故乡的农民工，那些出生城市但对农村充满感情或想了解农村、关注农村的城市市民，也都应该是三农题材媒介作品的收听收看者。何况，三农问题解决好，有助于国家全面建成小康社会，推动国家长治久安与科学发展，据此各级干部都需要关注相关报道。因此，在乡村振兴和精准扶贫的背景下，涉农传播的意义更为重要，其覆盖人群更广。

在这个意义上，主流媒体进行扶贫报道，应该需要通过感人的故事、

扶贫脱贫的经验教训，需要通过扶贫干部的感人事迹、脱贫农民的自强不息精神，需要通过展示乡村的风景风俗之美、文化之美、生态之美等，来唤醒与激发培养贫困农民的智慧，吸引社会各界人士以各种形式支持脱贫攻坚，营造浓厚感人的城乡共建的氛围。如此，扶贫报道就不仅仅是给农民看，而是面向中国城乡所有人的，甚至也面向所有关心支持中国建设发展的海外人士，也是在面向世界讲述中国人民实现中国梦的动人故事。

2. 乡村建设的多重主体必然要求多样的涉农传播作品

首先，分化的农民具有多种需求。

如今，我国农民已经发生了分化，孙新华从产业角度将豫南周村的户籍农民分为纯务农农民、半工半农农民、非农农民（又分为常年在外务工农民、在外经商农民），其中纯务农农民中包括种粮大户、养殖大户；也有从经济收入角度划分出的村庄贫穷阶层，主要是因病致贫的农户、土地少而又无法脱身外出务工的农户、个别半工半农农民。①这些不同的农民必然有不同的媒介需求和媒介使用偏好。

笔者在基层尤其在农村开展的调研，也都可以说明无论是对于城市还是农村，涉农传播比对农传播更具有理论与实践价值。客观地说，如果仅限定在受众是农民的话，当今普通农民几乎不看报纸，很多专门的三农节目又存在着播出时间与内容旨趣上的错位——当这些节目播出的时候，农民可能在地里劳动、在打工地点工作，无法收看电视，无法自由地收听广播。这些信息，研究者早已指出②。

其次，新乡贤和普通农民的媒介需求不同。

笔者在安徽各地农村进行关于三农信息传播的调研，地点有安徽南部的宣城市泾县、西南部的安庆市宿松县、西部的六安市、北方的阜阳市等地。根据这些调查，初步可以判断，当今专门的对农节目，可能主要是新乡贤（和乡村有关的“精英”）在收听收看。当前，在乡村建设中发挥主力军作用的是“新乡贤”。这些新乡贤，包括想从事涉农产业、到农村创业的城市居民，从农村走出现在想返回农村、建设农村的退休返乡人士、复员退役军人，在城市学习了先进技术与理念的返乡农民、农村籍大学生，乡村知识分子包括乡村医生、乡村教师，积极建设农村的村两委干部，大

① 孙新华.什么是农民,什么是土地[J].古今农业.2011(1).

② 马梅.中国农业电视传播发展研究[M].北京:中国电影出版社,2010:38-117.

学生村官，等，对于这些新乡贤，特别是致力于从事农业种植养殖产业的精英，可以开展“对农传播”，让他们从专门的农业信息节目、农业创富节目当中获得直接的工作指导。他们思想活跃，和外面沟通联系多，更具有创新开拓精神。他们除了是农技信息、致富信息等报道与节目的忠实观众外，也更加乐于接受多样的信息。可以说，对于新乡贤来说，对农传播和涉农传播，同样重要。

部分农民一般不会收看专门的对农节目，原因在于他们认为自己没有财力、人力、物力、动力尝试对农节目中所提到的各种项目和活动，但是他们普遍会观看《新闻联播》、本地时政新闻与民生新闻，通过这些节目他们也能知晓一些和三农有关的信息和重大政策。

据此，可以总结为：对于无法收看收听或不收看收听对农节目的农民，他们至少可以通过新闻节目中的涉农新闻了解相关政策与信息；对于城市居民来说，通过涉农传播，收听收看涉农的新闻、节目，他们会更了解三农，改变对三农的刻板印象，感受乡村文化之美、乡村风物之盛、乡村居民精神面貌的可喜变化；对于新乡贤，则注重善于主动获取信息，无论是涉农传播和对农传播，他们都会主动选择性接收。最终，可以说涉农传播包括主流媒体扶贫报道，比专门的对农传播拥有更大的覆盖率，能到达各类人群，从而在动员国民凝聚力量共同参与扶贫方面，能发挥更大的作用。

以下是笔者2016年12月以来开展涉农传播的调查情况。

在泾县榔桥镇河西村，调查者访问了43户贫困农户，只有3户明确说看过央视农业频道的农业节目，占比约7%。这3户说出节目的名字为《每日农经》《乡约》，但其中1户说《每日农经》看着好，但播放的内容没啥实质；有3户分别爱看本地电视台的农业节目或本地民生新闻节目中的三农新闻；有2户经常看央视二套《生财有道》；有1户对《舌尖上的中国》评价很高，但不爱看农业频道节目；剩余34户都对三农节目尤其是央视农业节目没有关注、没兴趣，占比79%。

那么是不是农民都不爱看央视农业节目及其他涉农节目呢？调查也访问了河西村的4位农民身份的村干部，其中2位是复员军人，他们都是高中以上文化程度，其配偶分别经营小型茶叶农场、销售乡土旅游产品、参与特种养殖业、在城镇工厂上班，他们在家都收看央视农业频道节目或其他涉农节目，目的是为了学习先进的种植养殖技术，吸取经验教训，为家里增富，也更好地带动村民致富做好村干工作。

综上所述，在主流媒体的三农传播方面，总体上应该采取的是“涉农传播”方式，即面向所有人，沟通城乡交流。

3. 移动传播情境下涉农传播的优势

2017年8月4日，中国互联网络信息中心（CNNIC）在京发布第40次《中国互联网络发展状况统计报告》（以下简称为《报告》）。《报告》显示，截至2017年6月，中国网民规模达到7.51亿，占全球网民总数的五分之一。互联网普及率为54.3%，超过全球平均水平4.6个百分点。手机网民规模达7.24亿，较2016年底增加2830万人。网民中使用手机上网的比例由2016年底的95.1%提升至96.3%，手机上网比例持续提升。那么，在新媒体崛起、媒介生态发生巨变、移动传播已经占主导地位的情况下，和三农有关的报道、节目的传受与影响情况怎样呢？这里，我们给出一些初步调研结果。

在此背景下，笔者调研了安徽宣城市泾县榔桥镇河西村，在这里留守在家看护孙子女上学的老人一般都由子女配了手机或电脑，家里能够上网，很多还是WIFI，他们很少通过电视看专门的对农节目包括央视农业频道的节目，但是他们还是会看新闻、电视剧。回乡创业开展特种养殖的90后小伙，会在手机上通过央视客户端看自己喜欢的节目，也会看央视农业节目，但是他认为央视农业节目如《致富经》《每日农经》在思想上会给大家启迪，会拓宽视野，但真要照着去做，就要进一步获得具体的核心信息，这些信息仅仅从电视上不能够得到，还是要靠朋友关系这种做相近产业的人之间的人际传播。如此，含有三农信息的涉农传播比起专门的对农传播可能更易于进入农民的视野，进入社会各界人士的视野。

（二）从扶贫报道到驻村调研采访型扶贫报道

在扶贫报道的指称之前，我国主流媒体对于农业、农村、农民的关注体现在各种各样的新闻报道和广播电视节目中，但长久以来媒体会根据工作的方便，从不同的角度对这类新闻报道和节目进行指称。

“三农报道”就是常见指称，人民日报的三农报道一直有学者进行研究，更有大量的著作从宏观上研究传播在三农发展中所发挥的作用①，或者从地域、民族的角度运用参与式观察、民族志的方法研究信息传播对于某地区、某少数民族发展的影响。农业影视节目或农业电视节目也是常见指称，有多部专著出版②。这两个指称都从题材上加以概念化。至于这类报道或节目的情感倾向则既可能是正面报道三农领域的新现象，赞扬新风尚，也可能是负面地曝光与批判各种坑农事件。比起这两个概念，扶贫报道在题材上更加具体化，具体到扶助、帮扶三农，报道的是正向事件、公益事件。

扶贫报道这个指称还和帮扶报道（节目）有交集。帮扶报道中，帮扶的对象在空间上城乡兼有，而扶贫报道指的是对贫困农民和农村的帮扶。帮扶行为的实施主体是公益人士、爱心人士或公益组织、企事业单位，主要是一种民间行为；扶贫报道的扶贫行为实施主体主要是政府公务员或事业单位挂职人员，主流媒体驻村调研采访活动中的记者们就是事业单位员工身份或准事业单位员工身份，主要是一种政府行为，体现了政府、政党、政权的责任与担当。

比起一般的扶贫报道，在表现主体方面，驻村调研采访型扶贫报道更多地将话语权和主体性交给了农民。一篇文字报道中呈现了众多农民的"直接引语"，一篇音频报道中有大量农民的实况录音，一则视频报道则有大量农民原生态的影像及同期声，在镜头方向上农民的面孔面对观众，不仅如此，这些农民的言行举止都是自然的、大方的。在过去的帮扶节目中，往往是领导送温暖下乡、公益人士如有爱心的企业家捐助贫困人士，接受捐助的人士包括农民往往是被动的承受，在镜头方向上主要是接受捐助的贫困农民侧向画框，捐助人成为了表现主体。从这个意义上来说，驻村调研采访型扶贫报道激发了农民的身份自信，深层上就是一种文化自信。

综上所述，主流媒体扶贫报道自然巧妙地表现了政府在消灭贫困、解决民生问题、实现中国梦等方面的责任与担当，同时又通过报道视角、表

① 夏雨禾.改革开放以来《人民日报》"三农"议程设置研究[M].北京：新华出版社，2002；赵晓春.农业传播学[M].北京：中国传媒大学出版社，2005；谢咏才，李红艳.中国乡村传播学[M].北京：知识产权出版社，2005等.

② 逄格炜，李艳英，丁宁，田秀玲.农业影视创作与传播[M].北京：中国传媒大学出版社，2006；马梅.中国农业电视传播发展研究[M].北京：中国电影出版社，2010；马池珠.农业电视创作与传播体系研究[M].北京：中国广播电视出版社，2008；李升科.良知传播：电视与三农关系研究[M].北京：中国传媒大学出版社，2012.

现主体的转换，唤起了农民的文化自信。这种内容的公益性与形式的艺术性，和谐地融为一体。在精准扶贫的情境下，主流媒体扶贫报道包括驻村调研采访型扶贫报道，既不是对农节目，也不是专门为了让农民得到某种信息或教育，而是使“媒体能够真正接触基层，真正了解扶贫，有利于搭建全社会关注扶贫、参与扶贫的平台，更有利于营造全民参与大扶贫格局的形成。”①

二、乡村建设呼唤驻村调研采访型扶贫报道

(一)我国新闻舆论工作的使命所在

2016年2月19日，习近平总书记在新闻舆论工作座谈会上的讲话指出，在新的时代条件下，党的新闻舆论工作的职责和使命是：高举旗帜、引领导向，围绕中心、服务大局，团结人民、鼓舞士气，成风化人、凝心聚力，澄清谬误、明辨是非，联接中外、沟通世界。他还强调党的新闻舆论工作都要增强看齐意识，在思想上政治上行动上同党中央保持高度一致；都要坚持党性和人民性相统一，把党的理论和路线方针政策变成人民群众的自觉行动，及时把人民群众创造的经验和面临的实际情况反映出来，丰富人民精神世界，增强人民精神力量。

当前，我国脱贫攻坚已进入了最后的阶段，剩下的任务完成难度更大。贫困地区的农民，一般是老弱病残，或者没有体力脱贫，或者没有启动资金和技术脱贫，或者主观上缺少奋进动力，或者脱贫后容易因病因灾返贫等。情况千变万化，如何摸清？党和国家通过各种政策，让各级干部带领大家脱贫，各政府机关和事业单位干部职工挂职帮助脱贫，大学毕业生“三支一扶”助脱贫，大学生暑期社会实践调研助扶贫等。但是贫困人口分散在各个角落，仅靠这些干部职工和大学生恐怕还是不够的，而我国主流媒体的记者长期奔走在各地采访，信息渠道多，记者的专业精神和奉献意识又使得他们比起一般人有更强的担当意识、解决问题的能力与韧劲，在这种情况下，记者驻村调研采访能更精准地发现问题，总结经验教训，为精准扶贫、脱贫攻

① 百家媒体驻村调研，见证精准扶贫下的农村生产生活方式变革史[EB/OL].[2017-05-31].http://www.thepaper.cn/newsDetail_foward_1697011.

坚做好信息收集、鼓劲鼓气的工作，也便于下一阶段的扶贫工作的战略实施。在我国经济社会长足发展的当下，我们正在努力全面建成小康社会。小康社会是全体人民的小康社会，三农问题解决才能真正全面建成小康社会，新闻舆论工作的职责和使命、看齐意识都要求媒体采取行动，记者驻村调研采访活动恰逢其时。

（二）我国新闻工作优良传统的内在体现

中国共产党的新闻工作是在革命斗争中诞生的，革命胜利走的是农村包围城市的道路，革命的主要空间在农村，所以无论是土地革命时期，还是抗日战争、解放战争时期，党的报纸、通讯社、广播大量报道了抗日根据地、解放区群众的生产生活，农民的生产生活和喜怒哀乐是党的重要关注点。毛泽东在延安文艺工作座谈会上的讲话，对党的媒体的宗旨、内容和工作方法进行了详细的论述，重视农村发展、农村文化建设、提升农民科学文化教育水平，成了这些讲话以及其他重要文献的重要内容。如在延安时期，党的媒体就大量报道了南泥湾大生产运动，树立劳动模范的典型，推广劳动经验。中华人民共和国成立后，新闻媒体又深入农村，报道了农业互助组、合作社、人民公社等时期涌现的新农民典型和农村农业建设高潮。

今天在发展理念更加科学绿色、在生态环境的重要作用被人们重新认识的认知下，人们认识到城市和农村唇齿相依、相互影响，农村不仅仅是一个生活空间，它还是我国传统文化的集中保留地，是涵养和优化我国生态环境的主要区域；农业是我国安全稳定的坚强基础，农民则努力保护了生态环境、维护了传统文化，农民工更是我国各项建设的重要力量。那么，一直坚持“为人民服务，为社会主义服务”方针的新闻媒体，走上扶贫一线，不仅报道扶贫领域的人和事，也亲自参与扶贫帮助贫困农民脱贫。

（三）媒介生态改变的必然要求

新媒体时代，一方面，观点类信息盛行，新闻反转现象越来越多。有人评论说，这是因为自媒体太多而记者太少。人人都可能是自媒体，但自媒体不会像专业记者一样去深入采访核实求证，他们往往将道听途说的一点信息加上一点理解就传播出去，而且自媒体往往过度求快，这才会导致一点事实出来不经核实就迅速刊发出去。事实上，在这种风气下媒体记者的专业精神也下降了。有研究指出网络工具提供的便利性使得记者更多地待在编辑部里，大多数很少离开编辑部的记者是所谓的网络记者，他们利用其他记者搜集的材料，网上的消息来源以及电话来尽可能快速地制作新闻。[①]由此可以知道新媒体确实对深入现场采访、尽可能获得独家材料、原创材料的新闻生产传统产生了一定影响。

另一方面，当前专业记者大量离职跳槽，寻求更好的收入，导致主流媒体、专业媒体出现人才断层，因此，往往在新闻事件发生时无记者可派；还有一些媒体特别是传统媒体经济效益大幅下滑，为了节省成本，媒体也越来越少地招聘记者、减少耗费大量成本的采访。在这样的情况下，新闻媒体的声誉已经受到影响。在有关三农的信息中，近年来的一些不实信息在网络上迅速传播，对农村农民形象、地方区域形象都有很大的损害。那么真相到底如何？必须要有专业记者奔赴当地扎实采访、反复核实。

因此，在媒介生态正在恶化的情况下，在新闻传播业的美誉度与公信力被自媒体等新媒体冲击的情况下，主流媒体进入农村最前线进行采访，对于精准扶贫、脱贫攻坚必须要摸准情况才能对症下药。

三、驻村调研采访型扶贫报道中记者的角色分析

在主流媒体所刊播的扶贫报道中，以记者身份而开展扶贫，或者说记者既是扶贫者又是报道者。在2017年5月18日的新闻《中央媒体驻村调研聚焦精准扶贫》中有这样的报道词：（参加驻村扶贫调研采访活动的记者）既是做好采访报道的新闻工作者，又是帮助村民解决实际困难的扶贫工作者，驻村调研的记者们牢记“两种身份”“两种使命”，坚持与村民共同劳动，融入扶贫工作，融入群众生活。那么记者在这种特定行为中的角色与身份是什么？

（一）观察者、记录者？参与者、行动者？

记者走进贫困农村开展报道，他应该如何定位自己的身份？美国新闻传播学一直强调客观报道、平衡原则，要求不偏不倚，在采访环节中强调

① 白红义.冲击与吸纳：互联网环境下的新闻常规[J].现代传播，2013(8):47.

不带人感情。客观性是西方新闻界的“不死之神”。在我国，前几年发生过关于记者柴静采访风格的争议，柴静因为在采访中流泪，为采访对象拭泪等等感性行为，而受到有些新闻记者和新闻研究者的批评。当然，也有人对柴静的采访报道风格进行了支持。在纪录片创作理念与实践中，纪录片之父弗拉哈迪在成名作《北方的纳努克》中就采取的是和被采访对象打成一片的“参与式观察”拍摄法，但后来的纪录片创作更多强调“直接电影”模式，强调摄像机和创作者要做“墙壁上的苍蝇”。这次主流媒体记者参与驻村采访调研活动，这些记者和农村群众同吃同住同劳动，帮助贫困农民脱贫，他们亲眼目睹了贫困地区的贫困现状，观察和感受到了贫困地区群众的生活和精神面貌，体味着农民尤其是贫困农民生活的酸甜苦辣，有了这些体验和参与的经历，他们的报道具有极大的亲切力、影响力。

“蹲点记者真正融入群众生活中，在贫瘠的乡村，翻高山走乱石路，与基层干部共同奔走。新华社记者在贵州与‘挂’在山坡上的村民一起劳作，陪孩子踩着乱石路上学，撰写的报道《在石头上飞舞的人》，感动了无数网民……”[①]在文学理论和文学创作中，“一切景语皆情语，一切情语皆景语”已成为常识。凡是感动受众、千百年传唱的名作名句往往情景交融，在对人事物的描写与叙述中浸透着深挚的感情，或者说这种感情被作品符号呈现的景巧妙地包裹起来。文学作品如是，新闻报道作品亦然，因为任何人不管他是何种职业和身份，他首先是一个“人”，一个推己及人的人，只不过将新闻报道作品的情景交融体现在文字、图片、声音、影像所组成的一个个话语句子里面。从这个意义上说，新闻报道作品要想打动人，也必然是在作品里包含着真诚深挚的感情，从而让创作者（记者）和受众的情感能量、理念与认识发生交融交汇。当然，高明的记者善于通过巧妙的字眼、镜头、景别、构图、配音配乐——运用独特意识形态的“话语”来实现这一目的。精准扶贫驻村调研采访的记者们所受到的情感震撼是巨大的，他们胸中积蓄的情感能量、价值观能量与早已有的“笔力”汇聚、喷涌，成了主流媒体扶贫报道中独特的一类。因而可以说，在中国的驻村调研采访型扶贫报道中，记者的角色不再是不带感情的观察者、记录者，他是集参与者、行动者与观察者、记录者为一体，并且他们的观察与

① 全国新闻媒体“精准扶贫驻村调研采访活动”综述[EB/OL].[2017-06-02].http://news.gmw.cn/2017-06/02/content_24671081.htm.

记录因为有了参与、体验、行动而浸入了感情，是使报道成为“有思想、有温度、有品质的作品”。

此外，因为是参与者、行动者，中国驻村调研采访型扶贫报道中，记者从局外人、陌生人成为了局内人、自己人。在大多数采访报道活动中，记者通过种种渠道联系到了采访对象，获得了许可，然后就那样进入了被采访者的生活或工作场景，记者仅仅是在那一个时空、那一个点看到了被采访者的状态，得到了某些信息并记录下来，记者对前前后后的状况可能并没有太了解，将来也并不会过多关注。记者对于被采访者只是一个暂时的闯入者、陌生人，对于被采访者的生活来说记者只是一个局外人。但是在驻村调研采访型扶贫报道中，一个月来，这130名新闻工作者深入农村、融入基层，见证、记录甚至参与了脱贫攻坚的历史进程。[①]记者和被采访者有了长时间的接触，同吃同住同劳动让记者与被采访者之间的空间距离、心理距离极大缩小了，记者们把贫困地区贫困农民的事当成自己的事与责任，已经成为了贫困农民脱贫攻坚战役的局内人，成了贫困农民的自己人、贴心人。是自己人才会获得第一手资料素材，是局内人才能也才愿意了解更多信息为问题的解决而努力。

（二）中立者？党和政府的化身、形象代言人？

当记者仅仅是个客观的观察者与记录者时，他对这件事情的态度、情感倾向，总体来说应该是中立的。当记者融观察者、记录者与行动者、参与者于一体，并从局外人、陌生人，成为局内人、自己人时，他的身份与角色发生变化了。在我国的精准扶贫、脱贫攻坚、全面建成小康社会的历史进程中，记者们走进贫困山区，这些地区长期以来交通不便、文化教育水平落后，外界的人很少进来，国家政策、党和政府的声音通过大众传播媒介传递进来后往往也很难被这里所有的人理解，或者即使理解了，但由于种种原因，而难以在实施中产生理想的效果。记者们来了，还驻村采访调研一个月，并且帮助大家想办法，一起干。今天驻村调研采访的记者们用行动传播了党和政府脱贫攻坚的决心，有力地代言了党和政府的形象。

① 百家媒体驻村调研，见证精准扶贫下的农村生产生活方式变革史[EB/OL].[2017-05-31].http://www.thepaper.cn/newspetail_foward_1697011.

(三)索取者？帮扶者？受教育者？

从某种意义上说，记者是一个索取者，他从被采访者那里获得各种材料做成报道，被媒体刊播，他完成工作获得薪水；而被采访者的生活可能并没有改变，被采访者没有从这个报道中获得直接的报酬。在驻村调研采访报道中，记者们成为了帮扶者，而且还拥有政策的合法性。记者们也成为了给予者，他们能够给予贫困农民以情感的慰藉、脱贫的点子、参与劳动的行动、争取来的政策等。当然，索取者、帮扶者，可能都是一种单向的关系，驻村扶贫调研的重要意义在于记者们实现了帮扶者和受教育者的统一。在驻村调研采访中，记者和村民同吃同住同劳动，他与被采访者是互动的，他们的交流是真正即时双向的，这种关系更加平等，情感上更为亲近，报道的视角方向从俯视到平视，叙事视角从外视角到内视角。

综上所述，和美国新闻传播学界对于记者的身份与职责的定位相比，驻村扶贫调研采访报道活动表明了我国记者的独特使命——不仅是瞭望者、雷达，更应是参与者、行动者、自己人，这是对马克思主义新闻观的深化，也是我国党和政府、新闻界为世界新闻业树立的一个样本。

结　语

在新媒体时代，主流媒体的专业报道不是不再需要，而是更加重要。对于正在全面建成小康社会的我国，精准扶贫、脱贫攻坚、乡村振兴等一个个重大战略，更是需要媒体记者奔赴一线、克服困难，与人民打成一片，激励贫困农民和贫困地区干群的脱贫志气和智慧，唤醒他们的文化自信，同时将最真实的情况报道出来，在全社会形成扶贫的氛围，进而让乡村更美好，真正实现城乡一体。

第四编

技术变革与媒体发展

DI SI BIAN

JISHU BIANGE YU
MEITI FAZHAN

互联网与人类生存方式的变革

1969年，美国ARPANET（美国高等研究计划署网络）建成，标志着互联网的诞生。1987年9月，CANET（中国学术网）在北京计算机应用技术研究所内正式建成中国第一个国际互联网电子邮件节点，并于9月14日发出了中国第一封电子邮件："Across the Great Wall We can reach every corner in the world"（越过长城，走向世界），揭开了中国人使用互联网的序幕。随着技术、经济的不断发展，互联网在中国迅速发展起来。2017年7月，中国互联网络信息中心（CNNIC）发布的《第40次中国互联网络发展状况统计报告》揭示，截至2017年6月，中国网民规模达7.51亿，半年共计新增网民1992万人，互联网普及率为54.3%；中国手机网民规模达7.24亿，中国网民中农村网民占比26.7%，规模为2.01亿。也就是说，中国有超过一半人的生活已经与互联网连成了一体①。网上聊天成为人际交流的新方式，网上购物成为越来越多人的消费方式。互联网的兴起不仅影响了传统的思维方

① 注：《第44次中国互联网络发展状况统计报告》显示，截至2019年6月，我国网民规模达8.54亿，互联网普及率达61.2%，手机网民达8.47亿，网民使用手机上网的比例达99.1%。

式，还影响了传统的社交方式、传播方式、文化方式、消费方式等诸多方面。

一、互联网对社交方式的影响与改变

（一）影响人际交往方式

互联网的诞生与流行改变着人际关系和人际交往形式。社交网络、即时通讯工具的出现使得网络社交成为一种全新的人际传播方式。以QQ、微信为代表的即时性虚拟网络交往工具，使得不论空间距离相隔多远的两个人可以即刻交流沟通，交往的即时性在网络交往中得到充分的体现。利用文字、网络符号这种纯粹的文本符号交流形式，在一定程度上也可以看作是一种间接交流，相较于传统的面对面交流形式，它可以使双方消除可能因见面产生的不适感，网络表情符号的使用也可以营造一个相对平等、宽松的交往氛围。网络社交日益融入人们尤其是年轻一代的日常生活交往中，它在网络技术的支撑下逐渐成为最普遍和最有效的交往方式，并且消除了面对面交流在空间范围的局限性，满足了不同地域的同步即时交流。QQ、微信除了即时通讯以外功能日益拓展，微信已涵盖搜索、视频、购物、电子钱包等多种功能，这也使微信不再只是一个简单的即时通讯工具而是一个综合化服务平台。

（二）影响人际交往范围

网络交流扩大了人际交流的范围，网络为我们提供了一个虚拟的社交平台，在这里不受地域的限制。比如推特、脸书这些社交网络只要简单注册账号，就可以拥有自己的个人页面，在这个页面中你可以用文字抒发情感、用图片记录生活点滴，同时全世界各地的人都可以看到该用户所发的各种信息，并且可以进行交流、互动。这样，就扩大了现实生活中我们被地域所限的人际传播范围，形成新的网络社交关系，现实中的社交关系同时也可以映射到网络中。

网络社交关系可以是原本现实生活中就彼此相熟的人，也可以是根本就不认识的陌生人，因为某一相同的喜好、相同的目标，为了交流信息、取得支持而建立的。如QQ群，QQ群是QQ用户中因为有相同的爱好、属性而建立的一个群体交流、分享平台。很多QQ用户都是同时拥有几个QQ群，用户在不同的QQ群中传播消息，加强联系，无形当中就扩大了人际交往的范围以及增加交往频次。

但我们同时也要看到，虽然利用网络人际交往的范围是扩大了，频次是增加了，但数量范围的变化并不能引起量变到质变的转换。网络中的交流使交流双方始终隔着一层“纱”，单纯的文字交流可以弱化掉对于自己不利的信息，这样就会使受众单纯将交流对象理想化，缺乏理性的判断、视觉的识别，使得网络交流较之于现实中面对面的人际传播缺乏真实性。这就出现了见网友被骗等诸如此类的社会新闻，尤其对青少年而言，更是存在很多的弊端。

（三）影响人际交往质量

网络传播在给人们的沟通带来便利的同时，也带来了一些负面的影响。单纯的文字交流使得我们无法了解说话者的语气、表情、手势。利用网络交流经常会误解别人说话的语气，有时候同一句话换作不同的语气来表达，会有不一样的接受效果。因为利用网络发送的信息无法传达那些极其微妙细小而又非常重要的语气、神态，这就造成了传受双方不在同一个语境里，难免会造成认知偏差，出现“会错意”的现象而降低人际交往的质量和效率。

Email、手机短信、QQ虽然让人与人之间关系的维系看似变得方便、快捷，但实际上也间接使人际关系出现一些误解和危机。就像某些人认为网络交往与面对面交往是等价的，其实不然，两者并不是简单的等价关系。面对面交往伴随的或易于显现或暗藏的细微情感是网络所不能传情达意的，毕竟真情流露才是人与人交往最宝贵的地方。因此，我们不能一味肯定网络对于人际交往带来的优势，还须看到网络人际交往的不足。

二、互联网对传播方式的影响与改变

(一)变“被动”为“互动”

传统媒体如报纸、广播的传播模式一直局限于单向传播，这种“你传我受”的传播模式或多或少在一定程度上削弱了受众的参与兴趣，即使传统媒体注意到了受众一直处于“被动”接受的位置，所作出的调整力度与速度也远远滞后于互联网在传播互动性方面的优势。

无论是报纸、广播还是电视，所发布的消息往往与消息报道者自身立意的选取、价值观、收听率（收视率）有密切的关联，其后经过进一步的取舍加工之后呈现给受众，这种信息的单向传播使得受众在选择自由度上大打折扣，并且即使传统媒体另辟蹊径开设与受众互动的“自由通道”，这种“自由通道”的最终呈现也是有所取舍、保留的。比如在广播节目中，通常开设热线电话，以供听众与主持人进行交流，而节目导播的任务就是在接听听众来电时有选择地取舍听众来电，决定可以与主持人进行现场电话交流的听众。选择标准则是导播在事先接听热线电话时要做出判断，该听众在有限的时间里口头表达是否流畅、要表达的内容是否与节目主题有关、是否有不当的言辞，导播在这里就充当了“把关人”的角色。所以，尽管传统媒体也有反馈渠道，但这种反馈渠道还是受着种种制约的，受众很难在传统媒体中尽情地表达自己的情感与态度。

而在互联网中，传者与受者的界限几乎消失不见，甚至出现了传与受的融合。无论你是谁，是个体或某一组织、机构，都可以借助网络这个开放的平台发布信息或者反馈意见。比如我们任意打开一个新闻消息页面，总能看到网页底端设置的评论平台，人们在浏览过新闻以后可以在这里各抒己见，同时看到其他人对于此事件的看法。在中国数以万亿的网络用户中，每个用户都可以看作是一个小型的“自媒体接受发射机”，网络用户在接受海量信息的同时，也及时地对信息内容作出各种判断再利用网络发布出去。因此有人说：“所谓国际互联网络（Internet），正重在一个‘互’字所包含的‘交互性’上，交互的‘对话’不仅成为多媒体电脑的特征，而且也成为人们的后现代观念的一个特征。”[①]

(二)从“单一”到“多元”

互联网的出现又为受众开辟了一条新的接受讯息的途径，而互联网的衍生物如微博、微信、智能客户服务端的出现，则更大程度上地为受众提供了一个多元化的信息交流平台。受众根据自身需求，运用不同的信息交流平台来接受信息、传播信息。手机、平板电脑等各种移动终端的出现则为受众收发信息提供新途径。互联网影响下传播途径与传播媒介的多元化，这是体现从“单一”到“多元”的第一个方面。

“多元”还体现在传播符号的多样性上，报纸通过文字及图片传播信息，广播通过声音传播信息，电视则是声画结合，互联网综合了三大媒体优势，通过视频、图片、文字，尽可能地使受众在接受信息时有更直观的视觉感受。互联网技术的支撑，使得视觉媒体迅速发展，图像、视频数量激增，大众生活方式和审美追求的变化促使人们放弃耗时的语言文字阅读，转而投向轻松惬意的“读图”和“读屏”时代。

但这也带来了一些值得我们关注的问题，借助互联网传播的优势，图片、视频传播的便捷化，使得大众的阅读水平降低。原本需要反复琢磨文本的遣词造句，取而代之的是浅显易懂的图像信息，视觉图像对于心灵的表层冲击远不及传统文字来的深刻。视觉文化的直观、快捷、浅显，虽迎合了当下大众对于现代文化的消费心理，却忽视了阅读文本时读者想象力和文字碰撞出来的思想火花。

(三)从“大众”到“分众”

在大众传播学中“受众”是作为传者传播信息的目标接受者而被指称的，带有明确的对象性。早期的西方传播学者提出的“枪弹论”“强效果论”，其实质是把受众看作信息的被动接受者[②]。随着大众传播媒介的不断成熟、受众自我意识的提高以及个体对信息种类的偏好，大众传播已经不能够满足个体对不同信息接收的需求，受众的分众化越来越明显。面对受众的差异性，传统媒体也意识到了自身存在的不足，并且也尝试解决这一

① 骆冬青.新闻眼:新闻文化的哲学探索[M].南京:南京师范大学出版社,1998:79.

② 方雪琴.大众传播分众化趋势及对策[D].郑州:郑州大学,2002:3.

问题，比如电视台根据人群开设不同的节目频道，如为幼儿开设的学龄前儿童频道、为时尚青年开设的时尚潮流频道、为老年人开设的休闲垂钓频道等等。我们看到了传统媒体对于受众分众化所做出的努力，但收效甚微，首先这些专门开设的频道大部分都是付费频道，其次接受这些资讯需要特定的时间以及设备。因此，接受信息的便捷性、自由性，在这里大打折扣。

互联网出现以后，社会的传播环境发生了巨大的变化，人们不再是依靠传统的纸媒、广播、电视得到消息，网络将丰富的、内容迥异的信息呈现在观众面前，供受众进行挑选，受众的自主权得到了体现。用户可以随时随地利用电脑、手机、平板，查找、浏览自己需要的信息。各大门户网站针对不同的网民需求开设不同的网页专题，如球迷可以通过电子邮件“订购”有关足球赛事的资讯，影迷可以通过豆瓣网、时光网查询最新的电影资讯。受众的意识不再由传播者来支配，而是有意识地搜索自己想要的信息。网络也使传播模式变得更加“小众”，“微博”、“脸书”（facebook）、“推特”（twitter）的个人化传播，小众网站“豆瓣”“堆糖”根据不同用户而分门别类的“小组”传播模式，BBS网络论坛虚拟社区的建立在最大程度上满足了不同受众传与受的需求。

三、互联网对文化方式的影响

互联网的兴起引领着新媒体时代的到来，全球的经济、政治、文化进入了又一新的发展阶段，而文化作为一种意识形态对经济、政治的影响毋庸置疑。在新媒体时期，传统的文化生产注定要发生改变，文化产业也展现出蒸蒸日上的态势。同时，网络也促进了一种新的文化形式——网络文化的诞生，公民通过网络实现了其文化生产及传播的权利。各国借助这一特殊发展时期，实现了文化的跨民族、跨区域、跨国的交流，文化体系不断健全，文化产品也不断丰富，但同时，“文化帝国主义”现象也日益凸显。

（一）文化产业化

传统的文化生产相对于互联网时期的文化生产而言生产方式更加单一，产品也更加有限。互联网的发展拓展了文化产业的范畴，为文化产业的发展提供了新的平台，促使网民在文化生产中的主导地位日益突出。[①]传统的文化生产时期，物质生产和精神生产较不丰富，相应的文化产品内容简单、形式单一，文化产品的地域性特征较强。进入互联网时期，互联网作为资源共享平台，实现了各民族各区域文化的融合，缩短了文化的时空距离文化进入了一个融合的大众化时代，文化产品也趋向于大众化。但文化交流的频繁的同时也加剧了文化的冲突，地域的、民族的文化冲突日益严重。同时，我国制定了一系列互联网法律法规和部门规章，确立了我国网络管理的基础性制度，在实践中发挥了重要作用。

网络游戏、网络动漫、网络音乐、网络影视等新兴文化产业以及网络媒体的兴起与发展，都是基于互联网快速发展的这一特殊时期。这一时期，文化不再仅仅只是一种意识形态，起到宣传教育以及娱乐的作用，文化已然成为了一种产业，推动着经济的发展。传统的文化生产大都是由专业的组织或团体进行，而互联网时期，每个人都是文化的生产者和传播者，通过上传自己拍摄的视频或者自己录制的歌曲等形式，创造了一种“网络共享文化”。

互联网时期，文化生产和创新的步伐不断加快，而更大的变化则是观念的转变。传统文化生产时期，生产者大都倡导“以内容为王”而进行文化产品的生产与创新，往往忽略了时间周期。互联网出现后，技术的作用越来越突出，运用新的技术手段，大大加快了产品生产以及更新的步伐，各个文化传媒公司开始逐渐着重于新技术的研发及使用。

(二)文化权利的大众化

人类创造了互联网，人类推动互联网发展的同时，互联网也反过来影响着人类的行为方式、生活态度以及语言文化。随着互联网的兴起，一大批网络语言也逐渐融入现实社会，成为现实生活中的语言，诸如“打酱油”“躲猫猫”“浮云”等网络词汇已经融入了我们现实的生活当中。越来越多的人在日常生活中大量使用网络语言而淡忘了传统语言表达方式。基于此现象，国内也有许多学者在忧虑网络语言对传统语言带来的冲击。而哈耶克曾在其著作中提到：“语言表现出一种明确的秩序，它不是任何自觉设计

① 王爽.互联网与文化生产变革[J].学术论坛,2013(12):178.

的结果。”[①]所以笔者认为，对于网络语言甚至网络文化，无需多虑，在网络时代，这也是一种文化形式。除此之外，网络媒体的兴起所营造的文化生产和共享氛围也逐渐影响着人们的生活，每个人都在努力参与到此氛围中去，这就是接下来我们要讨论的互联网与文化权利的关系。

互联网的兴起以及各种网络媒体的蓬勃发展，微博、博客等网络平台已经占据了人们生活的一部分。互联网的进入门槛低、使用成本低，使用方便、快捷，人们不仅可以在网络这个大的知识海洋里获取知识，而且还可以通过网络随时随地和别人分享自己的观点及意见，这是在传统时代所无法实现的。在传统时代，只有少数公众人物才能通过传统的媒介去发表自己的观点，以实现与他人共享的目的。所以说互联网的出现在某种程度上不仅实现了人们的文化权利，也丰富了人们的文化权利。

（三）文化全球化以及文化帝国主义

互联网是跨越时空界限的媒介，它的出现将世界连接在一起。随着信息技术的不断发展，信息传输高速便捷，文化交流越来越频繁，文化全球化趋势也越来越明显，随之而来的另外一个现象——文化帝国主义也应运而生。

文化帝国主义是相对于传统的军事帝国主义而言的。所谓军事帝国主义即战前许多殖民帝国通过军事手段而实现帝国主义的扩张。战后，许多殖民地国家获得民族独立和民族解放，西方帝国主义的扩张由军事手段转向经济手段和文化手段。郭庆光在其著作《传播学教程》一书中提到，文化帝国主义并不是一个新的概念，它是在20世纪60年代反对“新帝国主义”的环境下诞生的，而新帝国主义属于经济帝国主义和军事帝国主义。[②]而关于文化帝国主义的具体定义，国内外学者也是众说纷纭。在这里，笔者引用美国学者Herbert Schiller在其著作《传播与文化支配》一书的观点进行阐述，在此书中，Herbert Schiller对文化帝国主义下了一个经典定义。他认为，文化帝国主义，就是“在某个社会步入现代世界系统过程中，在外部压力的作用下被迫接受该世界系统中的核心势力的价值，并使社会制度

① 弗里德里希·A.哈耶克.科学的反革命——理性滥用之研究[M].冯克利，译.南京：译林出版社，2003：35.

② 郭庆光.传播学教程[M].北京：中国人民大学出版社，2011：241.

与这个世界系统相适应的过程”。

从上述观点中我们可以看出文化帝国主义就是一种文化和价值体系的扩张。这种扩张，主体往往是文化、媒体资源较为丰富的国家，客体是文化、媒体资源较为单薄的国家。而互联网时代，各式各样新媒体的出现，使得这种趋势越演越烈，以美国为代表的西方国家通过电影、电子产品等文化产品的输出，将西方的文化意识形态和价值观点带入其他国家，冲击着他国的价值观念以及文化观念。所以，在互联网迅猛发展的时代，他国在利用其发展自身的同时，也要有效防范西方“文化帝国主义”的扩张。

四、互联网与消费方式的转变

（一）商品的数字化展示及虚拟性交易

互联网的发展推动着网络经济的兴起，极大地促进了社会经济的发展，并且改变了人们的交流方式、思维方式、行为方式以及消费方式。随着物质生产的丰富，生活步伐的加快使得产品更新换代的周期缩短，传统的消费方式已经不能满足消费者的需求。于是，电子商务兴起并快速普及，在网络市场中，商品琳琅满目，价格相对低廉，由此，网上购物和网上消费已经成为了人们生活的一部分，而同时，商品形态和交易方式也发生了转变。

在网络市场中，商品的展示不是实物的展示而是通过网络购物平台进行数字化的展示，从数字化的角度来展现商品的属性。常用商品描述的基本元素有文字、图形与图像、数字化音频、数字化视频、动画等。[①]伴随着商品展示方式的变化，商品的交易方式和交易性质也发生了明显的转变。传统的交易方式往往以现金或者刷信用卡、银行卡等方式完成，而在网络交易中，展示的并非是实物而是一种商品的数字化的展示品，交易方式需要通过第三方平台完成，所以整个交易流程属于一种虚拟化过程。

（二）消费的非理性化及“长尾理论”的实践

随着社会改革的进程，经济不断得到发展，人民的收入逐渐上升，消

① 张枝军.基于网络消费者视角的商品数字化展示研究[M].北京:北京理工大学出版社,2013:25.

费水平也得到大幅提高，而在现实中人们在做消费决策时往往考虑得不是那么全面，从而就会导致许多非理性消费的产生，而关于理性消费和非理性消费的界定，山东大学经济学博士黄守坤在其文章《非理性消费行为的形成机理》中指出，所谓理性消费是指消费者在消费能力允许的条件下，按照追求效用最大化原则进行的消费；非理性消费是指消费者在这种因素影响下做出的不合理的消费决策，一般表现为不按追求效用最大化原则及边际效用递减规律进行的消费或是消费时没有考虑收入或是对消费品的认识判断不足等。[①]而网络经济的快速发展，网络市场的不断扩大与完善，网络市场的消费也大量持续增加，2014年上半年我国电子商务交易额约为5.66万亿元，同比增长30.1%。网络零售市场交易规模约1.1亿万元，同比增长33.4%，半年度环比增长7.9%，相当于上半年社会消费品零售总额的8.4%。[②]网络消费的大幅度增加，加之网络市场本身的虚拟性，势必造成非理性消费比率的增长。

而互联网的兴起，网络市场的扩大，一个个离散的小众市场也得到了重视。“长尾理论”是基于互联网企业而诞生，该理论由美国《连线》杂志主编克里斯·安德森在2004年10月的The Long Tail一文中最早提出。安德森认为，只要产品的存储和流通的渠道足够大，需求不旺或销量不佳的产品所共同占据的市场份额可以和那些少数热销产品所占据的市场份额相匹敌甚至更大，这就是“长尾理论”。在“长尾理论”的指引下，在网络市场中，一些现实消费环境中不受重视的个体消费者的作用变得很大，同时也正是这些个体的消费者推动了网络市场的不断壮大。

（三）新型产业突起与可持续性消费

在网络经济发展的浪潮中，电子商务的蓬勃崛起推动了又一新型产业——快递业的异军突起，每年以惊人的速度增长。据中国报告大厅网发布的“2014—2018年中国快递市场深度分析报告”显示，随着电商的发展，国内的快递业也开始进入高速增长阶段。快递业作为一种新型产业，在推动国民经济发展的同时，也造成了大量的资源浪费和环境污染，人们更加

① 黄守坤.非理性消费行为的形成机理[J].商业研究,2005(10):14.

② 2014上半年网购市场数据统计[EB/OL].[2014-08-04].http://www.china1baogao.com/news/20140804/6975955E.html.

开始倡导一种新的消费观念——可持续性消费观。

可持续性发展是20世纪80年代后期以来在国际上逐渐形成的一种发展观念，它最初用于林业和牧业，倡导经济增长与生态发展相统一，追求社会的整体发展。随着国民经济发展、居民消费水平提高以及互联网的发展，可持续性观念也用于消费方式的转变。可持续性消费既是资源消耗与产生废弃物最少的消费，也是一种追求社会公平的消费观，即当代人在满足自己消费目的的同时不能损害后代人的利益，强调一种消费的持续性和公平性。可持续性消费观倡导人类物质消费与精神消费的平衡，进而追求物质生活与精神生活的平衡。

结　语

综上所述，网络的传播优势潜移默化地改变了人们的生活工作的各个方面，互动的频繁性、即时沟通的便捷性使我们和这个世界之间的关系变得不再那么陌生，我们在庆幸的同时，也要看到种种弊端的存在，合理利用互联网，规避不利影响，是每一个网络用户任重而道远的责任。

互联网思维的内涵及其特点

2013年11月3日，中央电视台《新闻联播》发布了专题报道“互联网思维带来了什么”，让互联网思维这个词语开始走红。在这条新闻中，互联网的一个作用就是一头聚集着引领企业创新的客户需求，另一头则是实现这些需求的解决办法。那么，互联网思维的含义是什么？互联网在短短的几十年之间又是如何改变人们的思维方式的？媒体工作者又要具备哪些互联网思维？

一、概念界定

互联网思维这个概念的含义我们可以从国家有关部门文件和学者对其的定义得到启示。金元浦认为“互联网思维是第三次工业革命的先导理念，是当代高科技与文化创意跨界融合实践的新思维方式，是科技革命中范式转换的必然成果。它拥有自身独特的性质与运作方式，在现实科技发展的条件下重新阐释了哲学关于一切社会生活中的普遍联系的最高准则”。①2014年8月18日，在中央全面深化改革领导小组第四次会议上通过了《关于推动传统媒体和新兴媒体融合发展的指导意见》，会上习近平同志强调，推动传统媒体和新兴媒体融合发展，要遵循新闻传播规律和新兴媒体发展规律，强化互联网思维，坚持传统媒体和新兴媒体优势互补、一体发展，坚持先进技术为支撑、内容建设为根本，推动传统媒体和新兴媒体在内容、渠道、平台、经营、管理等方面的深度融合，着力打造一批形态多样、手段先进、具有竞争力的新型主流媒体，建成几家拥有强大实力和传播力、公信力、影响力的新型媒体集团，形成立体多样、融合发展的现代传播体系。综上可知，金元浦将互联网思维上升到第三次科技革命后关于一切社会生活中的普遍联系的最高准则，从哲学角度解读互联网思维，而在《关于推动传统媒体和新兴媒体融合发展的指导意见》中更多指向在主流媒体建设过程中要重视互联网思维，要遵循新闻传播规律和新兴媒体发展规律。

迈克尔·塞勒（Michael Saylor）在《移动浪潮》中写道：“农业革命把人类从游牧部落变成城市居民，并为诸如希腊和罗马等大城邦的兴起奠定了基础。工业革命带来了我们今天所看到的现代机械化经济。接下来，移动革命将改变商业运作的方式，它将改变整个工业以及它们所推动的经济。”②迈克尔·塞勒认为，移动计算技术是带来更广泛信息革命的临界点技术。信息革命开始于15世纪的印刷术，但直到20世纪60年代，随着电脑科技的出现，信息革命才开始加速影响社会。移动计算技术即将成为信息革命推动社会剧变的催化剂。而互联网思维，就是在移动互联网、大数据、云计算、4G手机等科技不断发展的背景下，对作品、受众、传播方式、传统媒体以及新媒体融合乃至整个社会生活生态进行重新审视的思考方式。

二、发展历程

百度创始人李彦宏在2011年4月演讲《中国互联网创业的三个新机会》中，首次提出了“互联网思维”这一说法，但没有给出明确的解释。在2012年小米科技创始人雷军开始频繁提及“互联网思想”。2012年5月在

① 金元浦.互联网思维：科技革命时代的范式变革[J].福建论坛(人文社会科学版)，2014(10)：42.

② 塞勒.移动浪潮：移动智能如何改变世界[M].邹韬，译.北京：中信出版社，2013：245.

《用互联思想武装自己》一文中，他提出了互联网是一种观念，这个观念的含义是“专注、极致、口碑、快”。2013年罗振宇等自媒体人士频繁使用“互联网思维”，并且罗振宇还认为由于传播介质的互联网化，受众人群和信息消费模式都将碎片化，传统大众传播将越来越难以奏效。未来的传媒将不再以信息为核心，而代之以人格为核心。魅力人格将是新媒体时代最关键的传播要素。受众在被细分之后，会基于兴趣和对不同自媒体人的喜爱，而发生分化与重组，最终形成一个个高黏度、高聚合力的社群组织。①

真正让互联网思维流行起来的是中央电视台《新闻联播》的一次报道。2013年11月3日，中央电视台《新闻联播》发布专题报道“互联网思维带来了什么”②。这则新闻中，记者采访了中国制造业的代表——小米公司和海尔公司。小米公司介绍自己经验是利用数以千万计的小米用户，他们成了小米研发的外援团，每天大量对手机的需求、意见、建议，都会通过微博、微信、论坛的渠道传递给小米公司。根据不同需求，小米手机的系统每周都会进行更新，每次更新都会发布几个甚至十几个功能，这其中就有三分之一是由用户提出的。而海尔则利用搭建不久的全球研发资源整合平台，这个平台整合了全球10万个知名高校、专家学者、科研机构，涉及电子、生物、动力、信息等诸多领域。海尔只要将自己的研发需求放到这个平台上，就可以坐等科研资源找上门了。小米公司和海尔公司将互联网思维总结为信息交互、知识分享，互联网一头聚集着引领企业创新的客户需求，另一头则是实现这些需求的解决办法。

2014年8月18日，中央全面深化改革领导小组第四次会议召开，会议审议通过了《关于推动传统媒体和新兴媒体融合发展的指导意见》，第一次提出在互联网思维下媒介融合的方法与路径，即坚持传统媒体和新兴媒体优势互补、一体发展，坚持先进技术为支撑、内容建设为根本，推动传统媒体和新兴媒体在内容、渠道、平台、经营、管理等方面的深度融合。2014年11月20日人民网发布新闻《习近平的6个“互联网思维”》，这是国内主流媒体第一次系统地从六个方面盘点了2012年以来习近平对于“互联网中国”与“互联网世界”的看法：（1）建设网络强国（2）保障网络安全

---

① 罗振宇.我是个U盘化生存的手艺人[EB/OL].[2013-05-24].http://media.sohu.com/20130524/n376978930.shtml.

② 互联网思维带来了什么?[EB/OL].[2013-11-03].http://news.cntv.cn/2013/11/03/VIDE1383477005391216.shtml.

(3) 清朗网络环境 (4) 创新互联网技术 (5) 支持互联网金融发展 (6) 重视互联网思维，实现媒体融合发展。①

三、互联网思维的特点

国内首家以互联网思维进行创意交易改革的BAB精准撮合平台——创成在线，其CEO陈建雄在总结众多运用互联网思维成功的企业经验的基础上，提出了互联网思维的七大特征：第一，快速的反应能力。第二，极致的用户体验。第三，运用平台思维。第四，具有创新精神。第五，免费的商业模式。第六，坚持开放性。第七，比别人更专注。②

和君集团合伙人赵大伟在《互联网思维独孤九剑》中将互联网思维简化为9种思维22种法则：一、用户思维；二、简约思维（对产品规划、产品设计的理解）；三、极致思维（对产品/服务、用户体验的理解）；四、迭代思维（对创新流程的理解）；五、流量思维（对经营模式的理解）；六、社会化思维（对关系链、传播链的理解）；七、大数据思维（对企业资产、竞争力的理解）；八、平台思维（对商业模式、组织形态的理解）；九、跨界思维（对产业边界、产业链的理解）。③

从上述特点总结中，我们可以看出现在国内互联网从业人员大都从商业营销角度理解互联网思维，侧重于互联网的手段、途径、方法等，过分强调互联网的作用，而忽视其他方面。笔者认为互联网思维本质是一种科技发展进步后对生活生产方式的反思，这种思维方式早已存在，只是移动互联网、大数据、云计算、4G手机等技术的出现让这种思维方式喷涌而出。

众所周知，人类的思维方式有垂直思维、抽象思维、横向思维、水平思维等思维方式，但是互联网思维不同于以上任何一种思维方式。在互联网技术日新月异的新时期，互联网思维有以下几个特点。

① 习近平的6个"互联网思维"[EB/OL].[2014-11-20].http://politics.people.com.cn/n/2014/1120/c1001-26064303.html.

② 创成在线陈建雄：互联网思维的七大特征[EB/OL].[2014-05-28].http://news.sina.com.cn/o/2014-05-28/223930251525.shtml.

③ 金元浦.互联网思维：科技革命时代的范式变革[J].福建论坛（人文社会科学版），2014(10)：46.

(一)用户:主体性的崛起

互联网传播模式是建立在平等和开放的基础上，互联网思维是一种“以人为本”的思维方式，也是一种回归人性的思维方式。传统的传播模式下，过分强调媒介对受众的传播的效果，学界和业界也在频频讨论如何传播会取得更好的效果，这个过程中，我们往往不自觉地忽视受众的声音。即便注意到受众的反馈，限于技术的制约，传受双方无法进行更好的交流与沟通。例如报纸由于版面固定，所刊登的读者来信也是遴选一部分的结果；广播电台与读者进行沟通的时候限时间，例如一档30分钟的节目能接听听众打进的电话是无法在数量与时长上取得很好的平衡。由于广播采用电波的传播方式，广播节目是无法看到文字、图片、视频等多媒体效果的；而电视媒体与受众互动同样受制于时间，受众的反馈往往被电视台标注在屏幕底端的滚动字幕上，阅读体验差，并且电视媒体的移动性不好，受众只能在电视机前观看电视才能与电视互动。

但是互联网技术的发展，受众意识被提高到前所未有的高度。我们知道，在过去的媒体工作中，新闻工作的流程基本如下：记者前往新闻现场进行采访，收集资料，回到报社或者广播电视台进行稿件撰写，编辑审核无误后将稿件刊发或者播出，传统的新闻传播工作到此便结束了，而新闻传播的主体是记者编辑所代表的媒介。但是，互联网思维下的新闻传播工作不同于以往，传播从这里才刚刚开始，记者将稿件按照文字、图片，音频，视频、动画等形式刊载报纸、广播、电视等传统媒体后，编辑还要将这些新闻素材进行二次加工，放到互联网上进行二次传播。新一轮的传播开始了，PC端、智能手机、PDA等互联网客服端将对新闻大规模的收藏、转发、评论、点赞等。受众第一次真正意义上成为新闻传播的主体——“用户”。

(二)传播模式:扁平化传播

德国学者马莱兹克在1963年出版的《大众传播心理学》一书中提出了大众传播的系统模式。在这个系统模式中，马莱兹克采用了“场论”的研究思想，把大众传播划分为包括社会心理因素在内的各种社会影响力交互作用的“场域”，系统中的每个主要环节都是这些因素或影响力的集聚点和着力点。这些因素主要表现为三个方面：一是影响和制约传播者的因素；二是影响和制约接收者的因素；三是影响和制约讯息与媒介的因素。马莱兹克这一系统模式在解析大众传播过程中的最大理论贡献在于，它表明："社会传播是一个极其复杂的过程，评价任何一种传播活动，解释任何一个传播过程即使是单一过程的结果，都不能简单地下结论，而必须对涉及该活动或过程的各种因素或影响力进行全面的、系统的分析。"①

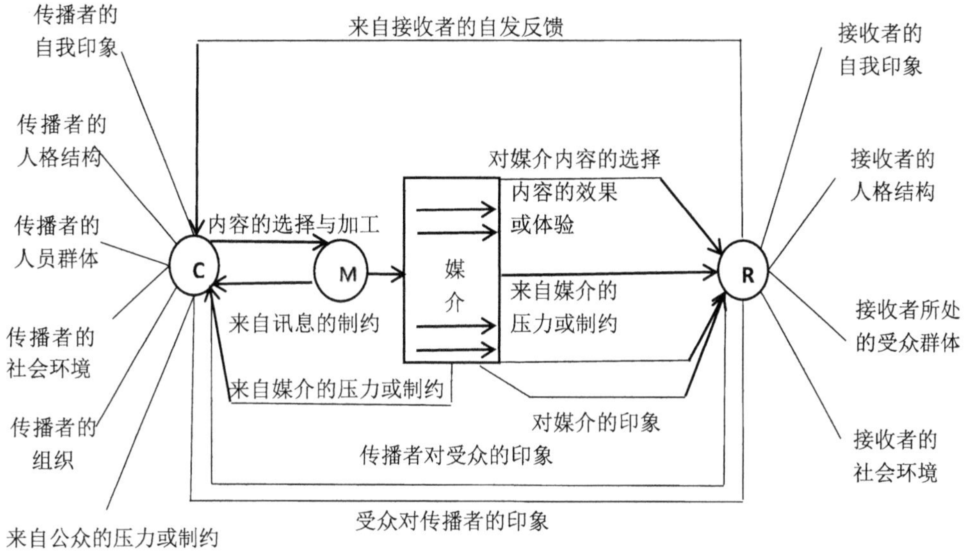

C=传播者　　M=讯息　　R=接收者

图1　马莱兹克大众传播模式

这种传播模式在互联网时代有明显的缺点：第一是传播者与接受者联系较少，仅仅只有来自接受者自发的反馈，在互联网时代，科技日益发达，用于传递信息的时间大大缩短，而信息的载体日益增多，传播者与媒介，媒介与接受者，传播者与接受者都可以传递信息并反馈。互联网打破了传统机制下区域内闭关自守的状态，互联网技术的发展的打破了信息传递之间的空间上的限制，扩大信息传播范围，使得"时间消灭了空间"。②第二是这种传播模式在强调媒介将传播者的信息进行选择加工，传播给接受者，

① 沈正赋.信息耗散模式与新闻真实性——兼论香农—韦弗"噪音"说和马莱兹克系统模式[J].安徽师范大学学报(人文社会科学版),2012(2):202.

② 马克思认为："把商品从一个地方转移到另一个地方所花费的时间缩减到最低限度.资本越发展,从而资本借以流通的市场,构成资本 空间流通道路的市场越扩大,资本同时也就越是力求在空间上更加扩大市场,力求用时间去更多地消灭。"(卡尔·马克思.马克思恩格斯全集:第46卷下册[M].北京:人民出版社,1980:33)

在这个过程过分强调媒介对接受者的传播，忽视了接受者对于媒介的重要反馈作用，媒介和接受者之间缺少很好的互动效应。由此，我们得出了图1的大众传播模式。图2显示的互联网思维下信息传播模式仅仅是互联网思维下信息大众传播的一个“细胞”，整个传播模式有无数个这种“细胞”组成，形成一张巨大的网状传播模式。传统金字塔式的、等级式的传播模式将被打破，横向之间的信息传递更加密切，整个社会的传播系统扁平化。

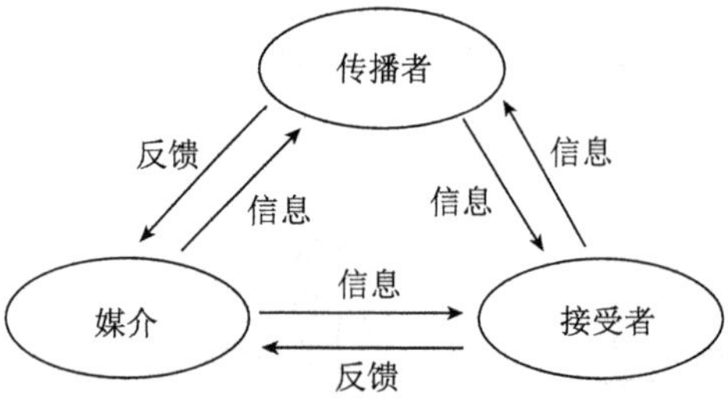

图2　互联网思维下信息传播模式

（三）生产：跨界思维

在新闻生产领域传统媒体时代，不同记者分工明确，报纸记者写新闻报道，摄影记者拍摄新闻照片，电视台记者拍摄视频新闻。但是互联网的出现让这种明确的分工逐渐被打破，全媒体记者、“全能记者”的概念呼之欲出。2014年的3月13日，十二届全国人大二次会议闭幕后，国务院总理李克强在人民大会堂三楼金色大厅会见中外记者并回答记者提出的问题。人民日报记者刘志强向总理做自我介绍：“总理，您好！我是人民日报、人民网、人民日报法人微博的记者……”接着刘志强将自己总结为“三栖记者”。①这种“三栖记者”就是我们所说的全媒体记者、“全能记者”，也是互联网思维下记者身份的重新定位，我们相信在不久的未来这种全媒体记者将会越来越多。

在其他生产领域，以项目组形式组合而成的工作团队日渐成为常态。一个新的视频节目的研发集纳了新闻学专业出身的记者、数字媒体或计算机技术专业的数据分析与数据可视化人才、动画专业或影视编导专业的电视节目包装人才、播音主持专业的配音解说人才等等。

① 张洋.人民日报“三栖记者”提问总理　微博微信两会不缺席[EB/OL].[2014-03-14].http://media.people.com.cn/n/2014/0314/c40606-24633037.html.

（四）产品：简洁、极致与迭代式创新思维

媒体工作者呈现的作品将是简洁而极致，并且这种作品是不断创新的。新闻作品是人类对当下实践的一种总结，随着实践的不断深入，对实践的认识也是不断深化的，而新闻作品也不是一劳永逸的，记者的工作将不会是朝九晚五式的，而是7×24工作制的，即一周7天，一天24小时，记者、网络编辑、微博微信运营人员要随时随地处于工作状态。

（五）传输：互惠与集成的平台思维

阿里巴巴是个电商平台，它给予了无数中小企业以生存机会，而无数企业在此集聚也促使了阿里巴巴的做大做强，现在阿里巴巴已经从电商平台走向了新闻媒体、走向了信息技术等领域，从一隅走向了世界。

以2014年7月22日成立的澎湃新闻为例，在结合互联网技术创新与新闻价值传承，致力于新闻追问功能与新闻跟踪功能的实践。澎湃新闻有网页、Wap、App客户端等一系列新媒体平台。已经做出的比较有影响力的微信公众号，如“中国政库”“中南海”“人事风向”“一号专案”“舆论场”等。澎湃新闻网页的版面被分为两大部分，左侧依次是澎湃新闻的LOGO，搜索栏，栏目框，热门新闻，热门追问。右侧为具体新闻报道，首页每一则新闻均有标题、图片、简介、发布时间，每条新闻的排版和谐统一，版面以白底黑体为主，广告部分均为海报形式的图片，没有时下流行的视频广告或者是动图广告，整个页面简洁大气，充分显示互联网时代“less is more”（少即是多）的设计原则。而在新闻采写方面，澎湃新闻不同于传统媒体有固定新闻发布时间，也不同于之前网络媒体“短平快”的新闻特点，而是主打关于思想和时政的深度报道。澎湃新闻不仅仅是一个媒体的渠道，更是通往其他媒体的通道，是很多传统媒体信息的另一个栖居地。澎湃新闻在成就了自己的同时，也带动了其他媒体的新发展。

（六）资源：大数据的作用日益凸显

互联网思维下的媒体工作将会更加依靠大数据。以美剧《纸牌屋》为例，与之前的美剧不同，它是由美国知名的在线视频商奈飞公司出品的一部网络自制剧，独立于以往传统的美国电视生态系统而存在。作为《纸牌

屋》的出品商，奈飞公司一直十分注重对于数据的运用。从成立伊始，它们就把计算作为公司的核心竞争力和发展战略的核心。通过推荐引擎、数据算法等方式，奈飞公司可以提前知晓观众喜欢看的内容。在此基础上，奈飞公司基于每天产生的3000多万个用户观看行为（包括暂停、回放、快进、停止等）、400万个评分、300万次搜索，结合用户的收藏、推荐等行为，通过数据分析发现，那些喜欢观看1990年BBC版《纸牌屋》的观众，许多人同时也是好莱坞著名导演大卫·芬奇和奥斯卡影帝凯文·史派西的粉丝。于是，奈飞公司最终决定投资1亿美元翻拍《纸牌屋》，由詹姆斯·弗雷、大卫·芬奇执导，凯文·史派西等人主演，最终实现了市场和口碑的双丰收。①

结　语

在互联网时代，信息传播工作需要有互联网思维，需要充分研究互联网的特点，把握互联网提供的各种资源，从而提升信息传播工作的传播力、影响力、感染力。

① 单华.大数据营销带给我国网络自制剧的思考——以《纸牌屋》为例[J].青年记者,2014(26):26.

世界传播技术发展的新趋势与电视的无限生存

1964年，麦克卢汉在他的成名作《理解媒介：论人的延伸》中提出了著名论点——“媒介即讯息”，他说：“所谓媒介即是讯息只不过是说：任何媒介（即人的任何延伸）对个人和社会的任何影响，都是由于新的尺度产生的；我们的任何一种延伸（或曰任何一种新的技术），都要在我们的事务中引进一种新的尺度。”[①]在该书第二版序言中作者又指出：“任何技术都逐渐创造出一种全新的人的环境，环境并非消极的包装用品，而是积极的作用过程。”[②]麦克卢汉的这些表述清晰地表明了传播技术或媒介技术的重要意义：新的传播技术为人类带来了全新的生存生活环境，深刻影响了人们的交往方式、思维方式乃至整个生存方式。当前，世界传播技术正在飞速发展，出现了种种新现象、新趋势，而几乎所有的技术发展都被电视媒介整合进自己的发展中，从而带来了电视媒介对人类生活的“嵌入”，造成了电视媒介对人类生存生活的深刻影响。

① 马歇尔·麦克卢汉.理解媒介:论人的延伸(第一版)[M].何道宽,译.北京:商务印书馆,2000:33.

② 马歇尔·麦克卢汉.理解媒介:论人的延伸(第二版)[M].何道宽,译.北京:商务印书馆,2007:27.

其实，对于电子媒介尤其是电视媒介的影响，麦克卢汉也早已有了清晰而高度肯定的评价。他认为电子媒介是中枢神经系统的延伸，其余一切媒介（尤其是机械媒介）是人体个别器官的延伸。借助于电子媒介，我们可能回到部落人的状态，达到更高层次上的重新部落化过程——电子时代来临之后，人再不能只专精一门，人的感知系统不再只偏重视觉；人们认识世界的方式不再只偏重视觉、文字和线性结构。[①]那么，可以说在作为大众传播媒介的电子媒介中，唯有电视或者说唯有和网络、手机媒介等新型媒介融合的新型电视，才能真正实现这种“重新部落化”，因为只有电视“是一种触觉—听觉媒介，它使我们的一切感官深刻地相互影响”，而且只有这种新型电视才是“给予我们视通万里的整体场知觉媒介”。[②]

但是，麦克卢汉的理论似乎让人感到他对技术的过分强调，对此，著名的媒介理论家、“数字时代的麦克卢汉”——保罗·莱文森，提出了自己的媒介演化理论：“补救性媒介”理论和“人性化趋势”的演化理论。按照这个观点，一切媒介都是“补救性媒介”，补救过去媒介之不足，使媒介人性化，人具有能动性，能够主动去进行选择和改进媒介。[③]即，新的媒介技术会进一步满足人的生存和传播交往需求，不断出现的新媒介必将逐渐实现对人类媒介需求的全面满足。据此，我们认为今天和未来的电视，也许得用“视频”这个指称——不只是传统的电视——比起其他单一的媒介，恰恰最能满足人们全方位的媒介需求，是最为人性化的。

一、信号传输和接收:任何时空皆可观看

20世纪90年代，尼葛洛庞帝就借用全球电话业的口号来描绘电视，他说用“无论何事、无论何时、无论何地”来思考电视的新境界很不错。[④]今天，他所设想的电视新境界已经实现，人类在任何时空、任何活动状态下都可收看电视。

传统的观看电视是以家庭为单位，无线、有线、卫星三种方式传输的

① 马歇尔·麦克卢汉.理解媒介:论人的延伸(第一版)[M].何道宽,译.北京:商务印书馆,2000:3、93、95.

② 马歇尔·麦克卢汉.理解媒介:论人的延伸(第一版)[M].何道宽,译.北京:商务印书馆,2000:417、81.

③ 保罗·莱文森.数字麦克卢汉——信息化新纪元指南[M].何道宽,译.北京:社会科学文献出版社,2001:16.

④ 尼葛洛庞帝.数字化生存[M].胡泳,范海燕,译.海口:海南出版社,1997:203.

信号被接收者以无线天线、电缆、光纤、卫星接收天线等接收到家中的电视屏幕从而实现观看。这几种接收和观看方式不仅将观众牢牢地限制在室内，而且观众只能被动地跟随电视的线性播放模式进行顺序观看。于是人们产生了这样的媒介期待：电视能否移动观看？能否伴随观看？能否被主动选择地观看？能否让人在观看中随时反馈意见？

当前，在数字技术、网络技术、现代通信技术等新技术的支撑下，各种新型电视一一实现了这些期待，补救了传统电视的不足。公交移动电视、地铁移动电视等已满足了人们在乘坐交通工具时的收视需求，楼宇电视、广场户外电视、卖场电视等让人在工作间隙、购物、休闲时也能观看电视，它们共同实现了人们对非家庭收视时间的多种零碎时间的占领。但是这几种新型电视的传播方式仍是传统电视式的点对面的传播，不能满足受众的个性化的需求，同时在这几种电视收视中，电视机的位置仍然是固定不变的，人们要想能够观看到清晰的画面、听到清楚的声音，就必须在以电视机为圆心的一定的空间范围内活动——人仍然被电视机限制着。

网络电视中的网络直播、网络点播、网络下载等，以及传统电视机构经营的VOD（电视点播）业务等，已经让观看电视成为个性化的行为，观众不仅可以自由选择自己喜欢的节目点播和下载，而且还可以在观看过程中同步发表意见、参与节目活动，和其他正在观看这一节目的人士交流。但是这些电视服务仍有缺点——虽可自由选择与互动但却很难移动，因为“和传统的电视、电话一样，互联网也要求使用者静止不动”，即使是通过安装无线网卡的笔记本电脑看电视也不行，因为“笔记本电脑过去和现在都扎根于室内，就像盆景里的花扎根于盆内一样。或早或晚，它总要落定在一个房间内的某一个地方。我们可以说，笔记本电脑犹如围绕房间转动的特殊卫星，必然要回归房间。”①

而小巧便携的手持电视，虽然实现了人类在各种活动状态下的伴随收视，人类可以一边自由活动，一边尽情享受电视大餐，但是仍然不能反向地传回信息以实现与电视节目生产者、传播者的互动。

此时，融合了电视、手机、互联网三种媒介为一体的手机电视弥补了上述几种新型电视收视的不足，它既能满足人们个性化的收视需求，能够在收视时参与互动，还能够方便地进行室外收视、移动收视、伴随收视，

① 保罗·莱文森.手机——挡不住的呼唤[M].何道宽，译.北京：中国人民大学出版社，2004:9、38-39.

是目前所有“电视”中最能满足人们各种媒介需求的，因而是迄今为止最为人性化的“电视”。莱文森说：“手机完全斩断了把人束缚在室内的绳索。……从长远来看，互联网可以被认为是手机的副手。身体的移动性，再加上与世界的连接性——手机赋予我们的能力——可能会具有更加深远的革命性意义，比互联网在室内带给我们的一切信息的意义更加重大。”① 虽然，目前世界上的手机电视从技术角度分为两大类——一类是蜂窝移动网络，即人们可以利用互联网服务和电信运营商提供的服务在手机上观看节目；一类是通过卫星或地面无线发射电视、广播、数据信息等多媒体信号的无线数字广播网络，像观看家里的电视机一样用手机直接接收电视信号——相应地在我国也存在着国家广电总局的中国移动多媒体广播（CMMB）和三大移动运营商的3G、4G、5G手机这两种手机电视技术模式，但是两种手机电视技术的合作也并非不可能，事实上二者的合作已有动作。②现在，只要愿意，只要所在城市的电信、网络运营商或电视机构开展了手机电视业务，人们就可以享受手机电视服务。随着两种手机电视技术合作的深入，人们更是可以只需要一部小型便携的手机进行随时随地的电视观看，并且既能享受电视点播、参与电视互动，也能够直接接收传统电视信号。

因而从理论上说，传播技术的发展正在使人类做到在任何时空都能收看电视。当然，由于经济水平的因素、政治的原因、认识的问题等，世界上还有一些地区不能做到，但是这不是传播技术的问题。

二、信息采集和制作：任何场景皆可被看

在技术飞速发展的今天，任何时间、空间、人群、领域的影音素材采集、制作、传送都很方便。

（一）一切现在时空的真实存在都可被视听

首先，现实世界中各种真实存在的形象、事件、思想都能被摄像机记录或通过其他视听手段得到表现，从而能够被视听。当今为电视提供影音

① 保罗·莱文森.手机——挡不住的呼唤[M].何道宽，译.北京：中国人民大学出版社，2004：9.

② 李燕.时代新宠——手机电视[J].当代电视.2009（5）：18-19.

素材的摄录设备沿着不同的方向向前发展，一方面是摄录器材的全时空化，具有了能够进入所有空间状态的各种摄录器材，满足了影音记录的全空间要求，如水下摄影、远红外摄影、卫星遥感摄影、显微摄影、航拍摄影等，摄影机和配套设备的齐备已经让各种自然空间的呈现成为现实。现在，它们经常在考古题材、自然题材、科普题材、重大社会题材纪录片和其他纪实节目中大显身手。

又如航拍小飞机的发明和应用，它在空中适宜高度对于被拍摄景物的追踪拍摄所呈现的俯拍大场面镜头，能同时满足影音记录在空间的高度、广度和运动方面的要求，已经让不少电影大片实现了视觉奇观。近几年无人机又异军突起，先是在重大突发事件报道中一鸣惊人，然后随着价格的平民化已经在各种场景中用于表现“上帝式的视角”，用于展现流动的大空间的全景影像。

此外，各种场所的监控录像系统，如居民小区、银行、学校、商场、写字楼、交通路口等，这也为电视节目提供了大量有价值的素材，今天的电视民生新闻栏目、生活服务类节目等经常运用这些监控系统摄录的素材。

另一方面是摄录器材的小型化、便携化、智能化。当前出现了各种微型摄录器材，它们可以安置在不引人注意的地方或佩戴在人身上，满足了偷拍的需要，使难以获得影像的场景也能被人们观看。各类带有摄像功能的数码产品如DV、手机等的小型化、智能化、家庭化及其价格的下降化趋势，使影像记录越来越方便，从而出现了民间影像的繁盛——民间影像既包括个人使用各种影音记录设备摄录自己和家人朋友生活的“自拍”，也包括个人对他人和社会生活的记录。民间影像的普及让电视记录的触角进一步突破了时空、人群、技术的限制，使人类生活的平凡领域、难以预料的场景也能被记录进而被观看。当前我国各类电视节目，无论是新闻节目、教育节目还是生活服务类节目、娱乐类节目中都有民间影像的运用，这丰富了电视节目的内容，展现了媒体专业视角之外的现实与美学风格。民间影像及其在电视媒体的播放也让普通百姓的生活得以展示，为电视新闻的理念变革推波助澜，平民化、生活化、人性化等日渐深入人心。其中意义更大的是民间影像对新闻尤其是重大突发事件的摄录。如我国汶川地震报道中，正是身处震区的民间影像才记录下了地震发生时的珍贵影像；而正是民间影像才记录下了伦敦地铁爆炸案和美国“9·11”事件中大楼被撞第一时间的影像等。

各种电视摄像机的运用和摄录方式的方便让人类看到了自身肉眼无法抵达的各种空间的景象，极大地突破了人类感官在距离和空间方面受到的限制。电视摄像技法的创新也向人类展现了全新的世界——或使时空人性化，或揭示了完全未知的事物等。“帕斯卡尔说得好，我们真可怜，我们和宇宙的比例失调，不仅是大小的比例失调，而且是速度和节奏的比例失调——以我们平常的生活节奏，即使近在咫尺的事情如雨点的下落、花的开放不是太快就是太慢，我们是来不及充分感受的。由此可见，电影和录像之类的动态表现，使我们能够细微调节这些事情，调节到我们可以感知到的速度。因此，动态摄影的办法使时间人性化。”①而唯有电视包括一切新型电视，才能将动态摄影的这一切尽数融进自身的节目中，比如它通过慢镜头、快镜头、定格、特写镜头等技法使人类对这些节奏、速度等时间层面的感知得以物化。而且，正如本雅明所说，“特写镜头延伸了空间，而慢镜头动作则延伸了运动。放大与其说是单纯地对我们‘原本’看不清的事物的说明，毋宁说是使材料的新构造完满地达到了预先显现。慢镜头动作也不仅只是使熟悉的运动得到显现，而且还在这熟悉的运动中揭示了完全未知的运动，‘这种运动好像一种奇特地滑行的、飘忽不定的、超凡的运动，而不是放慢了的快速运动’”②。

其他各种不断出现的电视摄像技法也正在或已经使人类对世界的把握和表现逼近“零距离”。如全息摄影技术，它是匈牙利科学家丹尼斯·盖博于1948年发明的。用最简单的话来说，全息图像就是把一个情境中所有可能的景象聚集在一个光调制模式下的单一平面上。随后，当光束通过这个平面或被这个平面反射的时候，原先的景象会在空间中以光学方式重组，成为立体影像。③也就是说，这种摄影技法如运用在影视中，观众无论朝什么地方看，看到的都是在空间浮动的三维像素，所看节目和现实世界似乎融为一体。

而对于现实生活中存在的，但无法用具体的影音素材展现的内容，电脑绘图技术、数字特技等也让它得以呈现，从而让人们能够观看。如汶川

① 保罗·莱文森.思想无羁[M].何道宽，译.南京：南京大学出版社，2003：177.

② 瓦尔特·本雅明.摄影小史 机械复制时代的艺术作品[M].王才勇，译.南京：江苏人民出版社，2006：139.

③ 尼葛洛庞帝.数字化生存[M].胡泳，范海燕，译.海口：海南出版社，1997：148.

地震报道中需要对受灾地区的总体地理分布情况，对某一地区地形地貌构成进行展示，这时就运用了电脑绘图技术。对于真实存在的心理活动，电视摄影机也可以利用对面部、身体部位的特写镜头，利用对镜头的特技处理和蒙太奇手法等来加以展现。此外，虚拟演播室、虚拟主持人、数字特技等技术的使用，更是突破了人力的局限，给观众带来更多视听盛宴。然后VR、AR、MR这些虚拟现实、增强现实、混合现实技术也被用于视听节目的制作，拓展了人们的视听空间与深度。

（二）非现实时空的存在也能被观看

历史、未来、虚拟时空中的事件、形象、思想也能够通过种种视听手段呈现出来，从而被观看。在新技术和新理念下，历史中的真实事件、思想观念变迁及人类生活不仅在历史题材电视剧中通过演员的表演得到充分展示，也可以通过“情景再现”（包括影像再现和声音再现）和数字特技，在人文历史题材等纪录片和纪实节目中广为展示，如在纪录片《圆明园》《故宫》《新丝绸之路》《郑和下西洋》《幼童》以及央视科教频道《探索·发现》栏目播放的大量人文历史类纪录片中。于是，历史和现实个人逐渐“零距离”。而在科幻题材影视节目、科学探索类纪实节目中，数字特技广为运用，关于未来、虚拟时空的畅想也以活生生的影音形象出现在观众面前，如美国历史频道2008年的纪录片《人类消失后的世界》。

（三）视听信号传送和编辑制作了无障碍

现在，卫星传输和互联网传输已经成为电视信号传输的重要方法。卫星直播车、小型卫星工作站、海事卫星电话等让影音素材能在第一时间传回，而卫星双向传送也让多点多向传输、多点直播节目日益普遍。用连上可视电话和卫星的手机武装起来的“前方记者”“嵌入式记者”，使2003年的伊拉克战争报道几乎在第一时间直接进入人们视野。而2005年以来不断更新的带有强大功能的智能手机还可以直接和电视转播室的电脑相连，将记者在新闻现场摄录的视频即时传回，从而进行无线直播。这些信息传送方式不仅使任何场景皆能被看，还最大程度地提升了电视节目的时效性。自2016年以来，网络直播因为手机而每时每刻都可以进行，每一个人只要拥有智能手机连接网络都可以操作，各种平凡无奇的时空事件都能立刻被外界知晓。

在电视节目的编辑制作方面，得力于数字技术的发展，数字摄录机、存储介质的数字化、编辑软件的智能化、非线编辑等一系列技术已成为世界各国电视媒介制作节目的常态。于是，任何场景的被看已了无障碍。

三、节目呈现和观看:如何欣赏任由选择

众所周知，人们收看传统电视只能按照电视媒体的节目单进行共性化的顺序收视和被动收视，然而各种新型电视主要是手机电视、网络电视让观众进入了收视的极乐园。在公交移动电视、地铁移动电视、广场电视、卖场电视等公共场所收视环境中，观众如果愿意可以自由地交流收视意见。在基于移动网络的手机电视模式和网络电视点播中，观众可以自由控制播放模式，可以从任意节点进入收看，可以随时喊停和继续，并可以参与评论。在有的网站，观众或网民可以通过边看电视边与他人聊天，电视成为了论坛，网络电视成为了“公共领域”。观众还可以将节目下载或收藏在手机、网页或其他存储器中以反复收看。

手机电视和网络电视的互动性也让互动（交互）电视有了更为扎实的现实基础。借鉴网页的超链接式编排，融手机、网络、电视于一体的新型电视可以在屏幕上设置超链接，比如在体育赛事节目、重大新闻节目中，在某个人物画面中设置了超链接，观众（同时也是网民、手机用户）只要轻轻点击该处，就能进一步了解该人物的相关背景资料；在教育节目中，只要点击某一名词就能进一步查看相关的专业知识等。当然，如果你没有兴趣，就无需点击这些超链接。在新型电视中也可以设立专属的论坛、参与按钮，观众在观看节目时可以随时点击进入，发表意见、参与节目，将个性化、互动性、参与性的收视进行到底。

结　语

保罗·莱文森说：“媒介革命的下一个阶段——第三阶段也就是最后的阶段——使我们能够在任何地方、任何时间获取一切信息，既包括真实的

形象和声音，也包括抽象的语词。”[①]也许，我们可以认为，世界传播技术发展的新趋势影响了电视的生存，让和手机、网络融合的电视成为能够完成媒介革命任务的担大任者。但是新的电视要想真正成为媒介的王者，还必须解决几个问题：一是要始终秉承开放的心态，不断融合其他媒介的长处。即电视媒介管理者、经营者应该更新观念，从传统大众传播式电视单一的、界限分明的发展模式中走出来，打破一切媒介壁垒，将其他媒介中有利于电视发展的东西拿来以促进自己的发展。比如电视屏幕应该借鉴电脑界面的经验——互联网上丰富多样的应用程序的界面给网民的媒介活动提供了极大的方便，那么电视也可以通过各种符号的设计搭配让电视屏幕成为“宽屏”，使电视屏幕成为多种介质信息的复合呈现平台，共同打造视听盛宴。而网络电视、手机电视更是可以将手机、互联网现有的界面设计经验直接拿来运用。二是要真正发挥互动性和参与性的优势。互动性和参与性是手机电视、网络电视的重要优势，而传统电视也正在通过让手机、固定电话、网络成为让观众参与节目并了解观众意见的重要途径，通过对民间影像的吸收而逐渐提升自己的影响力。但是互动和参与的极端化形式——个人电视台、视频博客播客给有关部门的“把关”造成了冲击，此时，在发挥优势和处理可能的思想失范方面，电视该如何做？结论是我们必须发挥优势，同时尽可能地采用技术手段解决问题。三是坚持“内容”发展路径。新型电视以观众或手机用户、网民的“拉”电视代替了传统电视的“推”，此时大众传播靠售卖收视率盈利时代的黄金时间不再重要，节目自身的质量是观众“拉”与不“拉”某一节目的根本。

① 保罗·莱文森.手机——挡不住的呼唤[M].何道宽，译.北京：中国人民大学出版社，2004：46.

新媒体背景下城市台的转型

城市台一方面是作为媒介电视而生存，另一方面是其正在面临着巨大的生存难题，危机重重。“覆盖范围小，经营范围单一，互动性和自由度远不如网络，资金、人才、设备等实力远不能和央视、卫视相比，地方党委政府对媒体管控严格，主管部门的广告监管越来越严厉，这些都是客观存在的城市台的劣势所在。”①

确实，具体分析起来，当前城市台面临的挑战主要来自这几个方面：

一是自身各种资源的劣势。首先是覆盖范围的限制。按照我国传统广播电视台的地域划分、行政级别划分，城市台只能在本城市的行政辖区内进行覆盖——通过无线电视信号、有线电视信号入户。即便是这样的本地覆盖又因为新媒体的冲击而缩水。其次是城市台在资金、人才、设备等实力方面的劣势对于其发展产生的障碍。再次是城市台在新闻素材资源方面的劣势对于其发展产生的障碍。虽然现在是“地球村”时代，理论上说城市区域外的本省其他地域、其他省，甚至国际范围的素材，城市台也可以

① 沈红旺.“限广令”下城市台的运营对策[J].视听界,2012(1):47.

做，但是前面所说的覆盖、资金、人才、设备等各方面劣势，必然使得城市台无法全面做，或无法做好。城市台只能主要在本城市行政区域范围内进行素材的采集与加工，而这又决定了它的局促性，又进而影响其发展，于是一个恶性循环形成。

二是新媒体给予城市台广播电视覆盖的冲击。现在在不少城市中，市民在入住新房时会接入互联网络，而网络运营商的套餐服务中往往包含了IPTV，于是就无需再接入有线电视，而城市台一直通过有线电视进入城市市民家里。在安徽某市，接入有线电视的户数有40万户，而通过中国电信收看IPTV的用户也有20万户，2014年以前该城市台的各频道节目没有通过中国电信的IPTV入户，也就意味着这20万户用户流失了。现在该城市台入住了中国电信，但是已经错过了最佳时机。此外，手机、平板、互联网电视、视频网站等收看电视的终端和途径，也都在分流城市台的覆盖用户。

三是新媒体在内容和形式方面的优势给予城市台发展的冲击。新媒体带来的在覆盖方面的冲击还只是表面的，深层的冲击在于新媒体（尤其是其中的社交媒体）在信息的海量性、时效上的实时性、形式的互动性、参与的便捷性、内容的多元化等特性给予城市台的冲击。

四是省级卫视、地面频道的强势发展，使得城市台的生存更显艰难。原来省级卫视的上星优势就让城市台难以望其项背，现在卫视频道、地面频道又纷纷越来越接地气，吸走了大量城市台的受众。

一、深度融合新媒体

如前文所述，新媒体在覆盖、内容和形式方面都造成了对城市台的极大冲击。但是，危中有机。以覆盖而言，新媒体既带来了冲击，也带来了机遇。利用新媒体的互联网络技术，城市台也可以实现覆盖上的国际传播与全球传播——当然前提是城市台的节目要有自己的网络出口、手机终端出口等，而且节目在网络上办得不错、办得有特色，有人看。同时，从外部原因来看，本行政区因各种原因远离家乡、在外工作、学习甚至定居海外国外的人群，也非常有可能会关注家乡媒体的网上传播。

（一）出口的多元化

众所周知，长期以来，城市台的广播覆盖主要是在出租车、私家车的交通人群，电视覆盖手段主要是城区的有线电视和行政区所属农村区域的无线电视。但是，这一状况现在发生了改变：由于电脑、互联网络在我国城乡的日益普及，手机及移动互联网的方便，网络资费下调，WIFI覆盖逐渐推进，网络视频内容的丰富、个性化以及网络自制剧的开发，现在大量人群经常通过IPTV、互联网电视、视频网站、网络电视台、手机电视等观看视频、电视台节目，通过电台网站、网络电台等收听音频。截至2017年6月，中国网络视频用户规模达5.65亿，网络视频使用率为75.2%，其中，手机视频用户规模为5.25亿，手机网络视频使用率为72.6%。[①]

那么既然如此，传统广播电视台，尤其是城市台必须与本地各网络运营商合作，进入IPTV，进入更多本行政区域的用户家庭；必须勇敢地、积极地拥抱互联网、手机媒体，积极创新地利用网络媒体、手机媒体，抢占渠道高地，为自己的发展进行系统布局；善于借船出海，和主流视频网站、大型网络电视台建立链接，进行各种层次的合作。

安徽芜湖广播电视台的皖江明珠网微信账号的“微芜湖”可以看电视、听广播、查看节目单，“微生活”可以查看星座、影讯、美食、天气、找工作，“微互动”可以玩多款游戏和购物；交通经济广播频率的微信账号能够听该频率节目、查看“今日头条”和“节目回复”，可以查发路况、违法查询、中介问房、发表话题，还可以查阅天气、失物认领等信息。但是囿于网络技术等原因，时常难以快捷打开相关栏目，用户体验效果不好。

（二）一体化发展与组织流程再造

可以说，目前城市台都已建立了网站，也将各频道频率节目传上网，但是内容的更新频次、直播点播的观看流畅程度、网民在观看时通过“一键分享”以实现向其他社交媒体平台的转移和推荐的方便程度，还是有差异的。有很多城市台的频道改版了，某栏目的播出时间更改了，但是网上的信息还没有做到同步。而且，各城市台还只是简单地将节目搬上网，并

① 第40次中国互联网络发展状况统计报告[EB/OL].[2017-08-04].http://www.cac.gov.cn/2017-08/04c_112/427672.htm.

没有针对互联网、手机收看尤其是下载内容的特点进行重新编辑；各城市台还很少进入IPTV、手机移动多媒体广播，也很少和央视网建立链接关系。这些都强烈需要从管理层到一线员工有与新媒体一体化发展的理念和行动。

但是，当前我国各级广播电视台仍然普遍采用的是频道制，各频道之间仍然是独立管理，相互之间因为各自利益不仅不能实现资源统合、共享，还会在新节目推出前相互封锁信息，甚至为了防止台领导将消息泄露给其他频道，而对台领导保密。这样的结果往往导致各频道在受众、内容、形式、风格、体裁等方面的定位与设置容易雷同，形成恶性竞争，导致节目类型单一，导致能够短平快带来收视率的节目大家都去办，而对全台发展有深度价值，但回报周期可能较长、需要培育的节目没有频道办。

各频道尚且如此，台与台办的网站之间更是如此。目前，城市台的网站往往是与各频道同等行政地位的一个机构，频道与机构之间仅仅是频道提供内容上网的简单关系。就台办的网站来看，它是近年来在新媒体的形势下设立的，管理者是原来台里做节目的与其他频道总监平级的中层，他们与台领导一样仍然主要是办传统媒体的思维，员工很多是从频道分流出来的人员——网站的管理者意识到需要引进懂得网络技术、数字技术的人员，但是这样的人员全国都很稀缺，城市台近些年几乎不按事业编制进人、收入又不高，很难招到这样的人才，即使偶然进来一两个也很难留下来工作。这样的人员结构很显然也无法主动适应新媒体特点来办台属网站。

综上所述，比起实现出口的多元化，实施城市台各频道节目生产与台办网站的一体化发展是更加艰巨万分。但是，现在不做，将来可能连存活的机会都没有。“要树立传统媒体和新兴媒体一体化发展的理念，实现各种媒介资源、生产要素的有效整合，实现信息内容、技术应用、平台终端、人才队伍的共享融通，形成一体化的组织结构、传播体系和管理体制，做到你中有我、我中有你。”①

为此，可以分为几步走：一是在各频道内部设置专门负责与网站、微博微信对接的精干人员（小组），可以暂且称为“新媒体小组”，建立节目生产与新媒体加工传输之间的有效联动机制，这一小组成员与网站及其他新兴媒体终端相关技术人员对接，对本频道节目在网上传播、微博微信传

① 刘奇葆.加快推动传统媒体和新兴媒体融合发展[EB/OL].[2014-04-23].http://politics.people.com.cn/n/2014/0423/c1001-24930310.html.

播的网页设计、内容再加工与编辑提出建议，再由技术人员实施。与此同时，网站、微博微信技术人员也可以对频道节目生产提出建议，参与频道节目研发，使频道节目生产能符合互联网、新兴媒体传播的特点。当然，这里涉及到要有高素质人才的问题，特别是要有对节目生产、本频道定位能够非常了解，又懂得新媒体传播特性的复合型人才。

二是在天时地利人和的情况下，尤其是从中央到地方各级党委宣传部都已开始推动的情况下，立刻实施节目组或项目组制度——黎瑞刚回到上海文广集团已经开展了这项工作——即按照“重构新闻采编生产流程，升级采编系统，建立统一指挥调度的多媒体采编平台，实现新闻信息一次采集、多种生成、多元传播”[①]的思路，根据节目采编生产流程，如建立新闻采编中心、节目研发中心、各终端（频道、网站、手机客户端、微博微信账号）运营中心等，在这些中心之外成立节目组（项目组），由节目组（项目组）负责利用各种信息制作出节目、栏目，执行线上线下的项目。各个节目组（项目组）公开组合，公开活动，内容互不重叠，只负责相关节目生产或活动执行，由终端运营中心决定这些节目、项目在什么终端播发以及在各终端播发时该如何再加工、包装、推广与营销。这样可以有效避免各频道恶性竞争、节目类型单一、新媒体内容与形式原始低级的种种弊端。当然，在考评机制上得有顶层设计，针对不同节目要有全面的、全新的节目考评体系——兼顾收视率、社会效益、发展潜力、艺术水准的综合考评体系——否则，可能所有节目组都做相似的“赚钱节目”。

三是在条件许可的时候，可以先在某些内容生产上采取各终端的一体化，如将全台各广播频率、电视频道、网站、两微一端的时政新闻或所有硬新闻节目统一起来，成立“全媒体新闻中心”。待积累经验后再推广到整体的“中央厨房”制。

最后，对于融合新媒体、适应新媒体的变化做出种种改变，各城市台不是不知道，而是常常因为体制的原因，如得过且过的惯性拖延、不敢为天下先的观望思想、改变必然需要大量资金及对城市台现有模式调整可能会带来的各种阻力等，于是就一直没有进行。2010年，南京广播电视台台长陈炜就说，“我们不是不知道明天的路在哪里，不是不知道发展的方向在

① 刘奇葆.加快推动传统媒体和新兴媒体融合发展[EB/OL].[2014-04-23].http://politics.people.com.cn/n/2014/0423/cl001-24930310.html.

哪里，却受困于这个团队能不能统一在一个大家认同的价值层面，能够去掉既得利益，高度统一起来。这实际上是比资金、技术、设备还要大的困难，是南京台能不能走向明天最重要的一个槛”①。诚哉此言。

二、碎片化时间要求短视频

当前人们的工作、生活、学习节奏普遍加快，时间被各种事务切割的支离破碎，人们更多地使用新媒体，如在等人、等车、候机、课余、会间小憩等时间，用手机、平板电脑及其他手持终端收听收看节目、获取信息。如此，则时长短的微视频、微电影、微音频等深受人们欢迎。据此，城市台的节目制作栏目设置可以以20分钟左右的栏目为主，即便是较长的栏目，也可以采用板块化设计，将其分成几个段落，使每个段落时长较短，符合人们碎片化的时间使用规律。

当城市台的节目在台办网站、微博微信进行传播时，可以根据情况进行多种处理，除了有完整的栏目形态，还可以切割处理成几个碎片，或按主题重新编排。如2013年以来在全国掀起收视狂潮的《爸爸去哪儿》在网上传播、微信传播时，就有各对父子特别有感染力的或某个特别有趣味的细节视频片段，每小段视频只有一两分钟。

三、大数据、自媒体与专业化的整合解读

新媒体在信息的海量性方面非常突出，甚至出现“信息超载”现象，但是新媒体尤其是微博微信之类自媒体或曰社交媒体，还有内容的多元化、个人化、碎片化等特性，这几个特性是双刃剑，可能会有价值观的混杂甚至很多错误的东西。普通网民的微博微信，也会有很多简单片面的意见。而伴随着信息的“渐欲迷人眼”，又恰恰是人们生活节奏紧张，没有时间细细查找信息进行判断，这就需要专业化的、负责任的媒体来对信息进行整合和解读。

如可以利用大数据，利用各网络搜索引擎来进行信息的解读和数据的视觉呈现。2014年的央视两会报道就运用了“据说两会”，采用搜索大数

① 王晓明，金珠．全媒体战略：城市台“出城”的坐骑[J]．视听界，2010(3)：24.

据，将其融入到新闻报道内容、报道形式中，观众对这种数据说两会的新颖方式很感兴趣，认为不仅拉近与央视的距离，还将老百姓关心的问题更加直观地表现出来。

另外，我国网民具有年轻化、低学历、基层职业多的特征，这些特征也可能伴随着一些问题。具体来说，在年龄层次上，截至2017年6月，我国网民仍以10—39岁群体为主，占整体的72.1%：其中20—29岁年龄段的网民占比最高，达29.7%，10—19岁、30—39岁群体占比分别为19.4%、23.0%。这些年轻网民由于社会阅历较浅，思想认识不成熟，相对来说更具有叛逆倾向和另类意识。网络言论由于大量年轻网民的参与，难逃非理性、情绪化的桎梏。在学历层次上，截至2017年6月，我国网民依然以中等学历群体为主，网民的低学历化，会表现出盲从和易极端的特征，使网络言论充斥着暴力和极端情绪。在群体极化的影响下，极端化的言论在网络上易受到关注。在职业构成上，截至2017年6月，中国网民中学生群体占比仍然最高，为24.8%；其次为个体户或自由职业者，比例为20.9%；企业或公司的管理人员和一般职员占比合计达到15.1%。[①]从职业结构上来看，上网时间长的忠实网民多处于社会底层。这可能也会为某些非理性的思想的迅速蔓延创造了条件。具体情况见下图：

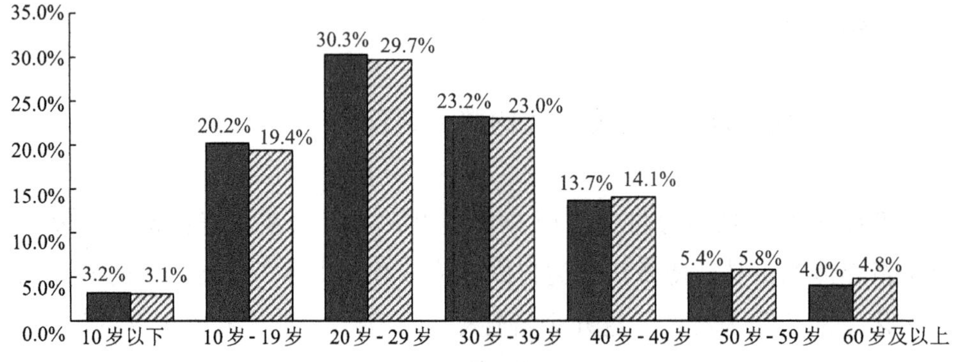

图1　网民年龄结构

① 第40次中国互联网络发展状况统计报告[EB/OL].[2017-08-04].http://www.cac.gov.cn/2017-08/04c.112/427672.htm.

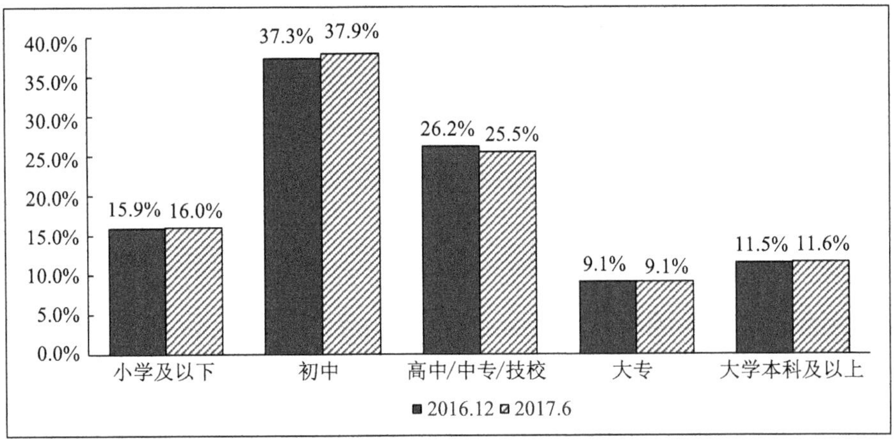

图2　网民学历结构

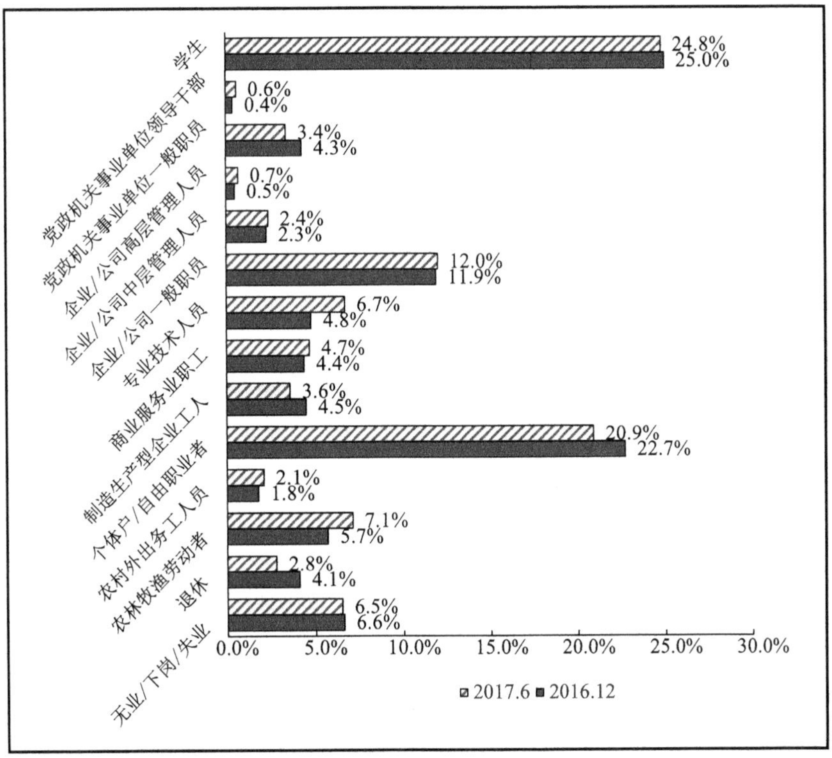

图3　网民职业结构

据此，在新媒体时代，在各种信息内容（广义的大数据）充斥的时代，更加需要有专业媒体进行信息的整合，要求对信息背后的“所以然”进行解释，这就给评论性节目、话题讨论类节目、一周要闻回顾类节目带来了发展良机。

如在我国各省级卫视、省级地面频道、省级电台频率、城市台各广播频率、城市台各电视频道，目前除了两三档自办的新闻资讯栏目——往往一档是本地新闻联播类栏目，一档是本地民生新闻类栏目，一档是本地民生新闻的方言播报栏目——就是各种被称为编辑类的新闻栏目，这些栏目就是汇集网络与其他广播电视媒体及纸媒的新闻资讯，通过主持人的个性化的播报方式，来对这些新闻进行深入解读或有味道的演绎。以安徽为例，安徽卫视、安徽电视台公共频道的《每日新闻报》《超级新闻场》《新闻故事会》《真实事件》等栏目，近年来在新闻节目方面有很高的收视率。尤其是安徽电视台公共频道更是通过各种层面的新闻类节目，成功地使其他各城市台的新闻频道节目收视率在本地不断下滑，其推出的《新闻画中话》是一档话题讨论类节目，通过“1+3”的方式，一个主持人对新闻热点事件进行妙语点评，既轻松诙谐又冷静思辨，三个嘉宾从各自的视角对新闻事件进行解读和评论，营造生动活泼的评论氛围，整档节目独具特色，既关注本土民生又涵盖社会热点，言语新锐，观点鲜明。而这样的节目形式以前主要见于凤凰卫视。

当然，对于城市台，在源源不断地邀请名人、专家、媒体人等做嘉宾方面，恐怕不大容易可持续——资金不够、本地名人资源有限，但是可以注意选拔和培养主持人，在新闻节目中加大点评分量，或者开办活泼的编辑类新闻栏目，或者新闻谈话类节目可以换一种思路。

四、实时性、交互性与“到位服务”的社区台理念

网络信息多、散，这就给城市台大力发展精准服务类节目提供了契机。同时，网络与其他新媒体的重要优势是信息发布的实时性和互动的实时性与方便性，这些城市台无法追赶，但是城市台离受众最近（大多数县级台由于各种原因，其节目质量无法吸引受众，除了因为信号覆盖原因，很多城市行政区的城乡受众实际上只看看城市台、省级台、央视这三级台），这也要求城市台扬长避短，着力从到位的服务上做起。

湖北荆州电视台的发展就是一个典型案例。湖北省荆州电视台2002年4月开播《垄上行》栏目，全心全意为农民服务，为农业生产、农民生活、农村建设作出了积极贡献，被誉为“新时期的农村百事通”。2009年元月，经国家新闻出版广电总局批准，《垄上行》升级为垄上频道，成为全国地市

台第一个专业对农频道。目前，垄上频道覆盖荆州及周边地区20多个县（市），农民观众近2000万人。垄上频道充分发挥覆盖面广、受众面大的优势，采集信息，整合资源，深化对农服务。一是用文化行动亲农。“早上听鸡叫，白天听鸟叫，晚上听狗叫”，这是许多农民都曾有过的文化生活写照，《垄上行》旨在改变这种状态，让每个节目都成为愉悦农民身心的文化大餐。大型媒体行动“春天·金秋垄上行”，农民最初参与3万人，现在垄上锣鼓未开场，10万农民踏歌来。很多农民都是连夜骑车赶到现场，也有不少人提前一天住在亲戚家里，等着第二天看节目。2010和2012年，央视两次联手垄上频道播出了主要由荆州农民自办、自演的农民迎春晚会《春到新农村》，受到农民朋友的喜爱。二是用实际行动惠农。通过“王凯热线”“燕子看农事”“走四方”等栏目，帮助农民解决农业生产中遇到的难题。通过“垄上行超市”“家门口的农技会”“垄上行科技大讲堂”等节目，发布农副产品交易信息，提高农民的农技知识。2011年11月，湖北天门一位网友微博求助说当地花菜大量滞销，栏目组积极与河北、湖南、河南等地对农电视媒体取得联系，跨省联动，节目播出后，四面八方的蔬菜商贩与栏目组取得联系，天门花菜滞销情况很快出现起色。三是用爱心行动暖农。栏目组开展“为乡亲找工作”活动，举行大型农民工招聘会，为农民外出务工找出路。通过修建爱心房，建立敬老爱心站和留守儿童爱心站等，关爱困难群众。一些农民家庭因疾病、残疾等原因致贫，为了让这些群体能够持续感受到社会的温暖和关爱，垄上频道推出《彭孟送礼》《彭孟有礼》栏目。在近两年来的时间里，女记者彭孟和她的“垄上心愿车”，走访了700多户农村贫困家庭，送去总价值20万元的生产生活物资。垄上频道在服务“三农”中，获得了社会效益和经济效益双丰收。2011年，荆州垄上频道广告额达4500万元。成立了垄上行新公社、新农会，已有700多家加盟店，发展会员10万人。

以一个服务类栏目《垄上行》促生了一个频道，带火了整个城市台，进而促生了一个省的传播生态的改变。而这一段历程，也正是各地城市台面临央视、省级台挤压，面临新媒体冲击的时候。“用文化行动亲农，用实际行动惠农，用爱心行动暖农；思想上尊重农民、感情上贴近农民、工作上依靠农民，始终与农民同呼吸、共命运、心连心”，这是荆州电视台垄上频道的成功秘诀。推而广之，我们完全能够看出，真正做到贴心服务，急受众所急，想受众所想，用实际行动为群众解决困难，思想上尊重受众，感情上贴近受众，工作上依靠受众，与受众同呼吸、共命运、心连心的节目是能够永远立于不败之地的。

城市台做到位的服务也和全球传播的“社区报”理念与实践异曲同工。城市台由于覆盖、资金、人才、素材资源等因素，实际上在广播电视台序列中的地位类似于报纸中的“社区报”，而美国“社区报”理念和成功实践证明：接近性或者相关程度跃升为社区新闻价值标准的第一要素，重要性欠缺、含金量不高的社区新闻与资讯却受到本社区受众的热烈追捧，新闻资讯的相关性使生活在同一社区的居民对熟人的相关报道特别在意，看到熟人照片、熟人新闻倍感亲切，他们对产自本社区的新闻报道质量有很高的容忍度。可谓一“近”遮百丑。[①]这些“社区报”的成功做法还包括：不断强化利益共同体概念、鼓励读者贡献“冰箱新闻”、社区居民成为供稿者、举办让社区居民广泛参与的活动等。“社区报”的首要职责是力保当地政府机构的透明运作、鼓励公众参与讨论，让民意在最大程度上得到体现，帮助公民用好手中的选票，选出负责任有能力的政府班子，带领全社区发展。[②]

（一）利益共同体与受众参与

第一，让受众到现场参与节目录制，参与节目讨论，为区域发展贡献力量。在我国，城市台由于其接近性，目前确实有很多地方政府通过城市台的电视问政节目、广播问政节目，对各职能部门的工作作风、工作能力、工作效果进行考察，有的地方也真正用这些节目调整了一些干部。在这些问政节目或者政风行风热线节目，职能部门负责人、专家学者、市民代表公开讨论，确实在一定程度上对关乎地区发展、群众利益的问题，进行了梳理、反映和解决。如安徽芜湖广播电视台在原有《政风行风热线》节目的基础上，于2013年与芜湖市镜湖区合作开办了《问政镜湖》节目，2014年又与芜湖市政府部门合作推出了《问政芜湖》。

在人人都能发声的自媒体时代，更加需要信息专业化的整合，这为深度报道、新闻谈话类节目提供了发展良机。城市台无法像央视、央广、省

① 陈凯.走进美国社区报 小的是美好的[M].广州:南方日报出版社,2011:10-11.
② 陈凯.走进美国社区报 小的是美好的[M].广州:南方日报出版社,2011:166.

级广播电视台有强大的财力资源支持其源源不断请名家大腕来参与新闻谈话类节目，无法做到凤凰卫视《锵锵三人行》、央视《海峡两岸》，也无法做到安徽公共频道《新闻画中话》，但是完全可以采用1+1+3的模式，一个主持人，一个具有较高文化层次的嘉宾（芜湖本地口语传播能力强的官员、学者、专家、教师、文化人等），三个普通热心居民，每期节目中具有较高文化层次的嘉宾带来他眼中的本周新闻头条并阐述理由，三个普通热心居民各自带来他们眼中的本周新闻头条、阐释原因，双方在主持人的导引下，进行讨论，观点碰撞。在风格上，这样的节目可以轻松活泼些。这样既能丰富城市台新闻节目生态，又能有效制造话题，在本地区进行议程设置，有效带动节目视听率。

第二，多做微海采、节目连线，让受众就各种新闻话题、社会话题发表意见。当然，受到受众作息时间的限制、节目录制现场的条件制约等因素影响，能够到节目现场参与录制的观众听众还是有限的，因此为了最大可能让受众参与互动，从而带动更多城乡居民收听收看节目，城市台应该利用接地气的优势，深入大街小巷、田间地头、厂矿企业，进行大量的微海采、做民调，就各种问题，尤其是争议性话题，随机采访居民，给予受众以话语权。这样不仅节目内容丰富、有厚度，而且也显示出媒体对群众的尊重，显示出节目的温度，是真正深入的贯彻群众路线。不用担心广大群众说不好话，实际上新时期的群众视野越来越开阔，只要给他们说话的机会，能够打开他们的话匣子，他们都能够说得很贴切很生动，原汁原味，朴实亲切，形象鲜活。那种本真的状态就是最大的真实，恰恰能够体现新闻的真实美。

第三，让受众成为节目选题源、节目素材源。这其实就是贯彻群众路线的具体行动，体现了“群众办报”“开门办报”的思想。如城市台通过电话热线、网络论坛、微博微信，征集节目选题、参与节目的嘉宾和观众听众，获得节目线索和素材，用居民提供的图片和视频做节目。特别是开办订单式服务节目，受众有什么困惑，通过各种渠道反应过来，节目组带上专家、志愿者等去现场予以解决，或者在媒体上以通俗易懂的方式解决。

第四，做社区新闻的发布源、聚集地，贡献“冰箱新闻”。按照陈凯的观点，“冰箱新闻”是指能够让受众贴在家里冰箱上的新闻，具体是指社区报大量登载社区体育赛事、文化活动等各类活动的新闻，活动中的文字、照片大量刊登，这些报纸会被每个出现在报纸上的人物尤其是孩子的家庭剪下来贴在冰箱上。[①]对于城市台来说，音频视频当然不可能贴在冰箱或者其他什么地方，但是与社区报“冰箱新闻”思路相似的是，城市台可以广泛报道城市里各单位、学校、社区以及其他组织的各类活动，在音视频当中大量出现参与者的声音和影像，这样，参与者会有自豪感，其家庭成员和亲朋好友、邻居会很关注，会拉动视听率，他们甚至会用摄录机将这段音视频录下来，或者登陆城市台网站进行下载，进而进行二级传播、三级传播……而这又会带动活动参与者及周边的人进一步关注整个台的节目与活动。

第五，深度服务受众，城市台和新媒体联动，线上线下联动，提升影响力。美国的“社区报”不仅是居民的新闻信息和社区活动信息的来源地，也运作各种增值服务。荆州电视台《垄上行》开展便民超市、农资超市；苏州广播电视台打造了“无线苏州”App客户端，囊括了资讯、直播、微博圈、爆料、天气、路况、公交、地铁违章查询、公共自行车、打的、智慧电力、TV购、寒山闻钟等功能模块，成为城市公共生活服务平台、新闻线索来源地；无锡广播电视台打造了“智慧无锡”App客户端，是一个基于云计算技术搭建的开放应用平台、电子商务平台、信息发布平台，集新闻资讯、社交娱乐、生活服务为一体的具有广播电视特色的无线应用，市民可以用它方便地查阅天气、公交、票务、旅游、商场、娱乐、餐饮等信息，可以点播无锡广播电视台节目，即时安排生活。可以说他们借力网络媒体、App客户端，实现了广播电视节目的全球同步直播、地域文化资讯的迅速传播、城市公共信息的及时查询。

可能有城市台认为自己的财力无法支持，但是在这个合作的时代，技术方面可以外包给专门的网络技术公司，而且这样的城市生活服务中心是有利于整个区域政治经济文化等各项事业的发展，可以力促地方政府的政策和资金支持，而且一旦建成，这样的高技术含量项目无形中给后来者的进入设立了门槛，其他的机构、企事业单位很难完成这样的事情——即使完成也是重复建设，毫无意义。如此，对于城市台，从某种程度是一劳永逸。

第六，从本地受众生活出发，策划各种活动，让活动与节目形成良性

① 陈凯.走进美国社区报 小的是美好的[M].广州：南方日报出版社，2011：161.

循环关系。我国的新闻传媒除了党报之外，尚没有实现文化事业和文化产业两部分职能的分道而行。很多城市台实行频道制，各频道频率都承载着挣收视率、挣广告费、力争创收的任务，这样必然导致频道频率更倾向于开办能够带来高视听率的节目——这类节目往往是轻松的、娱乐性强的节目。当然，这种倾向是有其合理之处的，而且在理论上视听率和核心价值观等理念的传达并不存在非此即彼的关系，如果有足够的能力，是能够将节目的宣传性、思想性、艺术性、商业性紧密结合在一起的。①

在这样的认识语境下，城市台确实应更注重市场，更注重用户需求，很多城市台现在在推出新栏目之前先要招商，根据招商引资的货币额度来决定栏目的内容与形式，并且常常根据客户的要求做各种旨在商业营销的活动，然后“节目活动化，活动节目化”，“活动品牌化”，线上线下结合起来，在“注意力经济”时代努力进行活动营销、品牌营销。②但是这里需要强调的是，当城市台从广告客户的需求出发策划活动时，一定要尽可能地考虑受众的需求，考虑到老百姓的需求，巧妙地将商业色彩淡化，突出文化、服务、公益等色彩，否则会因“商业广告”色彩太浓，而被拒绝收看。

不仅如此，城市台应该尽量主动从受众需求出发策划活动性节目，将节目做好了，将思想性、艺术性与服务性无缝对接，也就必然能有高视听率，如此广告客户自然纷至沓来。2013年后期最火的电视节目《爸爸去哪儿》在未上演之前，其价值并不被广告商看好，这从第一期的节目上就能看出来。据舞美师在微博透露，“这个节目原本放在最弱的周日播，后又推到周一。领导看了片花觉得不错，才决定放周五的，但广告商心里没底，之前谈好的某知名家电品牌做冠名，在节目快播出的10月4日左右临阵脱逃了，换成了现在的冠名商”③。当然，城市台不可能策划过于高大上、需要大投入的节目，对于城市台来说，从本地受众需求出发，从贴近社区居民日常生活需求出发，进行各种深入社区的活动策划是最为合算的。如植树节，策划周末阖家植树，为生态文明建设做贡献；劳动节，策划给劳动者送关怀；母亲节，策划让子女带母亲看场电影、年幼子女给父母做点力所能及的小事；儿童节，策划让孩子们给爸爸妈妈写张贺卡、进行才艺比

① 马梅.乡土也可以如此之美——也谈《舌尖上的中国》的成功基因[J].今传媒,2014(4):16.

② 马富胜.节目活动化 活动品牌化——广电媒体活动营销策略探析[J].连云港,2007(9).

③ 岳然.《爸爸去哪儿》的商业逻辑[EB/OL].[2014-03-10].http://tech.hexun.com/2014-03-10/162877870.html.

赛等。在这过程中，将正能量价值导向和活动内容紧密结合，为人们提供了沟通渠道，也解决了很多实际问题。

（二）从内到外地尊重受众

上述让受众尽可能参与节目、吸引其注意力的方式，归根结底还是节目形式上的变化，要做到受众愿意参与节目进行互动，还需要城市台发自内心地尊重受众，把受众的利益放在心上。城市台必须摈弃官僚作风，必须真正认识到群众才是节目的源泉和素材地，没有群众多姿多彩的生活和接受采访与配合，就没有各类型的音频视频节目；必须认识到人民群众是媒体发展的推动者，没有他们的视听和要求，就没有城市台存在的必要。

既然如此，在采访报道方式上，我们就要采用体验式的与受众互动或受众参与式的方式，多让百姓露面。在符号元素上，就要突出被采访者的影像和同期声，突出群众个人的人格魅力。在主持语言、记者报道和解说语言的方式上，要采用平民的、亲切的、娓娓道来的话语风格。在央视四套《远方的家》、北京台《四海漫游》、荆州台《垄上行》中，各种各样的普通群众成为节目的主要符号元素，在节目中说话和行动，主持人、记者和他们真正是平等地交流。普通群众成为节目的主人，他们带领记者去寻找，在寻找中表现的对本地各方面知识和信息的熟悉令人赞叹，在《垄上行》中普通农民甚至客串记者现场播报新闻。

五、本土文化节目的超媒体性

新媒体时代，城市台，尤其是文化底蕴深厚、文化资源丰富的城市，可以开办本土文化节目。深度开发、传播本土各类文化资源、自然资源及其他资源，做出文化含量高、艺术水准高的节目。在形式上可以是文化谈话栏目，也可以是文化旅游节目等。

第一是因为本土文化节目是其他地域很难复制的，具有稀缺性，是文化市场的硬通货。越是本土的，越是世界的。第二是因为目前坐在电视机前看电视的观众，用收音机收听广播的听众，在年龄上已经主要集中在40岁以上的人群，这部分人群阅历相对丰富，其中大多数人得益于国家教育文化事业和经济的发展而在文化层次上大有提升，年龄渐长之后精神追求高了，而更愿意收听收看有文化含量的节目。第三，本土文化节目是城市台在本地域的原住民受众所熟悉的文化的展现，兼具接近性和深度；是人口流动背景下外地群众了解该地域、迅速融入的重要途径；是本地区在外工作、学习、定居的游子了解故乡的重要途径。第四，因为新媒体中网络视频用户、网络音乐用户在整体网民中的学历层次相对较高，他们可能也会愿意收看收听文化节目——尽管他们可能不是用电视机看、收音机听，是用手机、平板电脑、电脑看，他们也可能不愿意按照电台电视台的播放时间收听收看，而是在网络上集中看完一个节目、听完一个系列，或是下载在手持终端自由收听收看——但他们毕竟还是在收听收看，这就启发传统媒体应该做独具特色的文化节目，通过电视与新媒体的一体化传播，让节目深入到尽可能多的人群。第五，就视频节目而言，虽然新媒体视频用户年龄集中在39岁以下，这些人不一定愿意看文化节目，可能更愿意看娱乐视频，但是从国家发展的角度，媒体有责任通过文化节目的内涵提升和形式改进，来“涵化”这部分潜在受众。关于新媒体用户的分析，可以看下面相关数据及图表。①

据有关统计数据显示，我国网络视频用户主要集中在10～39岁之间，占比达80.6%，其中10～19岁占23.5%，20～29岁占32.3%，30～39岁占24.8%。相比整体网民年龄结构，网络视频用户呈现年轻化的态势，20～29岁的网民比例高出整体网民同龄段1.9个百分点。（见图4）

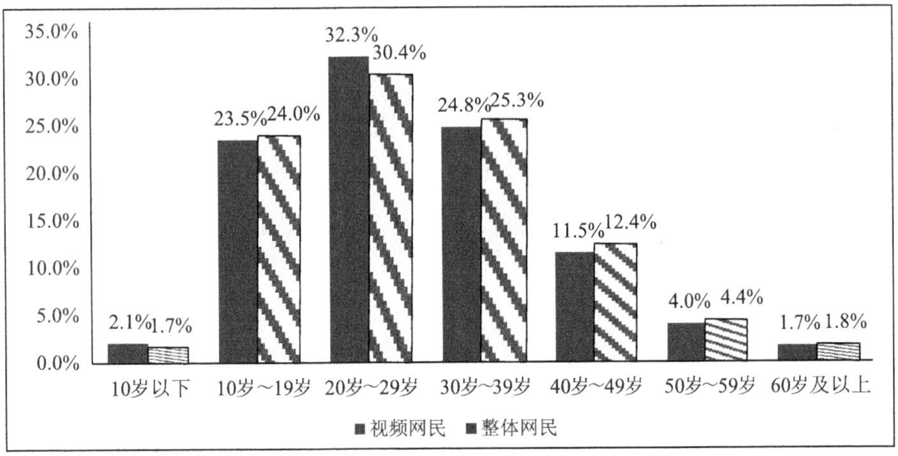

图4　2012年网络视频用户年龄结构

① 2012年中国网民网络视频应用研究报告[EB/OL].[2013-06-28].http://www.cnnic.cn/hlwxzbg/spbg/20130628_40562.htm.

网络视频用户的学历程度集中在高中及以下学历，占比达74.5%，其中高中层次占33.3%，初中层次占31.8%，小学及以下占9.4%，同时相比整体网民，网络视频用户受教育程度相对更高，高中、大专、大学本科及以上的网络视频用户的比例都要高于整体网民，其中大学本科以上学历高出整体网民2.9个百分点。（见图5）

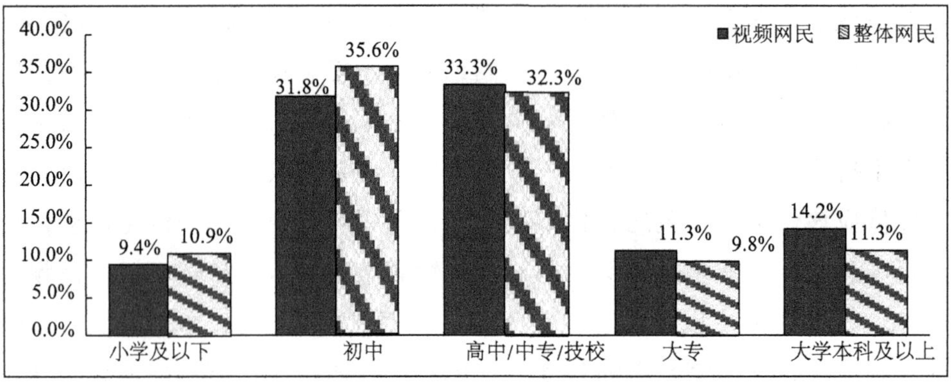

图5　2012年网络视频用户学历结构

网络视频用户收入主要集中在“2001～3000元”和“3001～5000元”两个区间，收入结构与整体网民相似，但高收入比例更大，2001元以上各收入段比例均高于整体网民。但总体上来说，网络视频用户中3000元以上的仍然较少，占比只达31.2%。（见图6）

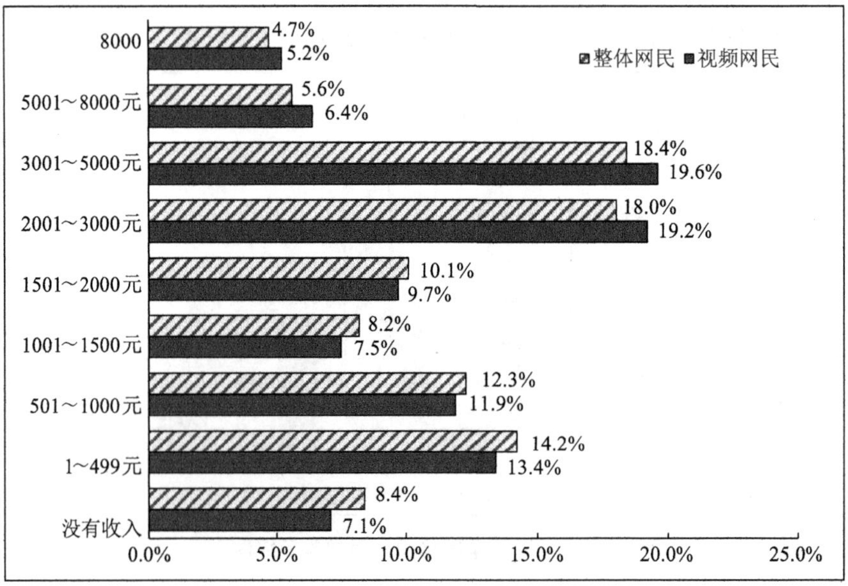

图6　2012年网络视频用户个人收入结构

六、讲究节目质量，深耕节目

新媒体时代，无论如何城市台都无法在时效性上追赶新媒体的“快”，那么必须在“深”上下功夫。这里包括深入采访、锤炼文稿，在拍摄时对视听语言精益求精，在后期剪辑制作时讲究手法和技巧，让节目从内容到形式都尽可能显得独到、深刻、漂亮、意味隽永。比如结构上，可以将思想性和故事性紧密结合，采用阶梯式递进法的结构，即设立一级一级悬念，完成一个再进入下一个，始终抓住观众的心。视听语言上，根据内容特色，注意不同镜头、剪辑率、字幕的运用，即便是拍摄同一个人，也应该从多个角度，用多种景别、多种拍摄技法进行拍摄，这样在剪辑时对人物的表现就更加丰满立体，更加有视觉冲击，更能够多方面刺激受众的情感和思绪。同时，将最新的技术手段（如VR等）、最新的拍摄器材和手段（如无人机等）以及其他各种数字媒体技术用于节目生产，给网民以尽可能多的时空体验。

结　语

新媒体对传统媒体的冲击已经有目共睹，城市台已经不能止于小修小补的改版、栏目调整，必须将传统媒体和新媒体融合起来，传统媒体的节目可以在新媒体释放信息、进行互动反馈、重新剪辑播出，新媒体上的线索可以成为采访线索，做成节目在传统媒体播放。当然，所有这些之外，城市台必须培育年轻受众，谋划可持续发展。大量年轻人在网上看视频的数据告诉我们：不是他们不愿意接近传统媒体，而是各种主客观原因使得年轻人转移了阵地，是传统媒体的节目对他们来说不具有不可替代性。

融合发展语境下文化节目的生存与发展

很长时间以来，不少地方，不少媒体人，认为文化节目不能收到很好的经济效益，因而不愿意创办此类节目，但2013年暑假以来，几档现象级的文化节目令人惊叹。在理论上，文化节目的生存与发展恰恰关乎国家与民族的未来，关乎社会的可持续发展。那么，在如今传统媒体面临巨大冲击，各方都在探索传统媒体和新媒体融合发展的方略之时，文化节目的生存现状如何，未来又该如何发展？

一、文化节目的概念

什么是文化节目？有人对电视文化类节目这么定义：从广义上讲，可以把所有的电视节目涵盖进去，而狭义上主要是指与娱乐类节目相对的，以传播科学文化知识为主要内容，有丰富人文底蕴，继承传统文化精华，传播现代文明意识等相对高端、有深刻内涵和格调的电视节目。①也有学者

① 吴佳.省级卫视文化节目的现状分析与思考[J].新闻世界,2010(12):58.

在撰文时将文艺文化节目放在一起论述[①]。在我们的广播电视类教材中，往往没有专门的关于文化节目的定义，但从相关论述可以看出文化节目一般被认为是教育节目中的社会教育节目的一种[②]：“教育节目又可分为教学节目和社会教育节目两类。……社教节目的目标是普及文化知识、提升文化品位，与教学节目相比，社教节目并不着重于所传授的知识的系统性，从表现形式上看也和一般教学节目的课堂授课特点有很大区别，形式更多样。……广播电视社教节目涉及的题材种类繁多，目标在于传递和普及文化知识，天文地理、历史人文、科技法律社会几乎无所不包。”[③]

综上所述，本文将文化节目限定为社会教育类节目的一种，以传播科学文化知识为主要内容，有丰富人文底蕴，而且无论或偏重传统文化传承、本土文化传播，或偏重现代自然科学和人文社会科学、现代文明意识的传播，在表现手法和节目风格上都更注重普及化传播，而不是高深的学理探讨、过于精细的文献考索。也就是说，本文所说的文化节目并不包括高深的科学节目或生活中实用知识传播的普法节目及其他衣食住行医药保健等服务节目，也不包括文艺演出式的节目。同时，在科学文化知识的传播形式上则不拘一格，可以是讲座式、演播室或户外谈话式、纪录片式、新闻报道式乃至真人秀形式等等。如讲座式的《百家讲坛》（央视科教频道）、谈话式的《开坛》（陕西卫视）、纪录片式的《舌尖上的中国》（央视）、报道式的《远方的家》（央视4套）、《这里是北京》（北京卫视）、真人秀形式的《汉字英雄》（河南卫视）、《中国汉字听写大会》（央视）等等。

二、文化节目生存与发展的环境分析

（一）文化节目的“硬通货”本性

文化节目具有很强的地域性、民族性，往往是其他地域很难复制的，具有稀缺性，是文化市场的硬通货。而越是本土的，越是世界的。其次是

① 张国涛，李艳．目前电视文艺（文化）节目的文化特征[J]．中国电视，2013(6)：19-25.

② 我国教材常常按照广播电视节目的内容和功能将其分为四大类：新闻（评论）节目、文艺娱乐节目或综艺娱乐节目、教育节目、生活服务节目，也有教材认为服务性节目也可以被看成是教育节目中的社会教育节目的一部分，从而从内容和功能上将广播电视节目分为三大类，也有教材将文艺节目和娱乐节目分开论述。

③ 陆晔，赵民．当代广播电视概论：第二版[M]．上海：复旦大学出版社，2013：164.

因为目前坐在电视机前看电视的观众、用收音机收听广播的听众，在年龄上已经主要集中在40岁以上的人群，这部分人群阅历相对丰富，其中大多数人得益于国家教育文化事业和经济的发展而在文化层次上大有提升，年龄渐长之后精神追求高了，而更愿意收听收看有文化含量的节目。而一般认为不大在电视节目播出时间坐在电视机前看电视的年青受众，实践证明只要节目做得好，也完全可能回到电视机前，或者至少他们会用新媒体收看。如早在2013年暑期河南卫视的《汉字英雄》，在其联合制作机构爱奇艺网站上的视频点击量和其在河南卫视播出的收视率就实现了双赢，实现了传统家庭客厅收视市场与互联网络受众市场的双料增长。①

对于地方电视台来说，自办文化节目既具有充分的节目素材资源条件，人财物需求也容易达到。顾戈认为，地方电视台制作政治、经济类节目，首先需要涉及这些领域的专业知识，对准确性的要求很高，容易涉及某些敏感话题，易发生争论；其次，对于一个地方电视台而言，最多只是涉及到本省区域的时事新闻，比如地方经济发展趋势、地方政策解读等，这一类型节目所涉及的内容一般社会影响力不大；再次，政治、经济类节目的趣味性小、专业性强，这些节目的受众群体更多地局限于社会精英，对于一般受众的吸引力不足，因而受众群体较小。另外，从目前情况来看，娱乐节目的制作一般耗资较大，成本高，且易流于低俗而引起争议甚至受到抨击。与前几种形式的节目类型相比，以传播思想、弘扬民族和地方文化为内容的自办节目，则由于其良好的社会效益，往往能够较好地为电视台树立良好的品牌形象，提升电视台的核心竞争力，同时能为电视台带来相应的经济效益。②

同时，对于地方台来说，本土文化节目是本地域的原住民受众所熟悉的文化的展现，兼具接近性和深度，是人口流动背景下外地群众了解该地域、迅速融入地域的重要途径，也是本地区在外工作、学习、定居的游子了解故园的重要途径。③

① 美兰德媒体传播策略咨询有限公司.《汉字英雄》网络传播状况监测与分析简报[J].声屏世界·广告人，2013(9):127.

② 顾戈.地方电视台以文化节目树立品牌形象策略研究[J].广西大学学报(哲学社会科学版)，2010(2):82.

③ 马梅.新媒体背景下城市台的转型之路[J].新闻战线，2014(9):82.

（二）文化节目的政策支持

2011年10月18日中国共产党第十七届中央委员会第六次全体会议通过了《中共中央关于深化文化体制改革推动社会主义文化大发展大繁荣若干重大问题的决定》，对推动我国文化事业和文化产业的发展起到了重要的推动作用。2014年1月23日，国家新闻出版广电总局发布《关于积极开办原创文化节目弘扬和传承优秀传统文化的通知》，要求中央台以及各省级电视台对文化类节目进行扶持，“公益、文化、原创”成为2014年电视节目创新发展的一个重要趋势。[①]

（三）传统媒体与新媒体融合发展的利好环境

在传统媒体与新媒体融合发展的语境下，文化节目焕发出蓬勃生机。市场经济下的传统媒体时代，广播电视的频率频道资源是有限的，盈利模式相对单一，主要靠广告销售。为了最大限度地获得经济效益，广播电视台和民营影视制作公司往往会更多地制作更能夺人眼球、更能获得高视听率的娱乐节目。与此同时，不少广播电视台以文化节目不赚钱为理由而尽量不办文化节目。

而在融合发展语境下，广播电视节目有了更多的播出平台，广播电视台纷纷建设自己的网络电视台、在线广播和网络电台，很多广播电视台还和门户网站、视频网站、主流媒体新闻网站建立联系，通过他人的网络链入传播。这时，文化节目就能被更多的人看到，并通过分享、转发、评论等途径为倍增的人看到。从而，也能积攒起相当多的用户，而这可以为瞅准分众市场的商家、组织看到，进而为文化节目带来经济效益。

在融合发展语境下，原来因为信号覆盖问题而看不到家乡地面频道文化节目、听不到家乡广播文化节目的受众，也能够在互联网上看到本乡本土的文化节目。在融合发展语境下，地方台、小众媒体也成为了全球媒体，只要内容做得切合受众心理，就有生存的机会。

何况，文化节目真的就是小众而不赚钱吗？诚然，某些题材的文化节目可能相对深奥，但是即便如此也不一定就小众——深奥的文化知识如果能够深入浅出，也会不再小众。即便真的因深奥而小众，那么这部分小众

① 罗姣姣.文化类节目的创新路径研究[J].南方电视学刊，2014(1)：70.

的人也往往是某一方面的精英，找准他们的媒介消费偏好，再有针对性地制作节目、进行二次销售，也是完全可行的。

再者，因为新媒体中网络视频用户、网络音乐用户在整体网民中的学历层次相对较高，他们可能也会愿意收看收听文化节目——尽管他们可能不是用电视机看、不是用收音机听，是用手机、平板电脑、电脑看；他们也可能不愿意按照电台电视台的播放时间一天天收听收看，而是在网络上一下子看完N集、听完一个系列，或是下载在手持终端自由收听收视——但他们毕竟还是在收听收看。这就启发传统媒体应该做独具特色的文化节目，通过电台电视台与新媒体的一体化传播，让节目深入到尽可能多的人群。

就视频节目而言，网络视频用户的学历程度集中在高中及以下学历，占比达74.5%，其中高中层次占33.3%，初中层次占31.8%，小学及以下占9.4%。同时相比整体网民，网络视频用户受教育程度相对更高，高中、大专、大学本科及以上的网络视频用户的比例都要高于整体网民，其中大学本科以上学历高出整体网民2.9个百分点。关于新媒体用户的分析，可以看下图。①

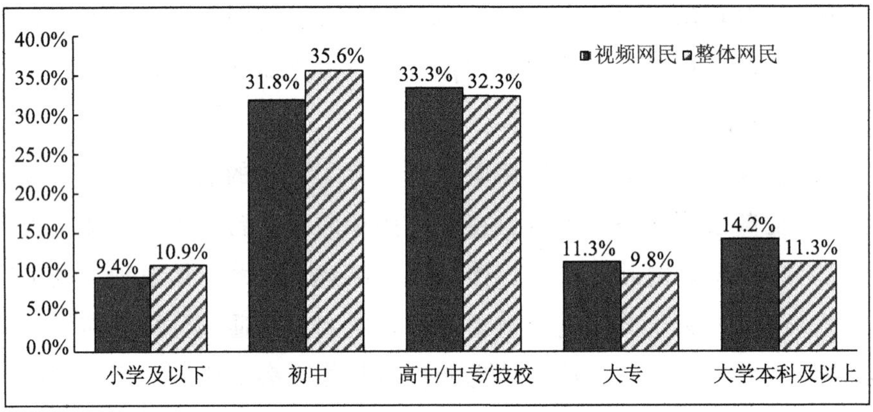

图1　2012年网络视频用户学历结构

三、几个成功文化节目的比较分析及启示

几个文化节目的成功，从现实可能性方面说明文化节目并不就必然是曲高和寡，只要各方面要素具备，文化节目完全可能既有社会效益，又有经济效益。

① 2012年中国网民网络视频应用研究报告[EB/OL].[2013-06-28].http://www.cnnic.cn/hlwxzbg/spbg/20130628_40562.htm.

2001年7月以来，《百家讲坛》在央视科教频道开播，但很长时间不温不火。经过改革，如主题设置的实用性与娱乐性、故事化讲述、平民化生活化的话语风格、主讲者的明星化等，《百家讲坛》成为2006年度央视十大优秀栏目之一，仅次于《新闻联播》排名第二。这一成功引起了文化节目的发展热潮，但随后大量讲坛类文化节目的同质化弊端又显现出来。现在，《百家讲坛》以其高端平台、精英嘉宾、通俗化故事化表述手法，继续为众多受众欢迎，但大量类似讲坛类节目已经改弦易辙或停播。

《舌尖上的中国》第一季表面上看是美食文化纪录片，但是其实它反映了我们民族文化中最本质最优秀的内容，如家国情怀、仁者精神、勤劳善良坚忍的美德等，在表现主体上是一个个农民、山民、渔民等各民族普通劳动者成为主角，讲述普通人寻找发现采集制作食物、乐观生活的故事，在表述风格上是平民化、情感化、人本化和诗意化的有机结合。可以说，正是如此这般深沉地反映了民族精神中最深刻的特征，反映了信息传播中最本质的尊重最广大受众的理念，反映了人类生活中最核心的情感原则，反映了人类发展的最基本的人与自然共生共存的生态准则，才具有岁月磨蚀不了的艺术魅力。①

《这里是北京》作为北京电视台唯一一档全面介绍北京本土文化的节目，也是金牌栏目之一，对于它的成功之处，吴佳有过较为全面的分析：节目始终秉承探寻古都风物、传承人文风情的栏目宗旨。自2004年开播以来，节目始终坚持立足于北京本土文化，挖掘城市变迁背后的历史渊源，将北京这个城市的古老与现代、深沉与幽默完美地融合在一起。在表现方式上，它将历史文化知识、人文风情这些原本专业化、书面化的知识加以感性化、故事化、口语化处理，充分发挥电视的视听优势，加之主持人阿龙（笔者注：2014以来是曹一楠等）个性化的幽默叙述，使得各个层次的观众，都能够深入浅出地了解北京的传统文化，增长知识。同时节目不只是主持人在布置得具有古朴文化底蕴的演播室说讲，而是穿插外景拍摄犹如带领观众一起去实地探访北京的人文古迹、巷陌民风。节目还避免记录式的介绍，采用独特的视角，选择被人忽视或有争议的话题等来反映北京的历史、文化、名人、掌故，增加了节目的吸引力。再加上栏目独创的“以古鉴今的思维方式”“戏剧化的结构方式”，从人性化的角度与历史人物

① 马梅.乡土也可以如此之美——也谈《舌尖上的中国》的成功基因[J].今传媒,2014(4):13-16.

进行对话，以百姓的心态审视发生在京城的各类历史事件，这就使观众与主持人站在平等的位置，因而更易被观众认可和接受。①

当然总体来说，娱乐节目尤其是自从2003年的娱乐真人秀节目大量播出以来，在我国广播电视节目生态中独占鳌头。以电视为例，尤其是2012年下半年以来，"重磅炸弹"不断出现。据周水分析，浙江卫视《中国好声音》，8000万的制作成本，2000万的音响设备，6个导演组到全国各地寻找2000个好声音，现场有26个机位，每期96分钟节目的拍摄素材长达1000分钟。湖南卫视《我是歌手》一期的制作费约为500万元，第一季13期就是6500万元，再加上前期一次性投入的舞美、灯光、音响等硬成本，第一季的总投入大概在8000万元。一时之间，各家卫视不惜血本，重金打造歌唱类选秀节目，人们惊叹电视综艺娱乐节目制作进入了"大片时代"。然而，2013年暑假，两档以弘扬汉字文化为主旨的、中小规模制作的电视原创节目《汉字英雄》和《中国汉字听写大会》受关注的程度超出了很多人包括制作方的想象，《汉字英雄》最高收视率达到0.8%以上，一度跻身全国收视排名前三。《中国汉字听写大会》播出后，微博关注度超过《中国好声音》和《快乐男声》，成为新浪微博10大热门话题之一，原本在央视10套播出的节目从第三期开始同时在央视1套周五黄金时间段播出，收视率创下了全国第二的好成绩，仅次于浙江卫视的《中国好声音》。在2014年央视广告招标中，《中国汉字听写大会》独家冠名8618万，更是超出了许多热门节目。②

《汉字英雄》和《中国汉字听写大会》的成功秘诀是什么？梳理相关文献，可以得出结论：文化节目的内核和娱乐真人秀的完美结合。汉字文化的知识传播、文化传承的同时，也充分娱乐，或者说是知识性与娱乐性的巧妙结合；知识传播不是单向、刻板的灌输，而是充分考虑到受众与用户的需求，将新媒体便捷参与的互动性和游戏参与的轻松娱乐结合在一起；传播的知识不是高深莫测，而是与日常生活密切相关，是各种人群都可能会遇到的；知识传播者、点评嘉宾不再是高高在上，而是或幽默诙谐、或和蔼和亲、或循循善诱，富有亲和力；参赛选手、亲友团的展现，突出了

① 吴佳.省级卫视文化节目的现状分析与思考[J].新闻世界,2010(12):59.

② 周水.汉字文化的真人秀——解读《汉字英雄》、《中国汉字听写大会》[J].南京师范大学文学院学报,2014(1):150.

他们在成功或失败时的表情、他们充满正能量的故事和经历，他们的理想、信念、情操、情感，展示了做人的道理，这是情感化、人本化的传播，而情感化和人本化正是传播之所以打动人心的不二法门。

《汉字英雄》是目前为止真正在内容端体现传统媒体和新媒体深度融合、一体发展的案例。王一星分析认为，在多屏互动、跨屏联动日益成为主流的趋势下，走在互动性探索最前端的娱乐选秀节目，却对新媒体的利用大多止于同步播出、微博互动、微信互动、手机投票等浅层的应用。《汉字英雄》在多屏联动上开拓了电视、电脑、平板电脑和智能手机多屏联动的新模式，发掘媒体各自的特点和优势，形成多方联动共振，最大程度上开发节目的互动功能，增加观众参与度，有效加强节目对观众的收视黏性。《汉字英雄》开创性利用了新媒体的互动特征，与节目同时推出同名手机应用程序App，用户下载量随着节目的推动已突破120万。这样观众不仅可以在任何时间、任何地点通过不同终端去选择收看该节目，而且手机游戏玩家通过这款App在节目播出的过程中进行实时互动，同现场选手一起答题，还可以挑战题库获得积分，最终积分最高的适龄用户便有机会来到现场参与汉字英雄的争夺。①

《成语英雄》延续了这些优点，也开发了同名App游戏软件，游戏玩家可以和电视观众同步答题，场内场外可以同时参与，当然也可以延时答题，大大提升了观众的亲密感，成为节目互动新亮点。而且，与汉字相比，成语包含的文化底蕴更为深厚。汉语成语有汉民族独特的文化渊源，通常来自古代文献或俗语，蕴含着中国人在人生、处世、伦理等方面的精神内涵，具有独特的历史文化价值。《成语英雄》带来的启示就是：在坚持文化性为主的基础上，增加娱乐性，增强参与性，扩大受众群体。这可视为语言文化类及其他文化类节目的一个发展方向。②

四、形态相近的文化纪录片（专题）节目的探索性实验及启示

《汉字英雄》《中国汉字听写大会》《成语英雄》等节目是演播室形态，音响、灯光、布景等都是较大手笔，节目将文化的内核和娱乐真人秀的外

① 王一星.《汉字英雄》的传播学解读[J].声屏世界，2014(4)：33.

② 韩启振.从《成语英雄》看语言文化类节目的发展趋势[J].传媒，2014(2)：34-36.

壳进行了完美结合，此外还有新媒体营销的大手笔运作，堪称现象级节目。而《舌尖上的中国》第一季是纪录片形态、《这里是北京》是新闻报道或者说是文化专题形态，画面、声音都是原生态，风格相对质朴。前三个节目和后两个片子异质性较大，因此为了进一步比较分析文化节目的成功元素，笔者选取了几个形态接近的纪录片或专题片形式的文化节目，用准实验的方法进行了对比分析。

2014年9月，笔者在所任教的安徽师范大学皖江学院2012级广播电视新闻学专业全体学生（实到58人）中进行了一次文化节目的小型调查。笔者选取了《舌尖上的中国》第一季第2集、央视4套《远方的家》之《北纬30度中国行》的一集、北京卫视《这里是北京》、芜湖广播电视台《探秘芜湖》之《寻踪金乔觉》的一集作为实验材料，选择的媒体从行政级别来说涵盖了中央级媒体、省级媒体、地市级媒体。在体裁上，第一个是纪录片，另外三个都是与新闻报道体有或远或近距离的文化专题节目。在课上，这些视频先后播放给受试学生观看，在播放前不做任何关于节目主题、形式等方面的提示，在全部播放完毕后请学生填写问卷。

此处先对问卷中的前4个问题进行了均值统计，分别是：1.对该作品的喜好程度。喜好程度划分为非常不喜欢、不喜欢、一般、比较喜欢、非常喜欢，分别赋值1—5分。2.对作品的总体评价。总体评价划分为非常不好、不好、一般、比较好、非常好，分别赋值1—5分。3.节目对中国文化的表现给您的印象深刻吗（印象深刻度）。划分为毫无印象、不深刻、一般、比较深刻、非常深刻，分别赋值1—5分。4.节目充分反映了中国文化的软实力了吗（反映充分程度）。划分为非常不充分、不充分、一般、比较充分、非常充分，分别赋值1—5分。结果得到下面四个均值图：

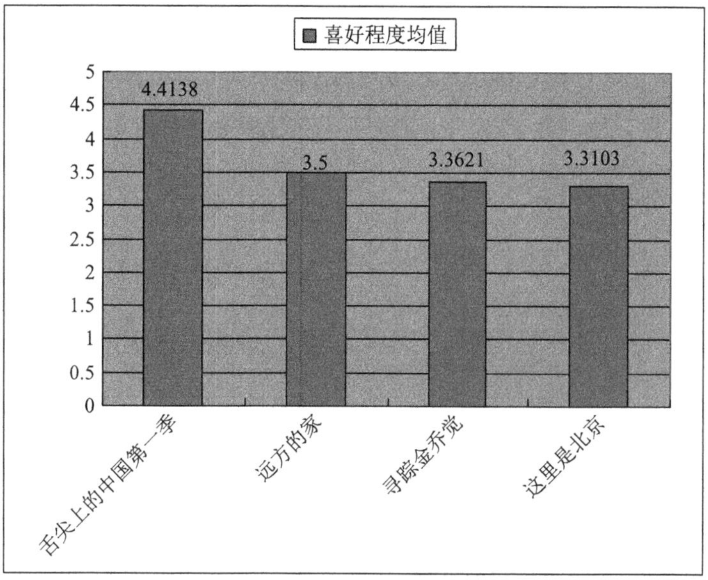

图2　对四个节目的喜好程度均值

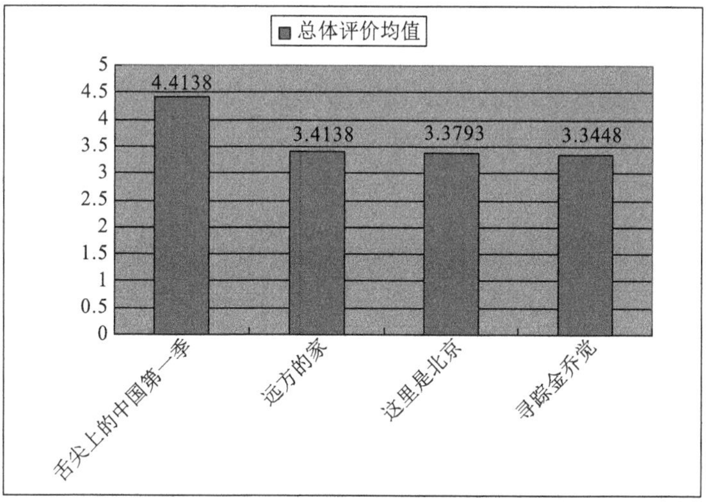

图3　对四个节目的总体评价均值

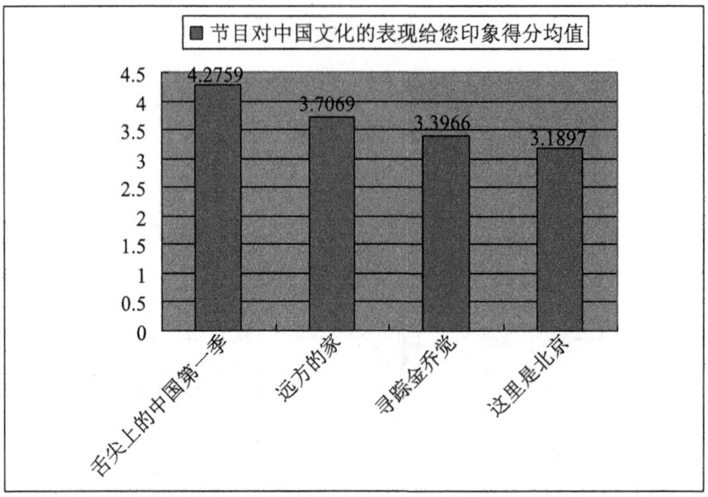

图4　中国文化表现的印象深刻度得分均值

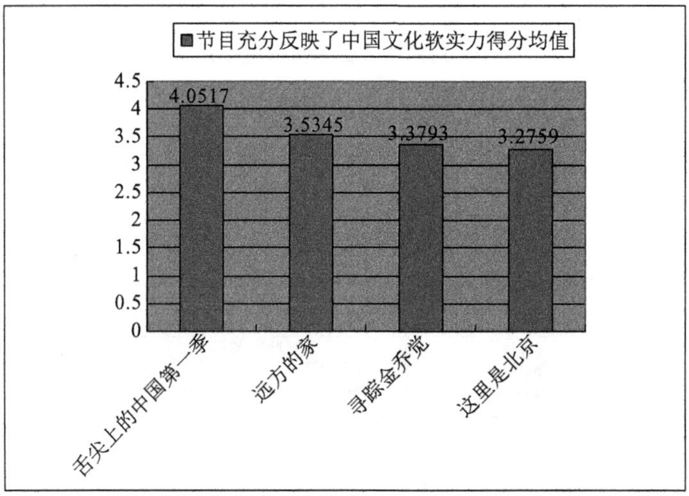

图5　中国文化软实力的反映深刻度得分均值

从上面四个图可以看出，《舌尖上的中国》第一季在四个指标上都得分最高。对这个节目进行比较分析后，笔者认为，这四个节目在文化品位上都是较高端，话语表述方式和风格上都很有亲和力——《舌尖上的中国》第一季的解说词满含感情娓娓道来、画面对劳动和劳动人民充满敬意，《远方的家》的记者出镜亲切质朴，《这里是北京》的主持人解说或幽默可亲或知性亲切，《寻踪金乔觉》从普通人寻访开始切入也较为平和亲切。

但是这四个节目最为不同的地方是，相比较而言，《舌尖上的中国》第一季是唯一让最最基层普通朴实的劳动者成为片子的绝对主角，纪录片的创作者完全隐身，而且片子无处不看到创作者发自内心的对劳动、劳动人民、对劳动人民身上所体现的深层的伦理文化之美的敬意，从而在“接地气”方面程度最深。[①]《远方的家》中，主创者也像《舌尖上的中国》第一季深入中国山山水水的村镇、田间地头，真正是深入了基层，展现了祖国自然风光和各地民情民俗之美，也在一定程度上展现了群众的情感和生活，但是出镜报道体的形式还是让被采访者——劳动者、普通人的主体地位降低了，当然与此同时、记者的进步是显而易见的。《这里是北京》中，被采访者中有专家学者、有普通群众，但其主体地位进一步降低，他们更多是作为片子所要介绍的文化内容的介绍者、展示者，被采访者自身的主体性、他们的情感与文化蕴含几乎没有展示。《寻踪金乔觉》中，普通人的寻访只是一个线索，他们和被访谈的本地文化学者、文化管理者一样都只是本土文化得以展示的载体，而且片子除了寻访人、就没有另外的对普通群众的富有主体性的展示，或者说普通群众几乎没有在片子中作为有血有肉的个体出现。

综上，笔者认为，正是在这种“接地气”或者说对群众和生活的贴近程度的差别，在一定程度上影响了被试者对这四个节目的评价。

为了进一步验证《舌尖上的中国》第一季在受众那里的评价，笔者借鉴满意度评价的指标体系，设计了9个指标，每个指标被试可打1—5分。结果得到均值如下（均值四舍五入保留小数点后两位小数，在某一指标中如出现相同数值则保留小数点后第三位）：

表1　四个节目的满意度指标得分均值

节目名称 / 均值得分	《舌尖上的中国》第一季	远方的家	这里是北京	寻踪金乔觉
思想内容深刻性	4.42	3.56	3.16	3.68
接地气性	4.49	3.99	3.81	3.55
文化品位	4.60	3.73	3.29	3.59
画面清晰精美	4.79	3.09	3.32	3.47
镜头技法	4.63	3.37	3.28	3.42

① “接地气”一层义项与“地中之气”相关，引申出来用于新闻报道、影视节目，都与贴近百姓、贴近生活有关；一层义项由“不同地区的气候”有关，引申出来一般指根据特定地域和环境采取合适的对策和办法（见《你“接地气”了吗》，《咬文嚼字》2012年第9期）；在电视报道中，要接地气，就要把镜头对准群众、记者要深度参与、采取现场报道形式（见《电视报道“接地气”问题刍议》，《中共山西省直机关党校学报》2013年第6期）；一张报纸接不接地气或接地气的程度如何，一个重要的标志，就是读者特别是基层读者，是否参与和参与的程度如何（见《接地气》，《青年记者》2012年第21期）。

续 表

节目名称 / 均值得分	《舌尖上的中国》第一季	远方的家	这里是北京	寻踪金乔觉
音响音乐	4.67	3.253	3.250	3.55
解说配音出镜报道	4.65	3.65	3.80	3.47
字幕出现方式	4.32	3.44	3.40	3.57
节奏张弛有度	4.56	3.58	3.65	3.77

从上表可以看出，《舌尖上的中国》第一季在各项指标得分均最高，从某种程度上似乎印证了笔者前文的分析。

当然，这一实验与调查并没有进行系统的抽样，也不是在全国范围的各种职业与年龄的人群中进行。但是，窥一斑而知全豹，广播电视新闻学专业的大学生，已经具备了一定的广播电视节目采制的理论知识和制作技术；作为90后的他们，思想活跃，个性张扬，很少会为了迎合他人而掩盖自己的真实想法；在大学校园里，他们无法在电视台播出时间收看相应的电视节目，此前他们很少有人在电视台播出这些节目时看过这些节目。这些都保证了实验与调查的真实。这种真实，能够帮助我们在一定程度上进行推理，并得出结论。

结 语

本章运用多种研究方法，对融合发展语境下文化节目的生存与发展进行了考察。通过对解析《舌尖上的中国》第一季、《这里是北京》、《汉字英雄》、《中国汉字听写大会》、《成语英雄》等不同形态或体裁的文化节目的成功经验的文献的梳理，发现它们虽然异质性较大，但除了后三者的娱乐真人秀优势的发挥外，都将文化品位与故事性或趣味性、参与性（互动性）、人本化、情感化、平民化、生活化等质素紧密结合。而通过实验，发现所选择的《舌尖上的中国》第一季、央视4套《远方的家》之《北纬30度中国行》的一集、北京卫视《这里是北京》、芜湖广播电视台《探秘芜湖》之《寻踪金乔觉》四个节目之中，《舌尖上的中国》第一季被认为最接地气，而接地气的程度恰恰是百姓的参与性、节目的贴近性、平民化、人本化等质素，这和文献梳理得出的很多质素是一致的。

由此，研究者认为融合发展语境下，文化节目不管何种节目形式、何种题材，只要能在坚持较高品位的文化内涵的同时，尽可能地接地气——增加参与性、扩大受众群体、让群众成为节目表现和参与的绝对主体，将趣味性或故事性与平民化、生活化、情感化、人本化有机结合，就一定能够获得社会效益和经济效益的双丰收。

后　记

本书2016年开始策划并着手编辑、撰写，前后历时三年有余。出版此书的初衷是想把自己近些年来关于新闻传播方面的研究加以整理、深化，全面展示自己的研究成果。学院入选全国首批十所部校共建新闻学院试点单位之一后，规划出版“安徽师范大学传媒视界丛书”，我的这本书也被纳入出版计划之中。

抚今追昔，我2000年夏天从中国新闻学院毕业后进入安徽师范大学文学院新闻系任教，此后就一直从事新闻传播学学科的教学与科研工作。后来，学校于2010年春天成立了传媒学院，新闻系整体划归传媒学院，2015年1月传媒学院更名为新闻与传播学院。在这近20年的时光里，我一直坚守初心，勤奋工作，积极为培养有人民情怀、有社会责任感、有担当的新闻传播人才贡献力量。我始终认为，新闻传播工作的终极目的是使每个人成为顶天立地的人，使人民生活幸福，使国家长治久安，使社会和谐美好，使人类世界成为一个真善美的世界。因此，我的学术研究也始终坚持服务社会的导向，坚持新闻传播要为社会的进步和良性发展而努力。这样的价值取向贯穿了我的大多数研究，无论是研究新闻活动，还是研究广告活动，无论是研究纸媒，还是广播电视媒介或互联网络、自媒体等层出不穷的“新媒体”，无论是研究纪录片，还是综艺娱乐节目或者文化节目，无论是研究涉农传播，还是研究公益慈善传播等。本书将近年来所写的论文汇集为四编，较为系统地对信息传播尤其是大众传播的意义与使命进行阐述，并命名为“传播的意义与使命”，以进一步丰富新闻学与传播学既有的理论研究成果。

此书的出版要感谢安徽师范大学新闻与传播学院各位领导和同仁的关心与支持，感谢安徽师范大学出版社领导的关心与帮助，感谢朱罗莎老师的不懈督促，感谢学生孙静、林永红、李冷月、夏琪、卞修涛、尚文、唐丹、刘志慧、冯李华、陈秋媛、宋志鹏等在不同时期的相关研究中奉献的智慧，同时也感谢家人对我的大力支持。

由于本人才疏学浅，本书一定还有诸多不足，敬请广大读者和同行专家学者批评斧正。

马　梅

2019年6月28日